最新行业会计实务系列

零售企业会计

王国生　黄贤明　编著

中国财政经济出版社

图书在版编目（CIP）数据

零售企业会计/王国生，黄贤明编著．—北京：中国财政经济出版社，2011.9
（最新行业会计实务系列）
ISBN 978-7-5095-3000-9

Ⅰ.①零… Ⅱ.①王…②黄… Ⅲ.①零售企业-商业会计 Ⅳ.①F715.51

中国版本图书馆 CIP 数据核字（2011）第 138697 号

责任编辑：周桂元　　　　责任校对：黄亚青
封面设计：朱江/杨雪　　　　版式设计：董生萍

中国财政经济出版社出版
URL：http：//www.cfeph.cn
E-mail：cfeph @ cfeph.cn

社址：北京市海淀区阜成路甲 28 号　邮政编码：100142
发行处电话：88190406　财经书店电话：64033436　84041336
北京富生印刷厂印刷　　各地新华书店经销
787×1092 毫米　16 开　20.5 印张　365 000 字
2012 年 5 月第 1 版　2012 年 5 月北京第 1 次印刷
定价：37.00 元
ISBN 978-7-5095-3000-9/F·2542
（图书出现印装问题，本社负责调换）
本社质量投诉电话：010-88190744

编写说明

企业“经营有机密，会计要公开”是经济社会的共识，会计手续（过程）及会计结果公开披露，要依会计原则处理，但更重要的是依法、合规操作。会计法规体现一国的会计水平，但它是随着经济发展需要而逐步增添、完善和细化的，会计手段也是随着电子科技进步、随互联网发展而发展的。我们推出的这套面向不同行业企业会计人员的《最新行业会计实务系列》，正是为适应不断变化的经济、法规环境和科技发展，体现新法规、新业务、新视角的三新特征。新法规主要指本系列图书结合税务制度和内部控制制度等新规范；新业务指从过去的大分工分离出来的物业管理、建筑施工、旅游餐饮、农业、金融、物资流通、零售等新兴行业及原有行业更新内容的特点；新视角指改变以往脱离企业会计电脑实操的思路，结合会计电算化的实务进行编写，同时又从内部控制角度统驭全稿。

本系列图书由中国财政经济出版社组织，由首都经济贸易大学会计学院教授董力为博士牵头并统筹协调。编委会成员包括董力为教授、王国生副教授、许群教授、郭阜平副教授、刘瑛副教授、李百兴副教授等。

本系列图书首先推出《物业管理企业会计》、《旅游、餐饮企业会计》、《金融企业会计》、《运输企业会计》、《零售企业会计》、《农业企业会计》、《建筑企业会计》、《制造企业会计》。中国社会主义市场经济日新月异，会计理论、会计实践及会计法规制度建设快速发展。为此，我们也会根据社会和广大读者需要，以后陆续推出本系列其他分册。

《最新行业会计实务系列》编委会

2012年2月

前　言

《零售企业会计》是根据财政部2006年2月15日发布的《企业会计准则——基本准则》以及具体准则和2009年修订的《中华人民共和国增值税暂行条例》等会计规范而编写的。本书具有以下特点：

一、内容新颖

《零售企业会计》一书的内容新颖、与会计改革步伐同行。该书的编写紧紧围绕我国会计改革现状，结合零售企业活动特点，对《企业财务会计报告条例》、《企业会计准则——基本准则》、具体会计准则和《内部会计控制规范》等会计规范进行了较为系统地阐述。

二、体例科学

人们认识客观事物，总是由简到繁、由浅入深的。《零售企业会计》一书的体系就依据这一认识规律构筑。本书在体例安排上，按照经济业务发生先后逻辑关系而设计，突破了目前各种教材均按会计要素编写的模式。从创办企业的资金来源入手，进一步阐述货币资金、往来款项、商品资金、非商品资金、流通费用、税金、财务成果和财务会计报告的核算方法，使读者按照教材的体系脉络，对零售企业会计核算内容有一个比较系统的了解。

三、理论性与其实务性并重

在写作方式上，作者将会计的理论性与其实务性融为一体。全书以现代会计理论为指导，紧密结合《企业财务会计报告条例》、《企业会计准则——基本准则》和《内部会计控制规范》的规定，对零售企业会计机构设置、核算程序建立、会计核算科目运用、会计报表格式进行了相关的理论阐述和具体指导，并对零售企业在长期会计实践中形成的一些行之有效管理措施、管理办法进行了总结。

四、重点突出

本书在内容安排上，打破了以往教材追求逻辑体系完整的做法，选择零售企业一般业务以及在改革与发展实践中所面临的重点、难点问题如代销、分期收款等业务进行了系统的阐述。

五、深入浅出，通俗易懂

本书在文字叙述上力求做到深入浅出，通俗易懂，便于自学；对难以理解的内容，均举例或以图示说明。

六、实用性强

本书实用性强，适合于：（一）商业、粮食、物资供销、供销合作社、对外贸易、医药、石油、烟草商业、图书发行等各类企业的财会人员；（二）高等和中等财经院校会计专业及贸易、物流、旅游、服务等专业学生；（三）财政、税务、银行、会计服务中介、信息咨询等相关人员；（四）企业中担任各种经济管理职责的非会计人员。

基于作者的水平，加之我国零售企业发展比较快，会计改革的力度和深度也在不断地加大，书中可能存在不妥或谬误的内容，敬请各位同仁指正。

本书在写作过程中，参阅和引用了国内大量的优秀文献和著作，在此不一一列举致谢。

编　者

2011 年 6 月于北京

目 录

第一章 1

零售企业经营特点与会计核算特征

零售企业对于每一个人来说都不陌生，人们几乎每天都要同零售企业发生接触。每当人们购买某些商品（如一个杯子或一瓶啤酒）或接受劳务（如修理一次电脑或理一次发）就必须要进行交易，那么提供这些交易商品或劳务的零售商是否需要进行会计核算？零售企业有何特点呢？零售企业的会计核算与制造业企业的会计核算有区别吗？让我们一起探索这些既熟悉又陌生的问题吧！

第一节 零售企业经营特点

“零售”一词源自法语动词“retailler”，意思是“切碎（cut up）”。如零售商将汽车轮胎出售给顾客，顾客将之安装于自己的车上，这种交易活动便是零售。那么时至今日“零售”一词的内涵又有何变化呢？

一、零售与零售企业的含义

（一）零售

零售是一种交易形式，可定义为将商品或劳务直接出售给最终消费者的销售活动，也是向消费者提供销售商品的一种商业活动环境，使消费者从零售商店里获得消费品以及与消费品有关的服务的满足，它直接关系到居民的生活质量和生活方式，是社会资源分配的一个重要阶段，也是最后阶段。

（二）零售业

所谓零售业是指以向消费者销售商品为主，并提供相关服务的行业。作为零售业，其职责就是在恰当的时间和地点，以恰当的数量和价格，用恰当的形式向需求者提供恰当的商品或服务。

著名的美国品牌公司 Baker 公司在 1998 年将零售企业定义为“任何向个人或家庭消费出售商品并提供售后服务的机构”。

需要指出的是，传统的零售业是指直接将商品售给消费者，不包含各类批发商和进出口商；出售的是生活资料，而非生产资料；出售的是有价商品而非无偿服务；属于流通领域而非生产领域。

二、零售业的分类

1. 按目标市场及经营策略不同，零售业划分为百货商店、超级市场、便利店、仓储式商店、专业店、专卖店、折扣商店、杂货店、目录展示室（或者品牌展示店、形象展示店）等。

2. 按是否设立门店，零售业划分为有店铺零售和无店铺零售，其中无店铺零售包括邮购、上门销售、电话订购、电视销售、网络商店、自动售货机、流动商贩。

3. 按所有权性质不同，零售业划分为独立商店、直营连锁商店、特许经营、租赁商品部、垂直营销系统、消费者合作社。

根据国家标准化管理委员会颁布的《零售业态分类》（GB/T18106—2004）标准，中国零售业态根据其经营方式、商品结构、服务功能，以及选址、商圈、规模、店堂设施和目标顾客等，划分为食杂店、便利店、折扣店、超市、大型超市、仓储会员店、百货店、专业店、专卖店、家居建材店、购物中心、厂家直销中心、电视购物、邮购、网上商店、自动售货亭、电话购物等17种零售业态。有店铺零售业分类和基本特点参见表1－1所示。

三、零售企业经营活动特点

零售企业是指以零售活动为基本职能的独立的中间商，介于制造商、批发商与消费者之间，把制造商生产出来的产品及相关服务出售给最终消费者，以实现盈利目的的经济组织。概括地讲，零售企业是指以向消费者销售商品为主并提供相关服务的企业。零售企业在消费品流通中的地位和作用如图1－1所示。

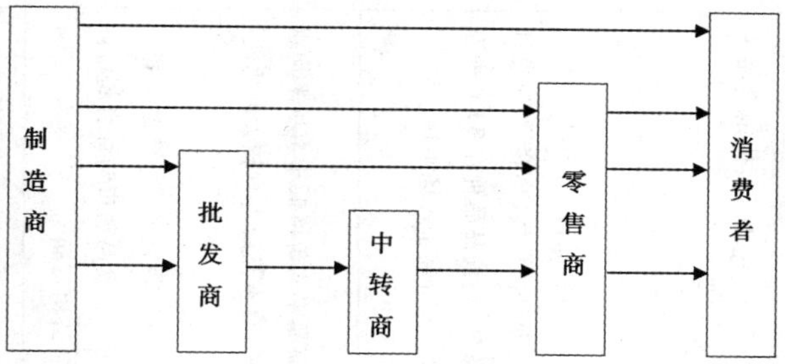

图1－1　消费品流通途径

与批发业、中转商相比，零售企业的经营活动具有以下特点：

1. 企业组织形式多样。零售企业担负着从批发企业或生产部门购进社会商品，并将商品从流通领域转入消费领域的重要职能，其服务的对象为城乡居民和集体消费者。为了促进流通事业的发展，繁荣市场，满足消费的需要，零售企业采取了多种多样组织形式。如按所有制形式划分，零售企业可分为国营零售企业、外商独资零售企业、中外合资经营零售企业、基层供销合作社和其他集体零售企业，此外，还有各种零售个体户；按经营的范围划分，零售企业可分为专业性的零售企业，综合性的零售企业；按经营规模划分，零售企业有大、中型零售企业，也有小型零售企业；从零售企业核算组织和形式来说，零售企业有独立核算单位和非独立核算单位。

2. 零售企业网点的设置比较分散，规模也比较小，业务人员分工不细。营业员不仅要负责销货，而且要对营业柜组经管的商品安全负责，在实行“一手钱，一手货”的情况下，营业员还承担管好销货款的责任。

表 1－1　有店铺零售业态分类和基本特点

业态	基本特点						
	选址	商圈与目标顾客	规模	商品(经营)结构	商品售卖方式	服务功能	管理信息系统
1. 杂食店	位于居民区内或传统商业区内	辐射半径为 0.3 公里,目标顾客以相对固定的居民为主	营业面积一般在 100 平方米以内	以香烟、酒、饮料、休闲食品为主	柜台式和自选式相结合	营业时间在 12 小时以上	初级或者不设立
2. 便利店	商业中心、交通要道以及车站、医院、学校、娱乐场所、办公楼、加油站等公共活动区	商圈范围小,顾客步行 5 分钟内到达,目标顾客主要为单身者、年轻人,顾客多为有目的的购买	营业面积在 100 平方米左右,利用率高	以即时食品,日用小百货为主,有即时消费性,小容量、应急性等特点,商品品种在 3000 种左右,售价高于市场平均水平	以开架自选为主,结算在收银处统一进行	营业时间在 16 小时以上,提供即食性食品的辅助设施,开设多项服务项目	程度较高
3. 折扣店	居民区、交通要道等租金相对便宜的地区	辐射半径为 2 公里左右,目标顾客主要为商圈内的居民	营业面积在 300—500 平方米	商品平均价格低于市场平均水平,自有品牌占有较大的比例	开架自选,统一结算	用工精简,为顾客提供有限的服务	一般
4. 超市	市区商业中心、居住区	辐射半径为 2 公里左右,目标顾客以居民为主	营业面积在 6 000 平方米以下	经营包装食品、生鲜食品和日用品。食品超市与综合超市商品结构不同	自选销售,出入口分设,在收银台统一结算	营业时间在 12 小时以上	程度较高
5. 大型超市	市区商业中心、城郊结合部、交通要道及大型居住区	辐射半径为 2 公里以上,目标顾客以居民、流动顾客为主	实际营业面积在 6 000 平方米以上	大众化衣、食、日用品齐全,一次性购齐,注重自有品牌开发	自选销售,出入口分设,在收银台统一结算	设不低于营业面积 40% 的停车场	程度较高
6. 仓储式会员店	城郊结合部的交通要道	辐射半径为 5 公里以上,目标顾客以中小零售店、餐饮店、团体购买和流动顾客为主	营业面积在 6 000 平方米以上	以大众化衣、食、用品为主,自有品牌占相当部分,商品在 4 000种左右,实行低价、批量销售	自选销售,出入口分设,在收银台统一结算	设相当于营业面积的停车场	程度较高并对顾客实行会员制管理

续表

业态		基本特点						
		选址	商圈与目标顾客	规模	商品（经营）结构	商品售卖方式	服务功能	管理信息系统
7. 百货店		市区商业中心、历史形成的商业集聚地	目标顾客以追求时尚和品味的流动顾客为主	营业面积在6 000—20 000平方米	综合性，门类齐全，以服饰、鞋类、箱包、化妆品、家庭用品、家用电器为主	采取柜台销售和开架面售相结合的方式	注重服务，设餐饮、娱乐等服务项目和设施	程度较高
8. 专业店		市、区级商业中心以及百货店、购物中心内	目标顾客以有目的选购某类商品的流动顾客为主	根据商品特点而定	以销售某类商品为主，体现专业性、深度性、品种丰富、选择余地大	采取柜台销售或开架面售方式	从业人员具有丰富的专业知识	程度较高
9. 专卖店		市、区级商业中心，专业街以及百货店、购物中心内	目标顾客以中高档消费者和追求时尚的年轻人为主	根据商品特点而定	以销售某一品牌系列商品为主，销售量少、质优、高毛利	采取柜台销售或开架面售，商品陈列、照明、包转、广告讲究	注重品牌声誉，从业人员具有丰富的专业知识，提供专业性服务	一般
10. 家居建材商店		城乡结合部、交通要道或消费者自有房产比较高的地区	目标顾客以拥有自有房产的顾客为主	营业面积在6 000平方米以上	商品以改善、建设家庭居住环境有关的装饰、装修等用品、日杂用品、技术及服务为主	采取开架自选方式	提供一站式购足和一条龙服务，停车位300个以上	较高
11. 购物中心	社区购物中心	市、区级商业中心	商圈半径为5—10公里	建筑面积为5万平方米以内	20—40个租赁店，包括大型综合超市、专业店、专卖店、饮食服务及其他店	各个租赁店独立开展经营活动	停车位300—500个	各个租赁店使用各自的信息系统
	市区购物中心	市级商业中心	商圈半径为10—20公里	建筑面积为10万平方米以内	40—100个租赁店，包括百货店、大型综合超市、各种专业店、专卖店、饮食店、杂食店以及娱乐服务设施等	各个租赁店独立开展经营活动	停车位500个以上	各个租赁店使用各自的信息系统
	城郊购物中心	城乡结合部的交通要道	商圈半径为30—50公里	建筑面积为10万平方米以上	200个租赁店，包括百货店、大型综合超市、各种专业店、专卖店、饮食店、杂食店以及娱乐服务设施等	各个租赁店独立开展经营活动	停车位1 000个以上	各个租赁店使用各自的信息系统

3. 零售企业经营商品的范围广泛，品种、规格繁多。消费者的需求是多样化的，并且随着购买力的提高，消费需求更加细微，个性化更强，要求有更大的可选择性。同时收入层次的拉开，又要求有多层次（档次）的商品可供消费者选择，这使得零售企业在经营商品的范围上相当广泛。既经营工业品，又经营农副产品，既有一般商品，又有贵重商品，而各种商品本身的性能不尽相同，有的容易保管，有的则不容易长期保存。

4. 零售企业是实现商品从流通领域进入消费领域的桥梁，也是商品流转的最终环节。为了及时满足消费者多方位的需求，提供使消费者满意的商品，企业必须多渠道采购商品。既可能从批发企业进货、也可能从生产厂家提货，有时企业本身加工制作商品。对于连锁经营的零售企业一般由总部所属采购部门统一进货、统一配送。

5. 零售企业直接面对消费者，企业销售次数频繁，数量零星。销售收款一般都是现金交易，一手钱一手货，除少数贵重商品和集体消费购买者需填制发票外，一般不需要填制销货凭证。

6. 零售企业以商品购销为主要经营活动内容，没有长期储备商品的任务，本着“勤进快销，加速周转”的经营方针，一般不留有过多的库存，商品库存数量虽然不多，但经常变动。除一部分存放在仓库外，在营业柜组必须存放一定数量的商品，并且要保持花色品种齐全，便于顾客挑选。

零售业是最古老的行业，但它又是最具活力的产业。世界零售业在过去一个半世纪的发展中，经历了数次的业态调整，从当初单一的百货业发展成今天的大百货、连锁店、专卖店、便民店、超级市场、折扣店、仓储店、购物中心等多种零售业态同台竞技的局面。与世界零售业发展相呼应，我国零售业在过去的十几年中，走完了国外零售业150年的商业历程，已成为亚洲乃至世界零售消费业发展最快并最具增长潜力的国家。伴随我国零售行业的高速发展，如何加强零售业的科学管理，已成为零售业发展刻不容缓的课题。

第二节　零售企业会计的基本概念

谈到“会计”，对成年人来说，恐怕是无人不知无人不晓。但是，会计作为一门学科、一种专门技术，对于很多非会计专业人员来说，是既熟悉又陌生。说熟悉，我们参加工作的每一个人都与会计打过交道，比如，领工资、预借和报销差旅费等。说陌生，非会计专业人员看在眼里的仅是凭证、账簿、报表、计算器、算盘、计算机等会计核算工具，而对经济业务的处理、会计数据的变化、会计报表各项目的经济含义，可谓都还像雾里看花，朦朦胧胧。

一、会计与零售企业会计

（一）会计的定义

什么是会计呢？通俗地说，会计就是记账、算账、报账，记账就是把企业所发生的成千上万的经济业务，通过一定的方式记录在案；算账就是计算数据，以便于记录经济业务的数量，如每年的折旧、贷款的利息、产品成本以及投资项目的经济效益指标（如净现值、回收期、员工报酬率等）；报账就是对外和对内部管理人员报告企业某一时期经济活动的结果。如今年的财务状况如何？还债是不是有困难？成本费用水平有多高？利润有多少？

会计是一门综合性学科，对会计所下的任何简单的定义都不能十全十美，尽管如此，下述定义作为研究“会计”这门学科的出发点还是必要的。

会计，是以货币为计量单位，通过确认、计量、记录和报告，反映和监督某一经济主体的经济活动及其成果，以评价受托经济责任履行状况，确保会计信息使用者作出有根据的经济决策。会计活动及其相互关系如图 1－2 所示。

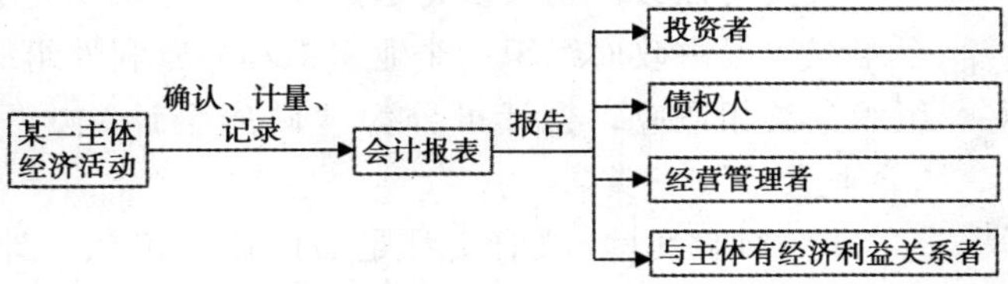

图 1－2　会计活动及其相互关系

在图 1－2 中，某一经济主体发生了业务活动，如动用出资者的资金从事产品的生产、销售以及劳务提供等经济活动。会计人员要按照有关规则对这些经济活动进行确认、计量、记录和报告，以会计报告的形式，客观、公正、如实地予以反映和解释，将会计报告传达给与该经济主体有利益关系的各方，以利于他们作出相应的决策，处理有关经济问题。

综合上述分析，可对会计得出以下认识：

1. 会计的基本目标是反映受托责任履行情况和为经济决策提供有用的信息。会计活动本身仅是一种手段而非目的，会计的目标是向会计报告使用者提供与某一主体财务状况、经营成果和现金流量等有关的会计信息，反映管理层受托责任履行情况，有助于会计报告使用者做出经济决策。其服务对象既有经济主体外部的投资者、债权人，也包括该主体内部经营管理者以及与经济主体有利益关系的各方。

2. 会计的作用范围不是漫无边际，而只是局限于某一经济主体，该主体可能是企业，也可能是政府部门、学校或医院等。经济主体的规模可以是大到在证券交易所上市的大型股份有限公司，也可以小到个人商店。

3. 某一经济主体可以用货币表现的经济活动构成了会计的对象，而货币则是确认、计量、记录和报告经济活动的主要计量手段，它也是会计活动与其他管理活动区别的主要标志。同时，确认、计量、记录和报告构成了会计方法体系，只有恰当地运用这些方法体系，才能提供有用的会计信息。

4. 核算和监督是会计的基本职能。核算职能，是会计通过确认、计量、记录、报告，从数量上反映各单位已经发生或完成的经济活动，为经营管理提供会计信息的功能。而监督职能，则是会计具有按照一定的目的和要求，利用核算所提供的信息，对各单位的经济活动进行控制，使之达到预期目标的功能。

（二）会计的分类

人类的社会活动大多是通过某些社会组织完成的。目前，我国的社会组织一般由政府组织、企业组织和非营利性组织三部分组成。与社会组织分类相适应，会计可分为“政府会计”、“非营利组织会计”和“企业会计”三类。

1. 政府会计。政府会计是一门用于确认、计量、记录政府受人民委托管理国家公共事务和国家资源、国有资产、报告政府公共财务资源管理业绩及履行受托责任情况的会计分支。

2. 非营利组织会计。非营利组织是指由民间出资举办的、不以营利为目的，从事教育、科技、文化、卫生、宗教等社会公益活动的社会服务组织，是不以营利为目的向社会提供服务，介于政府组织、营利组织之间的一切社会组织，又称“第三部门”，其具有非政府性质。按照财政部 2004 年 8 月颁布，2005 年 1 月 1 日起执行的《民间非营利组织会计制度》，民间非营利组织包括依照国家法律、行政法规登记的社会团体、基金会、民办非企业单位和寺院、宫观、清真寺、教堂等四类。非营利组织会计，是指以民间非营利组织实际发生的交易或者事项为对象，记录和反映该组织本身的各项业务活动，如实反映民间非营利组织的财务状况、业务活动情况和现金流量等信息。

3. 企业会计。企业会计以企业的经济活动为对象的会计，称为“企业会计”。企业是以营利为目的的经济组织，获利是企业业务活动的出发点和归宿。为了从事生产业务活动，获得利润，企业必须通过各种渠道筹集资本，扩大收入，降低成本、合理分配利润。因此，企业会计涉及从接受投资到赚取、分配利润的全过程，要向投资者、债权人等报告企业的财务状况、经营成果以及现金流量等方面的信息。

从会计发展的历史来看，一般认为，企业会计是现代会计的核心，而现代会计一般又分为财务会计和管理会计两大领域。

（1）财务会计。它是指为企业外部投资者、债权人等提供经济决策所需信息而进行的会计。财务会计主要以会计准则为依据，通过填制凭证、登记账簿、编制会计报告等核算方法，确认、计量和记录企业资产、负债、所有者权益的增减变化，反映收入的取得、费用的发生和归属，以及净收益的形成及分配等情况，虽然它也向企业管理者提供财务信息，以便加强财务管理，但更主要的它是向企业外部与之有经济利害关系的单位或个人服务，例如向股东及潜在投资者提供财务报告，使他们了解企业财务状况及获利能力，以便作出投资决策；向银行及其他债权人提供财务报告，使他们了解企业的经营状况和偿债能力，以便作出信贷决策；向政府税务机关提供报告，以便决定纳税数额；向政府的证券管理机构提供报告，以便实施证券管理。与企业有经济利益关系的投资者、债权人等通过分析财务报告，客观评价企业的经营业绩，偿债能力和获利能力，对企业的经营情况作出全面的反映。所以，财务会计又称“对外报告会计”。

（2）管理会计。它是指主要为企业内部经营管理者提供经济决策所需信息而进行的会计。是为了适应企业内部计划和控制的需要，以企业内部各级管理人员为主要服务对象，利用财务会计提供的会计信息及其他生产经营活动中的有关资料（如统计核算资料、业务核算资料等），运用数学、统计等方面的一系列技术和方法，预测前景，参与决策，规划未来、控制和评价企业经济活动，为企业管理部门正确进行最优管理决策和有效经营提供有用的会计信息。可见，管理会计侧重于为企业内部经营管理服务，因此它又称“对内报告会计”。

（三）零售企业会计

“零售企业会计”是适用于零售企业的专业会计。它主要以零售企业外部会计信息使用者为服务对象，以企业会计准则为指导，运用确认、计量、记录和报告等程序，提供零售企业财务状况、经营结果、现金流量等方面的会计信息，以反映企业管理层受托责任履行情况，有助于会计信息使用者做出经济决策的一种管理活动。

二、零售企业会计核算基础

会计核算基础，是指确认某一会计期间的收入、费用及其业务活动结果的标准。各种会计基础的区别在于交易确认的标准、时间和范围的不同，尤其是确认交易的时间不同。

一个会计主体，由于会计核算要分期进行，就有可能产生同一会计期间，各项收入和费用的发生与款项的实际收取和支出不一致情况。例如，本月应收的收入，可能在以后月份才收到，也可能在实现以前提前收到；应付的费用，可能在以后月份才支付，也可能在发生以前提前支付。对此，在会计上有两种不同的会计基础：一种是收付实现制，也称为现金基础；另一种是权责发生制，也称为应计基础。

（一）收付实现制

收付实现制，是指收入与费用的确定以是否收到或付出了现金为准。某项收入尽管是本期的业务活动成果，但没有在本期收到现金，也不能作为本期的收入。同样，某项费用尽管不应或不全应归本期负担，但是只要在本期支付了，就要作为本期的费用。

收付实现制是以会计期间款项收付为标准入账，具有会计记录方法简单之优点，但其局限性也较为明显：（1）按照收付实现制只有在现金收付行为实际发生后，才确认和计量交易，以该核算基础提供的现金信息比较滞后；（2）收付实现制只能提供现金交易信息，不能提供非现金交易信息，它所提供的现金信息覆盖面相对狭窄；（3）收付实现制不能提供绩效信息以及与绩效相关的成本和费用信息。同时，对于与负债有关的信息也是无能为力。由于收付实现制存在难于克服的局限性，因此，企业会计一般不将其作为会计核算基础。

（二）权责发生制

权责发生制，是指在确认一个会计主体收入和费用时，以是否取得收取款项的权力或支付款项的责任为依据，而不是以是否实际收取现金为依据。按照这一原则；（1）收入的归属，要看该期是否提供了服务而拥有取得该项收入的权利；（2）费用的承担，要看该期是否受益而有承担该项费用的责任。权责发生制的通俗解释是，凡是当期已经实现的收入和已经发生或应当负担的费用，不论款项是否收付，都应当作为当期的收入和费用；凡是不属于当期的收入和费用，即使款项已在当期收付，也不应当作为当期的收入和费用。

由于在权责发生制条件下，应计入某期间的收入和费用与款项的实际收付不是同步的，因此，对某些经济业务要运用一些如应计、应付、预提、递延或摊销等账务处理手段，并通过设置相应的会计账户对其归类反映。

按照《企业会计准则——基本准则》规定，“企业应当以权责发生制为基础进行确认、计量和报告。”其原因是，权责发生制所提供的信息有助于帮助企业资源提供者了解掌握资源受托责任的履行情况，帮助管理机构对其所确认的资产、负债实施有效的管理，并为管理机构寻求筹集资金的渠道，掌握资金需求状况提供重要的依据，同时也为探究偿付债务和履行义务的持续能力创造了条件，使企业对其成本、效率、成果等方面业绩的评价更为客观。

三、零售企业会计信息质量要求

提供企业财务状况、经营结果、现金流量等方面的会计信息是零售企业会计目标之一，因此，会计信息质量高低是影响会计能否发挥其作用的重要因素。零售企业提供的会计信息应符合以下要求：

（一）可靠性

可靠性要求企业应当以实际发生的交易或者事项为依据进行会计确认、计量和报告，如实反映符合确认和计量要求的各项会计要素及其他相关信息，保证会计信息真实可靠、内容完整。可靠性是对会计工作和会计信息质量最基本的要求。为了贯彻可靠性要求，企业应当做到：（1）以实际发生的交易或事项为依据进行会计确认、计量，将符合会计要素定义及其确认条件的资产、负债、所有者权益、收入、费用和利润等如实反映在财务报表中，不得虚构的、没有发生的或者尚未发生的交易或事项进行确认、计量和报告。（2）在符合重要性和成本效益原则的前提下，保证会计信息的完整性，其中包括应当编报的报表及其附注内容等应当保持完整，不能随意遗漏或者减少应予披露的信息，与使用者决策相关的有用信息都应当充分披露。

（二）相关性

相关性要求企业提供的会计信息应当与投资者等财务报告使用者的经济决策需要相关，有助于投资者等财务报告使用者对企业过去、现在或者未来的情况作出评价或者预测。会计信息是否有用，是否具有价值，关键是看与其使用的决策者需要是否相关，是否有助于决策或者提高决策水平。相关的会计信息应当能够有助于使用者评价过去的决策，证实或者修正过去的有关预测，因而具有反馈价值。相关的会计信息还应当具有预测价值，有助于使用者根据财务报告所提供的会计信息预测企业未来的财务状况、经营成果和现金流量。

会计信息质量的相关性要求，需要企业在确认、计量和报告会计信息的过程中，充分考虑使用者决策模式和信息需要。但是，相关性是以可靠性为基础的，两者之间并不矛盾，不应将两者对立起来，也就是说，会计信息在可靠性前提下，尽可能地做到相关性，以满足投资者等财务报告使用者的决策需要。

（三）可理解性

可理解性要求企业提供的会计信息应当清晰明了，便于投资者等财务报告使用者理解和使用。企业编制财务报告、提供会计信息的目的在于使用，而要使使用者有效使用会计信息，应当能让其了解会计信息的内容，这就要求财务报告所提供的会计信息应当清晰明了，易于理解。只有这样，才能提高会计信息的有用性，实现财务报告的目标，满足向投资者等财务报告使用者提供决策有用信息的要求。

会计信息毕竟是一种专业性较强的信息产品，在强调会计信息的可理解性要求的同时，还应假定使用者具有一定的有关企业经营活动和会计方面的知识，并且愿意付出，努力去研究这些信息，对于某些复杂的信息，如交易本身较为复杂或者会计处理较为复杂，但其对使用者的经济决策相关的，企业就应当在财务报告中予以充分披露。

（四）可比性

可比性要求企业提供的会计信息应当相互可比。可比性要求包括两层含义：

1. 同一企业不同时期可比。为了便于投资者等财务报告使用者了解企业财务状况、经营成果和现金流量的变化趋势，比较企业在不同时期的财务报告信息，全面、客观地评价过去、预测未来，从而做出决策。会计信息质量的可比性要求同一企业不同时期发生的相同或者相似的交易或者事项，应当采用一致的会计政策，不得随意变更。但是，满足会计信息可比性要求，并非表明企业不得变更会计政策，如果按照规定或者在会计政策变更后可以提供更可靠、更相关的会计信息，可以变更会计政策。有关会计政策变更的情况，应当在附注中予以说明。

2. 不同企业相同会计期间可比。为了便于投资者等财务报告使用者评价不同企业的财务状况、经营成果和现金流量及其变动情况，会计信息质量的可比性要求下不同企业统一会计期间发生的相同或者相似的交易或事项，应当采用规定的会计政策，确保会计信息口径一致、相互可比，以使不同企业按照一致的确认、计量和报告要求提供有关会计信息。

（五）实质重于形式

实质重于形式要求企业应当按照交易或者事项的经济实质进行会计确认、计量和报告，不仅仅以交易事项或者事项的法律形式为依据。

企业发生的交易或事项在多数情况下其经济实质与法律形式是一致的，但在有些情况下也会出现不一致。如，企业按照销售合同销售商品但又签订了售后回购协议，虽然从法律形式上看实现了收入，但如果企业没有将商品所有权上的主要风险和报酬转移给购货方，没有满足收入确认的各项条件，即使签订了商品销售合同或者已将商品交付给购货方，也不应当确认销售收入。再如，以融资租赁方式租入的固定资产，虽然从法律形式看，承租企业并不拥有其所有权，但由于租赁合同中规定的租赁期相当长，接近于资产的使用寿命；租赁期结束时承租企业有优先购买该资产的选择权；在租赁期内承租企业有权支配资产并从中受益。从其经济实质来看，企业能够控制其创造未来的经济利益。所以，会计核算上将其视为承租企业的资产。

（六）重要性

重要性要求企业提供的会计信息应当反映与企业财务状况、经营成果和现金流量有关的所有重要交易或者事项。如果财务报告中提供的会计信息的省略或者错报会影响投资者等使用者据此做出决策的，该信息就具有重要性。重要性的应用需要依赖职业判断，企业应当根据其所处环境和实际情况，从项目的性质和金额大小两方面加以判断。

（七）谨慎性

谨慎性要求企业对交易或者事项进行会计确认、计量和报告时应持有的谨慎，不应高估资产或者收益、低估负债或者费用。在市场经济环境下，企业的生产经营活动面临着许多风险和不确定性，如应收款项的可收回性、固定资产的使用寿命、无形资产的使用寿命、售出存货可能发生的退货或者返修等。会计信息质量的谨慎性要求，需要企业在面临不确定性因素的情况下做出职业判断时，应当保持应有的谨慎，充分估计到各种风险和损失，既不高估资产或者收益，也不低估负债或者费用。如，要求企业对出售商品所提供的产品质量保证确认一项预计负债，就体现了会计信息质量的谨慎性要求。

谨慎性的应用也不允许企业设置秘密准备，如果企业故意低估资产或者收入，或者故意高估负债或者费用，将不符合会计信息的可靠性和相关性要求，损害会计信息质量，扭曲企业实际的财务状况和经营成果，从而对使用者的决策产生误导。

（八）及时性

及时性要求企业对于已经发生的交易或者事项，应当及时进行确认、计量和报告，不得提前或者延后。

会计信息的价值在于帮助所有者或者其他方面做出经济决策，具有时效性。即使是可靠的、相关的会计信息，如果不及时提供，就会失去了时效性，对于使用者的效用就大大降低，甚至不再具有实际意义。在会计确认、计量和报告过程中贯彻及时性，一是要求企业及时收集会计信息，即在经济交易或事项发生后，及时收集整理各种原始单据或者凭证；二是要求企业及时处理会计信息，即按照会计准则的规定，及时对经济交易或者事项进行确认或者计量，并编制财务报告；三是要求企业及时传递会计信息，即按照国家规定的有关时限，及时地将编制的财务报告传递给财务报告使用者，便于其及时应用和决策。

四、零售企业的会计要素

（一）零售企业资金及其运动

零售企业会计内容是指零售企业能够用货币表现的经济活动，也就是零售企业的资金运动。零售企业要开展经济活动获得利润，必须拥有一定数量结构合理的商品及财产物资，这些商品及财产物资的价值表现叫做企业的经营资金，简称资金。这些资金随着企业购进过程、销售过程的不断进行，也在不断地进行着循环和周转。其运动过程参见图1－3。

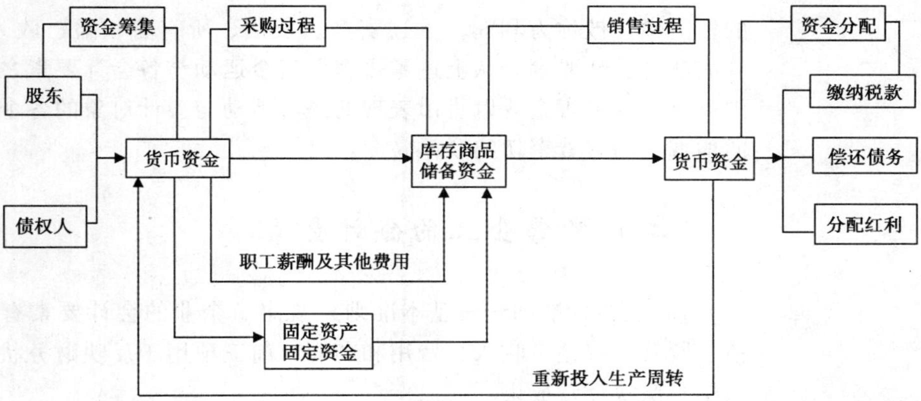

图1－3　零售企业资金运动过程图

在零售企业的经营活动中，零售企业的资金主要以“货币—商品—货币”形式不断运动，其中“货币—商品”即付出货币取得商品，是货币资金转化为商品资金的过程，称为商品购进过程；“商品—货币”即为付出商品取得货币，是商品资金转化为货币资金的过程，称为商品销售过程，二者构成零售企业的全部经营过程。这种由“货币—商品—货币”的一次资金形态变化叫做资金循环，资金的不断循环称为资金周转。在经营过程中发生的各种收入，包括主营业务收入、其他业务收入、财产溢余及各种营业外收入，统称经营收入；发生的各种支出，包括主营业务成本、商品流通费、营业税金及附加、财产损失及各种营业外支出，统称经营支出。零售企业一定时期的全部经营收入与全部经营支出相抵后的差额，叫做零售企业的经营成果（又称财务成果），它是考核零售企业经济效益的重要指标。该差额为正值，称为“利润”，为负值则称为“亏损”。

上述由于资金的取得、运用和退出等经济活动所引起的各项财产物资的增减变化情况，在经营过程中各项流通费用的支出情况，以及企业销售收入的取得、纯收入的实现、分配情况，便构成了零售企业会计的具体内容。

通过对上述经济活动进行细致的描述可以看出，零售企业的资金可表现为保持货币形态的资金、材料物资、包装物、商品占用的资金、固定资产占用的资金，我们将这些占用资金的项目统称为资产；零售企业的资金主要来自于两个方面，一是从债权人取得；二是企业所有者投入，人们习惯上把前者称为“负债”，而后者则称为“所有者权益”；零售企业对外销售商品取得的货币资金，是企业运用资金取得的成果即经营收入，称其为收入；而零售企业为取得收入所耗费资产的货币数额，称为费用；收入与费用之间的差额，亦即零售企业运用资金而取得的增值额，被称为利润。上述资产、负债、所有者权益、收入、费用、利润就是会计要素。从上述零售企业资金运动与各会计要素之间的关系中可以看到零售企业以货币表现的经济活动与会计对象的各个要素项目的增减变动有着密切的联系。

（二）零售企业的会计要素

《企业会计准则——基本准则》规定了企业的会计要素有资产、负债、所有者权益、收入、费用和利润，前三项用于反映财务状况，后三项用于反映经营成果。

1. 反映财务状况的会计要素。财务状况是指企业一定日期的资产及权益情况，是资金运动相对静止状态时的表现。反映财务状况的会计要素包括资产、负债、所有者权益。

（1）资产，是指企业过去的交易或者事项形成的，由企业拥有或者控制的，预期会给企业带来经济利益的资源。其中，企业过去的交易或者事项包括购买、生产、建造行为或其他交易或者事项。由企业拥有或者控制，是指企业享有某项资源的所有权，或者虽然不享有某项资源的所有权，但该资源能被企业所控制。资产按流动性（变现或消耗的速度）分为流动资产和非流动资产。

（2）负债，是指企业过去的交易或者事项形成的，预期会导致经济利益流出企业的现时义务。其中，现时义务是指企业在现行条件下已承担的义务。未来发生的交易或者事项形成的义务，不属于现时义务，不应当确认为负债。负债按其流动性的不同，分为流动负债和非流动负债。

（3）所有者权益，是指企业资产扣除负债后，由所有者享有的剩余权益。所有者权益的来源包括所有者投入的资本、直接计入所有者权益的利得和损失、留存收益等。

2. 反映经营成果的会计要素。经营成果是企业在一定时期内从事商品经营活动所取得的最终成果，是资金运动显著变动状态的主要体现。反映经营成果的会计要素包括收入、费用和利润。

（1）收入，是指企业在日常活动中形成的、会导致所有者权益增加的、与所有者投入资本无关的经济利益的总流入。包括销售商品收入、提供劳务的收入和让渡资产使用权而取得的收入等。

（2）费用，是指企业在日常活动中发生的、会导致所有者权益减少的、与向所有者分配利润无关的经济利益的总流出。费用通常由成本和期间费用构成。

（3）利润，是指企业在一定会计期间的经营成果。利润包括收入减去费用后的净额、直接计入当期利润的利得和损失等。其中，利得是指由企业非日常活动形成的、与所有者投入资本无关的、会引起所有者权益增加的经济利益的流入。损失是指由企业非日常活动发生的、与所有者利润分配无关的、会引起所有者权益减少的经济利益的流出。

3. 会计等式。会计等式揭示了会计对象要素之间的联系，它是复式记账、试算平衡及编制会计报表的理论依据。如果在某个会计期间开始时，考察一个会计主体的财务状况，那么，必是存在下列的恒等关系：

资产 = 负债 + 所有者权益　　（公式 1）

上述等式称作“会计等式”。等式左方，是企业拥有的资产，构成了企业经营的物质基础，也反映企业经营者的权力。经营者可以运用这些资产，自主进行生产经营活动。等式右方，是企业资产的来源，构成了企业资产提供者的权益，也反映企业经营者的责任。企业经营者对资产提供者负有保全其投入资本、并为他们赚收利息、利润的责任。在任何时候、任何场合下，企业的资产和权益都相等。

由于企业的主要目标是通过赚取利润使所有者权益增加，因此企业总是力求增加收入，减少费用，使净收入最大化。收入使所有者权益增加，而费用则使所有者权益减少。因此，收入和费用的发生将影响企业的所有者权益，会计等式也可以写成下列形式：

资产 = 负债 + 所有者权益 +（收入 - 费用）

在会计期间内的任一时刻（未结算之前），则为：

资产 = 负债 + 所有者权益 +（收入 - 费用）　　（公式 2）

或者是：

资产＝负债＋所有者权益＋利润　　（公式3）

企业在结算后，利润按规定的程序分配后，上述等式又成为：

资产＝负债＋所有者权益

公式1、公式2称为“会计等式”，它们揭示了各会计要素之间的联系，成为复式记账的基础，同时也构筑了财务报表的框架。

（三）零售企业会计科目

会计科目是对会计要素按其经济内容和用途所作的具体分类项目。通过设置会计科目，可以将会计要素的增减变化分门别类地予以登记，为企业内部经济管理和外部有关方面提供一系列具体的分类数量指标。设置会计科目，在会计核算体系中占有十分重要的位置，它是设置科目、进行账务处理的依据。

1. 零售企业会计科目表。一个企业所使用的全部总分类科目的目录称为会计科目表。一份会计科目表表明一个会计主体的完整的科目体系。一个企业的会计科目（总分类科目）无论是由有关部门统一制定，还是由单位自主设置，都需要事先编列会计科目表，按照会计科目表开设分类账，以便企业内部随时查找。零售企业会计科目表的一般形式如表1-2所示。

2. 零售企业会计科目的运用。为了保证企业会计核算工作的正常进行，并满足会计资料使用者的需要，企业在会计科目的使用上，必须注意以下几点：

（1）企业应按会计准则的规定，设置和使用会计科目，以保证会计指标的统一性和可比性。在不影响会计核算要求和会计报表指标汇总，以及对外提供统一的财务会计报告的前提下，可以根据实际情况自行增设、减少或合并某些会计科目。明细科目的设置，除会计制度已有规定者外，在不违反统一会计核算要求的前提下，企业可以根据需要自行确定。

（2）企业应按照会计准则规定的会计科目编号，编制会计凭证，登记账簿，查阅账目，实行会计电算化。企业不应当随意打乱重编。对于单位根据需要增设的会计科目，其科目编号可相应排列在所留的会计科目编号之间的空号中。

（3）对于会计科目名称，企业可以根据本企业的具体情况，在不违背会计科目使用原则的基础上，确定适合于本企业的会计科目名称。

（4）企业在填制会计凭证、登记账簿时，应当填列会计科目的名称，或者同时填列会计科目的名称和编号，不应当只填科目编号，不填科目名称。

表 1-2 会计科目表

序号	编号	名称	序号	编号	名称
		一、资产类	41	2001	短期借款
1	1001	库存现金	42	2201	应付票据
2	1002	银行存款	43	2202	应付账款
3	1012	其他货币资金	44	2203	预收账款
4	1101	交易性金融资产	45	2211	应付职工薪酬
5	1121	应收票据	46	2221	应交税费
6	1122	应收账款	47	2231	应付利息
7	1123	预付账款	48	2232	应付股利
8	1131	应收股利	49	2241	其他应付款
9	1132	应收利息	50	2501	长期借款
10	1221	其他应收款	51	2502	应付债券
11	1231	坏账准备	52	2701	长期应付款
12	1402	在途物资	53	2702	未确认融资费用
13	1403	原材料	54	2711	专项应付款
14	1405	库存商品	55	2801	预计负债
15	1406	发出商品	56	2901	递延所得税负债
16	1407	商品进销差价			四、所有者权益类
17	1408	委托加工物资	57	4001	实收资本（股本）
18	1411	周转材料	58	4002	资本公积
19	1471	存货跌价准备	59	4101	盈余公积
20	1501	持有至到期投资	60	4103	本年利润
21	1502	持有至到期投资减值准备	61	4104	利润分配
22	1503	可供出售金融资产	62	4201	库存股
23	1511	长期股权投资			五、成本类
24	1512	长期股权投资减值准备	63	5201	劳务成本
25	1521	投资性房地产	64	5301	研发支出
26	1531	长期应收款			六、损益类
27	1532	未实现融资收益	65	6001	主营业务收入
28	1601	固定资产	66	6051	其他业务收入
29	1602	累计折旧	67	6101	公允价值变动损益
30	1603	固定资产减值准备	68	6111	投资收益
31	1604	在建工程	69	6301	营业外收入
32	1605	工程物资	70	6401	主营业务成本
33	1606	固定资产清理	71	6402	其他业务成本
34	1701	无形资产	72	6403	营业税金及附加
35	1702	累计摊销	73	6601	销售费用
36	1703	无形资产减值准备	74	6602	管理费用
37	1711	商誉	75	6603	财务费用
38	1801	长期待摊费用	76	6701	资产减值损失
39	1811	递延所得税资产	77	6711	营业外支出
40	1911	待处理财产损溢	78	6801	所得税费用
		二、负债类	79	6901	以前年度损益调整

五、零售企业会计计量属性

一般来说，计量是用货币或其他量度单位计算各项经济业务事项和结果的过程。计量主要解决某项经济业务事项在会计上“反映多少”的问题。会计计量包括计量单位与计量属性。计量单位包括实物计量单位（如米、千克、小时等）和货币计量单位，货币计量单位分为名义货币单位与稳值货币单位（不变价值货币单位），基于币值不变的前提，现行财务会计采用的是名义货币单位作为计量单位，如我国为人民币元、千元、万元；计量属性又称计量基础，是指用货币对会计要素进行计量时的标准。《企业会计准则——基本准则》规定了以下五种计量属性。

（一）历史成本

在历史成本计量下，资产按照购置时支付的现金或者现金等价物的金额，或者按照购置资产时所付出的对价的公允价值计量。负债按照因承担现时义务而实际收到的款项或者资产的金额，或者承担现时义务的合同金额，或者按照日常活动中为偿还负债预期需要支付的现金或者现金等价物的金额计量。

（二）重置成本

在重置成本计量下，资产按照现在购买相同或者相似资产所需支付的现金或者现金等价物的金额计量。负债按照现在偿付该项债务所需支付的现金或者现金等价物的金额计量。

（三）可变现净值

在可变现净值计量下，资产按照其正常对外销售所能收到现金或者现金等价物的金额扣减该资产至完工时估计将要发生的成本、估计的销售费用以及相关税金后的金额计量。

（四）现值

在现值计量下，资产按照预计从其持续使用和最终处置中所产生的未来净现金流入量的折现金额计量。负债按照预计期限内需要偿还的未来净现金流出量的折现金额计量。

（五）公允价值

在公允价值计量下，资产和负债按照在公平交易中，熟悉情况的交易双方自愿进行资产交换或者债务清偿的金额计量。

企业在对会计要素进行计量时，一般应当以历史成本作为会计计量基础。法律、行政法规和企业会计准则规定允许采用其他会计计量基础的，也可以采用其他会计计量基础，但应当保证所确定的会计要素金额能够取得并可靠计量。

第三节　零售企业会计工作组织

会计工作的组织包括会计机构的设置、会计人员的配备、会计法规制度的制定与执行以及会计档案的保管等一系列工作。

一、零售企业会计机构的设置

会计机构是各单位办理会计事务的职能部门。

为了科学地组织会计工作，对于那些财务收支数额大，会计业务多的单位，都要单独设置由本单位领导人直接领导的财务会计机构（即一级管理机构），如财务会计处、财务会计科等。其中，有些业务复杂、会计工作繁重的基层单位，还可以在财务会计处（科）下，分设若干职能组，分别承担一定的核算任务。对于财务收支数额不大、会计业务比较简单的企业，可以不单独设置会计机构。但应在有关机构中设置若干办理会计工作的专职或兼职会计人员，单位领导人应当在这些会计人员中指定一人为主管人员，负责领导和办理本单位的会计工作。总之，一个单位应当设置会计机构还是在有关机构中设置专职的会计人员，由各单位根据会计业务的繁简和工作需要来决定，既要满足经济管理的要求，又要避免人浮于事。

二、零售企业会计人员的配备

各企业应根据本单位规模的大小及业务需要，配备适量的会计人员。会计人员的配备应该要符合会计机构内岗位设置的要求。

（一）会计人员的资格

会计是一项政策性和专业性极强的工作，担任会计工作的人员，必须具备必要的专业知识，才能胜任这一项重要的工作，才能更好地为经济管理服务。从目前的实际情况出发，会计人员应具备的专业知识至少应包括以下几个方面：

1. 财务会计知识。根据会计法规所规定的会计人员的主要职责，会计人员要想做好本职工作，就必须掌握必要的财务会计知识，才可能熟练运用会计政策和管理方法对本单位的业务活动进行有效的反映与监督。会计人员必须掌握的财务会计知识内容主要有以下几个方面：（1）会计及相关的经济法律、法规和规章等政策方面的知识，如《中华人民共和国会计法》（以下简称《会计法》）、《企业会计准则——基本准则》、企业会计具体准则、《小企业会计制度》、《会计人员工作规则》、《会计档案管理办法》等。（2）财务会计基本原理，如记账程序、记账规则、财务会计基础理论、财务会计分析等；（3）必要的现代财务会计管理知识，如管理会计、会计制度设计、会计电算化的应用等。

2. 相关的经济管理知识。会计工作是经济管理工作的重要组成部分，会计业务涉及经济活动的各个领域，参与单位的经济管理和业务管理是会计人员的重要职责。为了有效地参与单位的经济管理和业务管理，会计人员必须具备经济学相关学科的丰富知识和必要的生产经营管理知识。会计人员应该掌握的经济管理知识包括：企业财务管理学、财政学、金融学、审计学、统计学等，这是指导会计工作实践顺利进行的基础和保证。

3. 其他知识。要想做好会计工作，除了掌握以上知识外，还必须掌握其他一些知识，如会计人员要正确反映自己的意见，就必须具备一定的写作水平；要想掌握国外现代管理理论和管理方法，就必须掌握一定的外语等。

（二）会计人员的职责

1. 按照规定进行会计核算。进行会计核算是会计人员的首要职责，就是按照《会计法》和《企业会计准则》等的规定，认真填制和审核会计凭证，登记各种账簿，记录各种财产物资的增减变动及使用情况，正确地计算各种收入、费用和业务成果。按期结算、核对账目，进行财产清查，编报各种会计报表，如实反映财务状况、经营成果和现金流量，保证会计数字真实、准确、完整，为出资者、债权人和单位内部管理者提供真实可靠的会计信息。

2. 按照规定进行会计监督。即通过会计工作对本单位的各项经济业务和会计手续的合法性、合理性、有效性或预算执行情况进行监督。对不真实、不合法的原始凭证，不予受理；对记载不准确、不完整的原始凭证，予以退回，要求按照国家统一会计制度的规定更正、补充。对违法收支，不予办理；发现账簿记录与实物、款项不符时，应当按照有关规定进行处理，无权自行处理的，应当向本单位领导人报告。此外，各单位必须依照法律和法规，接受财政、审计、税务机关的监督，如实提供会计凭证，会计账簿、会计报表等会计资料和有关情况，不得拒绝、隐匿、谎报。

3. 拟订本单位办理会计事务的具体办法。即根据国家的会计法规、制度、财政经济方针、政策及上级机关的有关规定，结合本单位的具体情况，拟定本单位会计工作必须遵循的要求和办理会计事务的具体办法，如会计人员岗位责任制度、内部稽核制度、财产清查制度和成本计算办法，等等。

4. 参与拟订经济计划、业务计划，考核分析预算、财务计划的执行情况。会计人员要积极参与制订业务计划（如民间非营利教育部门的教育及发展计划、文艺团体的排练演出计划、科研单位的发展和研究计划，出版单位的出版发行计划等），通过掌握的会计信息和会计特有的方法，比较、分析各项计划的合理性和效益性，为制订并顺利实施科学合理的计划打下基础。

5. 办理其他会计事项。比如，协助单位内部其他管理部门做好管理的基础工作，提供关于改制、合并、分立等方面有关的会计信息，举办单位管理人员财会知识的培训等。

三、零售企业会计人员的职业道德

会计人员的职业道德是指会计人员在职业活动中应遵循的、体现会计职业特征的、调整会计职业关系的职业行为准则和规范。

会计人员在提供会计信息的过程中，除了必须将本职工作置于法律、法规的约束和规范之下，还必须具备与其职能相适应的职业道德水准。根据我国会计工作、会计人员的实际情况，我国会计人员职业道德规范主要包括以下内容：爱岗敬业、诚实守信、廉洁自律、客观公正、坚持准则、提高技能、参与管理、强化服务。

四、零售企业会计规范

我国现行会计法规主要包括以下类别：

（一）会计法律

会计法律，是指调整我国经济生活中会计关系的法律总规范。由我国全国人民代表大会常务委员会审议通过的《中华人民共和国会计法》（以下简称《会计法》）即是我国会计法律制度层次最高的法律总规范，是制定其他会计法规的依据，也是指导会计工作的最高准则。1999 年修订的《会计法》共 7 章 52 条，包括总则、会计核算、公司与企业会计核算的特别规定、会计监督、会计机构和会计人员、法律责任及附则。

（二）会计行政法规

会计行政法规，是调整经济生活中某些方面会计关系的法律规范。我国会计行政法规由国务院制定发布或者国务院有关部门拟订经国务院批准发布，其制定依据是《会计法》。如国务院发布的《总会计师条例》、《企业财务会计报告条例》以及财政部发布的《企业会计准则》等。

1. 《总会计师条例》。总会计师是单位行政领导成员，协助单位主要行政领导人工作，直接对单位主要行政领导人负责。根据《会计法》的规定，国有的和国有资产占控股地位或者主导地位的大、中型企业必须设置总会计师，体现了国家对这类企业管理上的特殊要求。为了规范总会计师行为，1990 年，国务院发布了《总会计师条例》，对总会计师的地位、职责、权限、任免与奖惩进行了全面、系统、具体的规定。

2.《企业财务会计报告条例》。该条例是国务院颁布的会计行政法规，主要是对企业财务会计报告的构成、编制和对外提供的要求、法律责任等方面所作的规范，它是对《会计法》中有关财务会计报告规定的细化。该条例要求企业负责人对本企业的财务会计报告的真实性和完整性负责；强调任何组织或者个人不得授意、指使、强令企业编制和对外提供虚假的或者隐瞒重要事实的财务会计报告；规定有关部门或机构必须依据法律法规，取得企业财务会计报告。条例还对违法违规行为应承担的法律责任作了明确规定。

3.《企业会计准则》。《企业会计准则》是财政部颁布的会计行政法规，主要是对企业会计确认、计量和报告行为所作的规范，以此保证会计信息质量。

企业会计准则作为会计工作的一种技术规范，有着严密的结构和层次。我国企业会计准则体系是由基本准则、具体准则和会计准则应用指南三部分内容构成。

（1）基本准则及其内容。基本准则是企业进行会计核算工作必须遵守的基本要求，是企业会计准则体系的概念基础，是制定具体准则、会计准则应用指南的依据，也是解决新的会计问题的指南，在企业会计准则体系中具有重要的地位。基本准则包括财务报告目标、会计基本假设、会计基础、会计要素分类及其确认、计量原则、财务会计报告等六部分内容，其中：

财务报告的目标是向财务报告使用者提供与企业财务状况、经营成果和现金流量等有关的会计信息，反映企业管理层受托责任履行情况，有助于财务报告使用者作出经济决策。

会计假设就是会计人员对所处变化不定的会计环境作出合乎情理判断的前提。依据这些前提，会计人员才能确定会计确认、计量和报告的时间范围、空间范围、内容以及程序和方法。否则，会计工作无法进行。会计基本假设包括会计主体、持续经营、会计分期和货币计量。

财务会计报告包括会计报表及其附注和其他应当在财务会计报告中披露的相关信息和资料。会计报表至少应当包括资产负债表、利润表、现金流量表等报表。小企业编制的会计报表可以不包括现金流量表。

（2）具体会计准则。具体会计准则，是根据基本会计准则的要求，用以规范企业发生的具体交易或事项的会计处理规定。2006 年 2 月 15 日财政部发布了存货等 38 项具体会计准则，其具体内容如表 1－3 所示。

表 1-3　　38 项具体会计准则

序号	名称	序号	名称	序号	名称
1	存货	14	收入	27	石油天然气开采
2	长期股权投资	15	建造合同	28	会计政策、会计估计变更和差错更正
3	投资性房地产	16	政府补助	29	资产负债表日后事项
4	固定资产	17	借款费用	30	财务报表列报
5	生物资产	18	所得税	31	现金流量表
6	无形资产	19	外币折算	32	中期财务报告
7	非货币性资产交换	20	企业合并	33	合并财务报表
8	资产减值	21	租赁	34	每股收益
9	职工薪酬	22	金融工具确认和计量	35	分部报告
10	企业年金基金	23	金融资产转移	36	关联方披露
11	股份支付	24	套期保值	37	金融工具列报
12	债务重组	25	原保险合同	38	首次执行企业会计准则
13	或有事项	26	再保险合同		

按照具体交易或事项的性质，表 1-3 中的具体会计准则可分为一般业务准则、特殊业务准则和报告类准则。

一般业务准则。一般业务会计准则是规范各类企业一般经济业务确认、计量的准则，包括存货、固定资产、无形资产、长期股权投资、收入、所得税等准则。

特殊业务准则。特殊业务准则可分为各行业共有的特殊业务准则和特殊行业的特殊业务准则，前者如外币业务、租赁业务、资产减值业务、债务重组业务、非货币性资产交换业务等准则，后者如适用于银行等金融领域的原保险合同、再保险合同，适用于石油企业的石油天然气开采准则，适用于农牧业的生物资产准则等。

报告类准则。报告类准则主要规范普遍适用于各类企业的报告类准则，如财务报表列报、现金流量表、中期财务报告、合并财务报表等准则。

(3) 会计准则应用指南。会计准则应用指南，是根据基本准则、具体准则制定的，用以指导会计实务的操作性指南。会计准则应用指南主要包括具体准则解释和会计科目、主要账务处理、财务报表及其格式等，为企业执行会计准则提供操作性规范。

（三）会计规章

会计规章，主要是指由行政部门中主管全国会计工作的财政部就会计工作中某些方面所制定的规范性文件。如财政部发布的《小企业会计制度》、《会计基础工作规范》、《会计档案管理办法》等。其中：

1.《小企业会计制度》。适用于在中华人民共和国境内设立的不对外筹集资金、经营规模较小的企业。不对外筹集资金、经营规模较小的企业，是指不公开发行股票或债券，符合《中小企业标准暂行规定》中界定的小企业，不包括以个人独资及合伙形式设立的小企业。《小企业会计制度》主要包括总说明、会计科目名称和编号、会计科目使用说明、会计报表格式、会计报表编制说明和主要会计事项分录举例等内容。

2.《会计基础工作规范》。它是财政部颁布的规范会计基础工作的规范性文件。它适用于国家机关、社会团体、企业、事业单位、个体工商户和其他组织的会计基础工作。其内容主要包括会计机构的设置和会计人员的配备、会计人员的职业道德、会计工作交接、会计核算的一般要求、会计凭证规则、会计账簿规则、财务报告规则、会计监督的内容和要求、建立和健全单位内部会计管理制度的内容和要求等。

3.《会计档案管理办法》。它是财政部、国家档案局联合颁发的规范会计档案管理工作的规范性文件。主要是对会计档案的种类、保管期限、借阅、交接和销毁等方面作出了规定。

五、零售企业内部会计控制规范

为了促进各单位内部会计控制制度的建设，加强内部会计监督，维护社会主义市场经济秩序，财政部于2001年颁布了《内部会计控制规范》。就内部会计控制的目标、原则、内容、方法和内部会计控制的检查等方面提出了要求。《内部会计控制规范》属于国家统一的会计制度范畴，是《会计法》和其他相关法律、法规的重要配套制度，它的颁布将有助于其他相关会计法规的贯彻实施。

第二章 2

零售企业会计信息化建设

会计信息化是会计发展的内在要求与必然趋势，也是未来会计改革发展的必由之路，它是指充分利用计算机技术、信息技术、数据库技术、网络技术，整合所有会计信息资源，为投资者、债权人、管理者及经济利益相关者提供决策有用的信息。那么零售企业如何突破当前以实现账务处理和报表处理的会计电算化为主的信息化建设基础阶段，逐步迈向财务业务一体化发展的信息化建设高级阶段呢？下面就让我们结合零售企业经营业务的特点和会计核算的特点来说明其会计信息化的建设。

第一节 零售企业会计信息化的概述

现代信息技术在发展过程中，与社会诸领域及其各个层面动态地相互作用，形成信息化过程。会计信息化是现代信息技术与会计的融合。具体地说，会计信息化是全面运用以计算机、网络和通信为主的信息技术，对伴随企业经营过程发生的原始数据进行获取、加工、传输、存储、分析等处理，为企业经营管理、控制与决策提供及时、准确的信息。会计信息化是企业管理信息化的一部分。

一、会计信息化的特点

会计信息化应用现代信息技术对传统手工会计体系进行变革，其目的是建立以信息技术为技术特征的新的信息会计体系。会计信息化具有以下特点：

（一）全面性

会计信息化要求对会计进行全方位的变革。它涉及会计的基本理论与方法、会计职能与实务工作、会计教育以及政府对会计的管理等所有会计领域，是对传统会计的系统、全面发展。

（二）渐进性

会计信息化的目标是建立一个打破传统会计模式的、全面使用现代信息技术、处理高度自动化、会计信息资源高度共享的开放的新系统。这个过程是一个分步骤、分阶段、伴随信息技术发展的长期渐进的过程。

（三）兼容性和多元性

由于我国各地区、各行业信息化水平严重不平衡，因此在相当长的一段时期内，传统会计组织方式与信息化管理组织方式必将并存，但从社会发展的要求来看，会计信息化是必然趋势。

二、会计电算化与会计信息化的区别与联系

会计电算化是计算机应用于会计工作的简称，那么它和会计信息化有何区别与联系呢？

会计电算化是会计信息化的初级阶段。会计电算化表现为对手工会计的模拟，主要是利用计算机代替手工完成记账、算账、报账的事后会计事务处理工作，对应于原财务会计的知识范畴，主要目的是使会计人员摆脱繁杂的账务核算处理工作，提高工作效率。随着市场竞争越来越激烈，加强实时动态管理成为提升企业竞争力的重要手段，因此，对会

计信息系统所提供的信息提出了更高的要求，不仅需要拓展提供信息的范畴，而且注重对业务数据的及时分析和深度挖掘。会计信息化是根据会计目标，按信息管理原理与信息技术重整会计流程，改变了会计处理的程序和方法，实现了对会计业务的信息化管理，能够充分发挥会计在企业管理和决策中的核心作用。因此，会计电算化是会计信息化的基础阶段，会计信息化是会计电算化顺应信息化发展、对传统会计进行变革的必然结果。

从系统层次看，会计信息化是企业业务处理及管理系统的组成部分，不仅包括事务处理层，还包括信息管理层、决策支持层。而会计电算化系统只定位在财务部门的内部事务管理，属于事务处理层。

会计电算化一直未能解决好两个问题：一是“无缝连接”问题，很多业务如生产、采购、库存、销售管理等与会计信息系统没有很好地连接；二是“信息孤岛”问题，企业与企业外部的信息交流处于阻塞状态。传统会计的组织工作及会计信息系统的操作和运用主要由财务部门把握。财务部门的工作非常专业化，与其他组织没有紧密的联系，企业内部管理信息系统与外部信息系统缺乏交流。这种状况不能适应现代管理一体化、集成化的要求，对提高企业整体竞争优势不利。信息技术的迅猛发展使企业期望信息技术更智能化，并为企业带来实实在在的经济效益。提倡把会计信息系统的构建置身于企业管理和社会信息化的大背景，建立会计与企业和社会的有机联系。信息化的会计系统是与其他管理系统和外部系统的有效联合，是一种更开放、更智能化、能随时感知信息的变化、实时处理、便于进行交互式活动的信息系统。

三、会计信息系统建设

会计信息化是借助会计信息系统为载体实现的，会计信息系统建设是指企业建立会计信息系统的全过程。无论企业规模大小，结构及业务复杂程度如何，建立会计信息系统的工作程序都大致相同（如图 2－1 所示）。但由于我国中小零售企业规模小、资金少、底子薄，在会计信息系统实际建设过程中更加关注系统建设所能带来的实效，低廉的价格和良好的服务质量。因此，与知名品牌的专业供应服务商合作和自身发展结合的方法由于成本低、见效快、服务有保障，而成为我国中小零售企业进行会计信息系统建设的普遍选择。

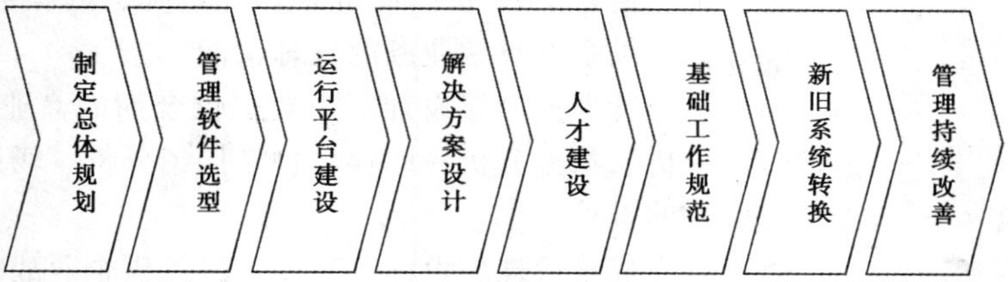

图 2-1　建设会计信息系统的工作程序

第二节　零售企业会计信息系统的建设

会计信息系统的核心是应用软件，应用软件是支撑企业业务处理的实体。零售企业无论是购买软件厂商开发的，还是自行研发设计的信息管理软件，在信息系统建设过程中应考虑以下几个方面的问题。

一、会计信息系统设计的目标

零售企业在设计信息系统时，应以构建面向零售企业管理最佳管理模式为目标，通过高效协同的供应链管理、灵活多样促销管理、全面的终端门店管理，构建快速响应的流通体系，结合以能力素质为核心的战略人力资源管理、全过程的供应商管理和会员管理，使企业从粗放管理向精细管理转变，实现企业管理模式的创新，全面提升企业的经济效益。

二、会计信息系统构架设计

零售企业进行会计信息系统构架设计时应考虑业务运营、管理控制和战略管理等方面的因素，因此在会计信息系统整体架构设计可分为三层（如图 2-2 所示）：

第一层为业务运营层设计。一般包含采购管理系统、销售管理系统、仓存管理系统、分销管理系统、存货核算系统、配送管理系统、条码管理系统、销售POS系统、财务管理系统、远程数据管理系统等组件的设计，提供企业日常业务的处理功能。

第二层为管理控制层设计。主要提供全面的商业分析与优化功能，包括财务分析、物流分析、库存分析、促销分析、场效分析、商品分析等功能模块的设计。

第三层为战略管理层设计。主要通过提供企业战略管理和战略规划的各种工具与方法，来实现战略目标管理、业务规划、预算管理、管理监控、业务合并、投资者关系管理等功能。

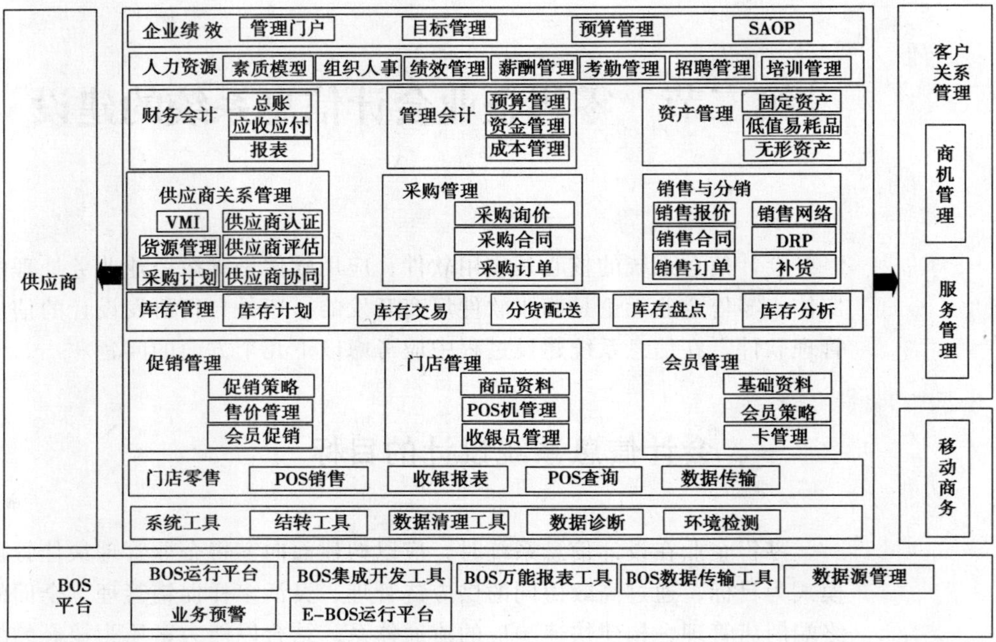

图2-2　零售企业会计信息系统整体架构图

（一）业务运营层设计

设计业务运营层一般包括：采购管理系统、销售管理系统、仓存管理系统、分销管理系统、存货核算系统、配送管理系统、条码管理系统、销售POS系统、财务管理系统、远程数据管理系统等组件设计，提供企业日常业务的处理功能。

1. 采购管理系统设计。设计采购管理系统，应通过采购相关单据贯穿采购的整个过程，实现对采购业务的全程处理和跟踪，它包括业务处理、单据核销、报表分析、系统维护等几个模块，通过采购订单、收货通知单、采购发票、采购收货单、采购退回单以及受托代销入库单、受托代销退回单等单据的新增、修改、删除、审核、打印，实现常规购进、受托代销、直销商品购入等多种业务。此外，还应处理购入商品溢余或短缺、进货退出、进货退补价、购货折扣和折让等异常情况。采购系统设计流程如图2－3所示。

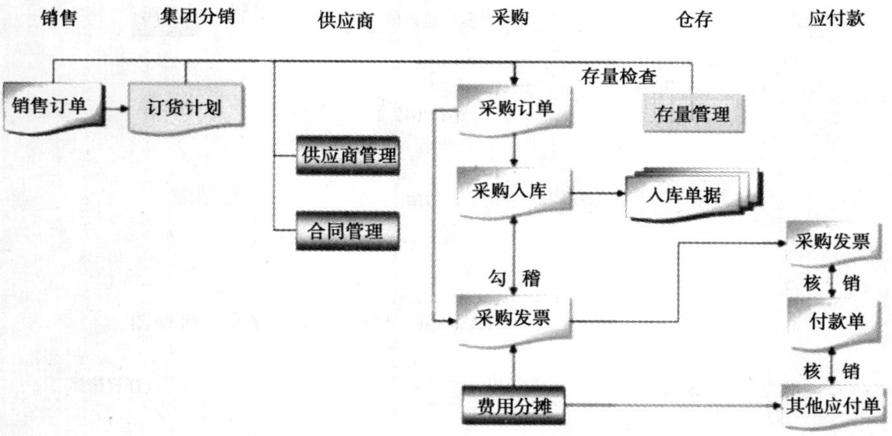

图2－3　采购系统设计流程图

2. 销售管理系统设计。设计销售管理系统应通过对销售过程的管理和控制，帮助零售企业进行完善的销售业务管理。通过信用管理，可以对客户的资信进行管理和控制，预防经营风险，防止坏账发生；通过价格管理，可以更加有效地进行价格的管理和控制，保证价格策略的统一规范；通过流程管理，可以对企业内部的管理流程进行管理和控制，提高企业的业务管理水平。销售管理系统设计流程如图2－4所示。

3. 库存管理系统设计。设计库存管理系统要考虑帮助零售企业不但从数量上，而且从质量上进行完善的库存管理。既可以通过存量管理有效地控制库存商品的数量，又可以通过保质期管理、库龄管理控制库存商品的质量。有效的库存管理，减少了企业的库存资金占用，同时优质的库存商品品质也给企业带来了良好的声誉。库存管理系统设计流程如图2－5所示。

4. 分销管理系统设计。设计分销管理系统要充分体现了商业流通领域的行业特点，主要处理集团分销运作体系跨地域的往来业务，并对各分支机构的业务运作状况进行监控和分析，从而统筹其分销体系的物流、资金流、信息流以达到整体管控的目的。它是连接商业各系统的桥梁和纽带，负责总部与分支机构信息的交换处理。分销管理系统设计流程如图2－6所示。

5. 存货核算系统设计。设计存货核算系统要考虑其联结业务与财

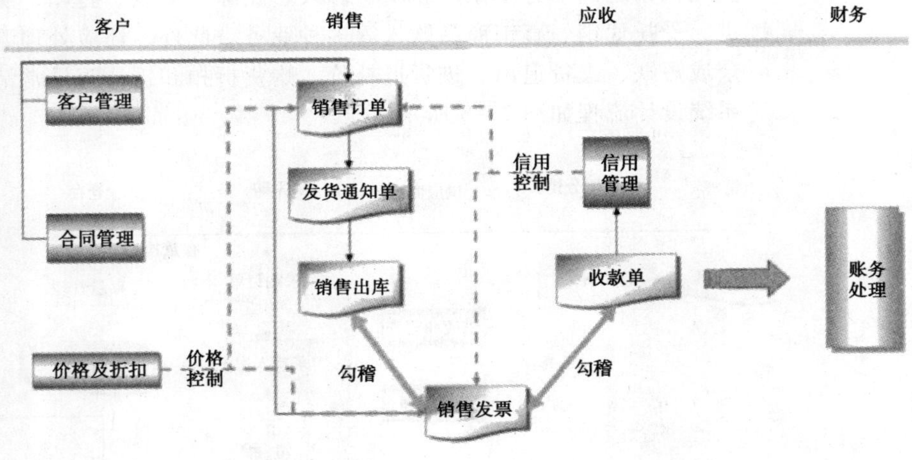

图 2－4　销售管理系统设计流程图

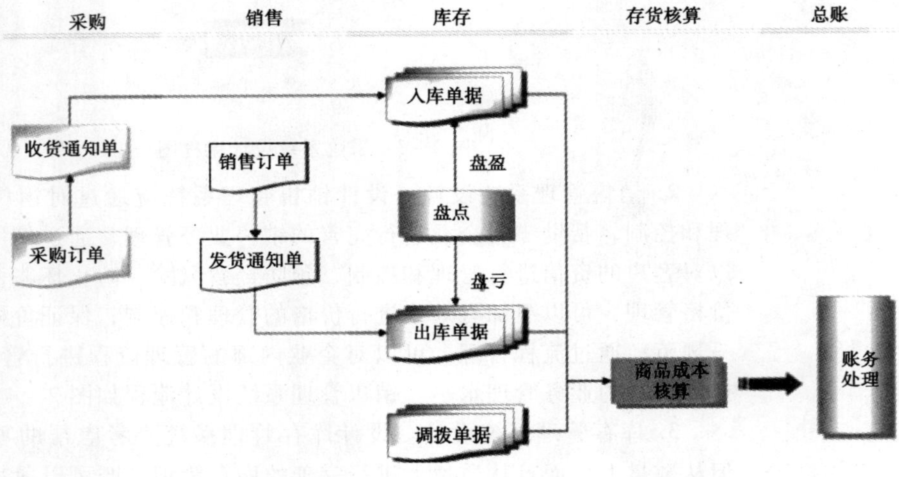

图 2－5　库存管理系统设计流程图

务的纽带，可以按照选取的成本计算方法，计算商品的发出成本。系统中还要提供存货发出的成本计价方法，如：先进先出法、加权平均法、移动平均法、个别计价法（分批认定法），根据需要不同的商品允许选取不同的计价方法，另外系统还提供了灵活的出、入库成本调整和自动结转暂估入库差价的功能。存货核算系统设计流程如图 2－7 所示。

6. 配送管理系统设计。设计配送管理系统要考虑仓存系统与货物配送进行连接的一套系统。系统通过装箱单、验收报告单处理等功能，对仓存系统中形成的出库单信息进行货物配送的管理，并且能够对运输费用和仓储费用进行分摊，并与财务系统形成接口，从而达到物流与单据流、信息流一致的效果，极大地加强了企业与客户之间的联系，提高

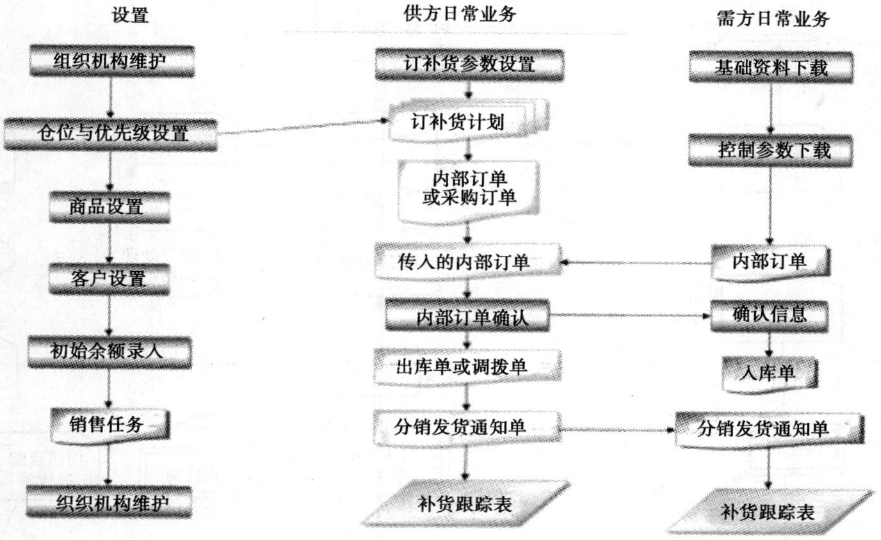

图 2－6　分销管理系统设计流程图

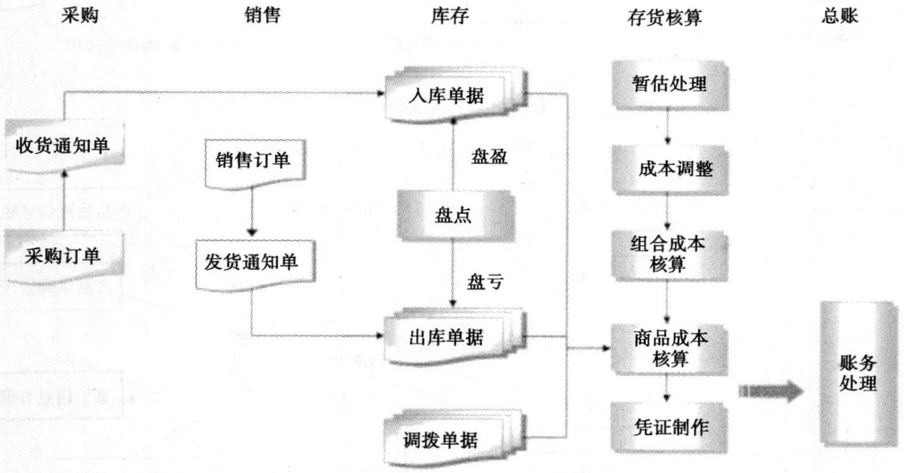

图 2－7　存货核算系统设计流程图

企业的整体物流管理水平。配送管理系统流程如图 2－8 所示。

7. 条码管理系统设计。条码管理系统，是仓存系统与库房管理进行连接的一套系统。系统通过入库条码、出库条码、红字入库、红字出库、库存盘点等功能，将仓储系统中的对应单据下载至无线条码手持机，并且接受无线条码手持机处理后的物料收发数据，与仓储系统中对应单据核对检测，从而达到物流与单据流紧密联系，高度一致的效果，加强了库房管理与信息系统之间的整体协作，进而加强企业整体物流管

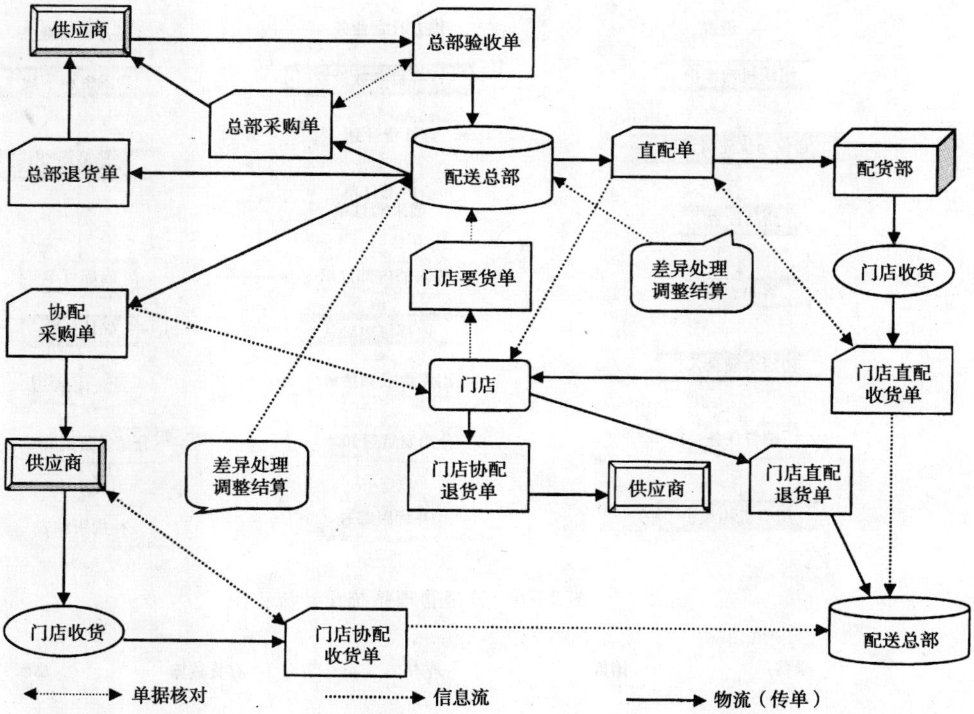

图 2－8　配送管理系统流程图

理水平。条码管理系统流程如图 2－9 所示。

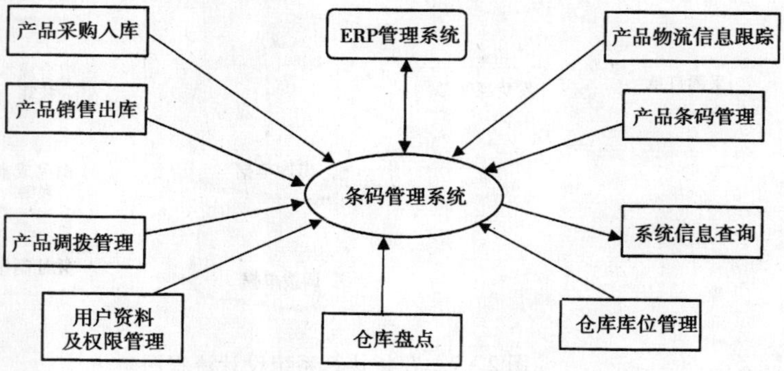

图 2－9　条码管理系统流程图

8. 财务管理系统设计。财务管理系统与业务系统实现完全集成统一。为满足企业在财务战略、财务政策、财务制度等不同层次的重要管理方面和日常财务管理、会计核算的需要，在会计核算、应收款管理、应付款管理、固定资产管理、项目管理、现金管理、预算管理、成本管理等专项业务领域提供了适应企业特色。财务管理系统流程如图 2－10 所示。

财务核算系统是财务管理系统的核心，企业在设计财务管理系统时

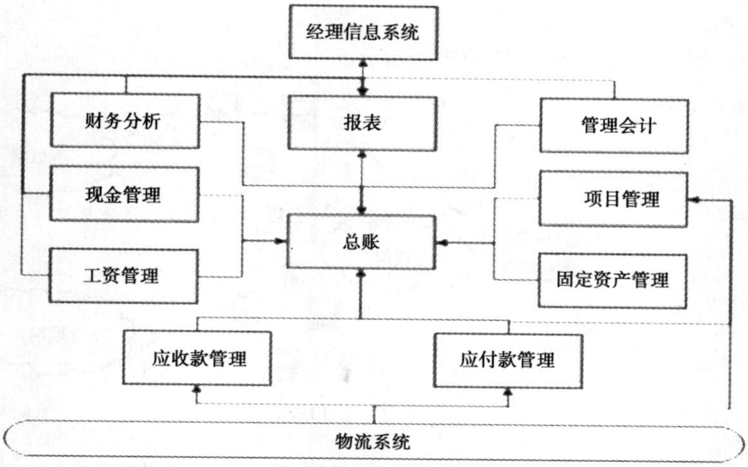

图 2－10　财务管理系统流程图

应考虑财务核算系统与其他功能系统之间复杂的数据互换关系。设计时应考虑与其他系统的数据互换关系如图 2－11 所示。

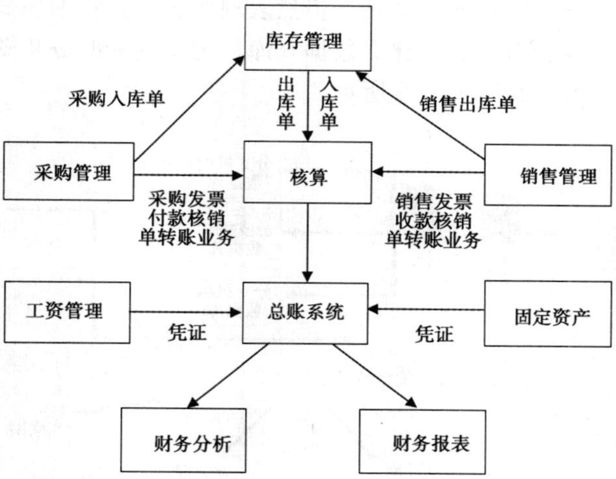

图 2－11　会计信息系统各模块间的数据关系

9. 销售 POS 系统设计。销售 POS 系统作为前台数据收集和业务处理的工具，应实现与系统后台业务系统的无缝集成。如果企业已经具备了 POS 系统，金蝶提供了接口程序，实现前台 POS 与后台系统的集成，保护企业前期投资。为保证前台收银工作不受网络、带宽等因素的影响，系统提供了销售前台 POS 系统的离线操作功能。为了收集前端的销售数据，可以将前台的数据及时传输到后台管理系统，同时前台也可以及时下载后台更新的基础资料。销售 POS 系统流程如图 2－12 所示。

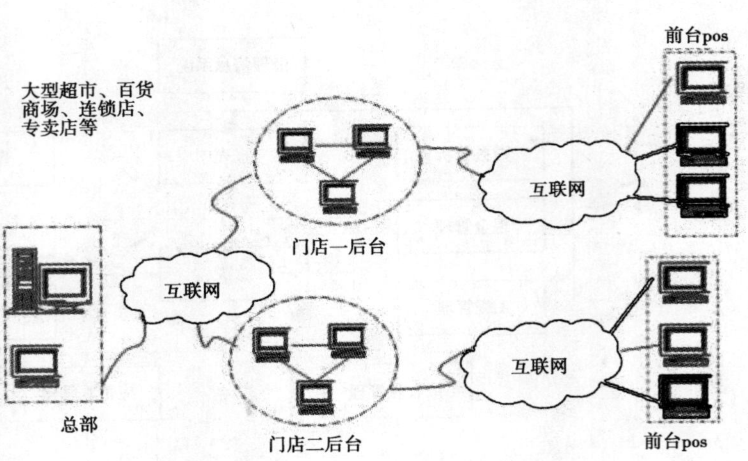

图 2－12　销售 POS 系统流程图

10. 远程数据管理。远程数据管理系统是商业流通企业解决跨地域管理的有效工具。通过采用相应的技术手段将企业的各机构成员分布在不同物理位置的业务数据，在交易处理阶段就集中存放到同一物理位置，但在业务处理上仍然表现为分散核算的模式。为企业总部及时、准确获取信息，建立数据仓库，为实现战略分析奠定基础。远程数据管理流程如图 2－13 所示。

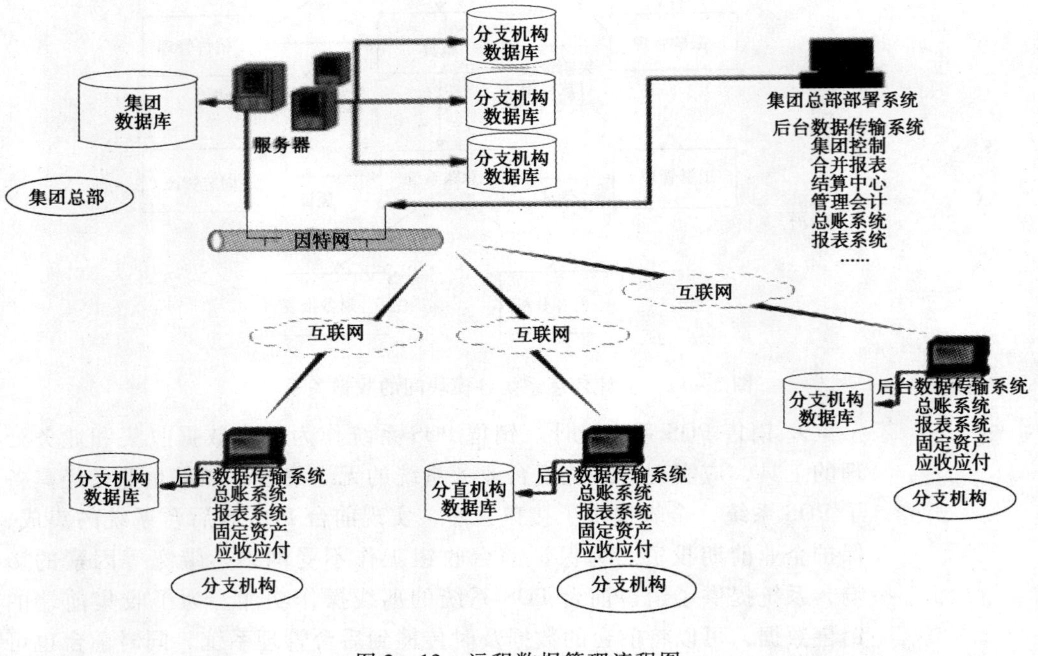

图 2－13　远程数据管理流程图

（二）管理控制层设计

设计管理控制层要考虑提供全面的商业分析与优化功能，包括财务分析、物流分析、库存分析、促销分析、场效分析、商品分析等。管理合并工具、报表合并工具、全面预算、预算监控等，用于帮助中层管理者贯彻执行企业战略，并对战略执行情况实时监控，以便采取相应的措施。其中，各种业务运营层的各种业务支持系统是管理控制层的数据基础。

（三）战略管理层设计

设计战略管理层要考虑通过提供企业战略管理和战略规划的各种工具与方法，来实现战略目标管理、业务规划、预算管理、管理监控、业务合并、投资者关系管理等功能。战略管理层借助平衡计分卡、战略地图、业务建模、运营预测、全面预算等工具，辅助进行战略制定、战略监控和优化。其中，平衡计分卡是决策支持层的核心工具，用于完成对企业战略目标的分解和关键绩效指标的确定。战略管理层的功能如图2－14所示。

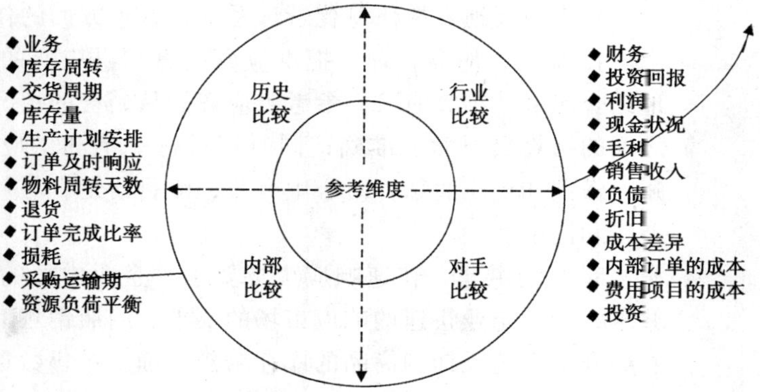

图2－14　战略管理层的功能图

二、会计信息系统建设应注意的问题

1. 一体化解决方案。财务、业务系统高度集成，进销存系统的单据通过核算系统进行统一的账务处理，产生的凭证自动传递到总账系统，减少了财务人员的大量重复输入以及核对工作。简化了工作量，提高了业务与财务人员整体的工作效率和管理水平。

系统间提供各种联查功能，通过单据可以查询凭证，通过凭证可以查询相关单据。通过总账可以查询明细账。通过报表系统的取数函数可以取出业务系统、财务系统的各种数据，进行数据的综合分析。

2. 完善商品管理。由于零售企业销售的商品种类繁多，数量大，交易频繁，现行的管理模式难以准确的收集到有关商品的信息，因而也不能对商品进行科学的管理。本系统将商品的基本信息、商品的供应商、商品的购进、调拨、价格管理、销售等物流以及有关的统计分析报表融为一体，使管理人员能够随时掌握有关商品的任何信息，从而对企业的经营管理做出科学准确的决策。

提高供应链响应能力，建立零售企业集成、高效的供应链管理平台，及时提供全面可靠的信息，通过与外部供应链集成的业务系统，快速适应市场需求。

3. 强化了企业内部的管理。首先在网络上保证了各下属门店和总部之间能顺畅地交换数据，其次加强了对企业的商品销售及库存的管理，并在此基础上实现了企业的自动订货，总部对下属门店之间的自动调拨以及下属门店之间的商品调配，减少了库存积压，降低了库存成本。销量统计等分析报表为企业经营管理者进行决策提供了有力的支持，最大限度地发挥信息化管理系统在管理方面的作用。

4. 加强供应商管理。把供应商结算同供应商的商品销量两者紧密地结合起来，结算时可以参考供应商商品销售的情况，使企业和供应商之间的结算更科学、准确；同时记录每一笔和供应商之间的往来明细账，做到和供应商结算时心中有数，账目清楚，尽量减少结算时产生的差错和混乱。

5. 信息共享，快速响应市场要求。企业内部的信息在各个部门间共享，帮助企业快速的响应市场的要求。门店销售商品时，可以直接查看到仓储系统反馈的商品的库存余额，确定销售数量或金额，从而使营运企划人员既能够及时把握市场，又能对营销进行有效监控，提高响应速度；同样仓储系统还会将仓储信息传递给采购部门，当商品低于警戒线时，仓储系统会向采购部门发出警报，采购部门根据信息，严格执行采购计划，确保销售工作的进行。

第三章 3

零售企业资金来源的核算

为了开展经营活动，零售企业必须通过各种渠道筹集取得一定数量的经营资金。零售企业的资金来源主要由两部分组成，一是由投资者提供的，会计上称为“所有者权益”；二是由债权人提供的，即“负债”。它们共同构成了零售企业取得资产的资金来源渠道。那么，零售企业取得的资金是如何核算的呢？下面我们就一一道来。

第一节　零售企业所有者权益的核算

所有者权益是指企业资产扣除负债后由所有者享有的剩余权益。从数量上看，所有者权益表现为企业的净资产，从产权关系角度看，所有者权益表现为所有者对企业净资产的拥有权。《企业会计准则——基本准则》规定企业所有者权益的来源包括：所有者投入的资本、直接计入所有者权益的利得和损失、留存收益三个方面。而《企业会计准则第 30 号——财务报表报列》将所有者权益分为：实收资本（股本）、资本公积、盈余公积和未分配利润四个项目。

一、所有者权益的概述

（一）所有者权益特征

1. 所有者权益表现为所有者对企业净资产的要求权。从静态看，根据“资产－负债＝所有者权益”会计等式，所有者权益体现的是企业资产扣除负债后的剩余利益。它是所有者凭借对企业永久性投资而对净资产享有的权利；从动态看，投资者可以依据其在企业所有者权益中的份额参与企业的利润分配。

2. 所有者权益在企业正常经营期内，可供企业长期支配使用，除非发生减资、清算，一般情况下不需要由企业归还给投资者。

3. 所有者权益置于债权人权益之后，在企业清算时，所有者权益只有在清偿所有负债后才返还给投资者。可见，所有者权益既是企业组织正常生产经营活动的资金保障，也是担保企业债务以及亏损的物质基础。

（二）所有者权益的内容

所有者权益是指企业资产扣除负债后，由所有者享有的剩余权益。公司的所有者权益又称为股东权益。所有者权益的来源包括所有者投入的资本、直接计入所有者权益的利得和损失、留存收益等。

1. 所有者投入资本。投入资本指出资人作为资事实际投入企业的资金数额。它既包括出资人初始投入部分和追加投入部分。根据法律要求，投入资本可进一步分为实收资本和资本公积。

2. 利得和损失。利得是指由企业非日常活动形成的、与所有者投入资本无关的、会引起所有者权益增加的经济利益的流入。损失是指由企业非日常活动发生的、与所有者利润分配无关的、会引起所有者权益减少的经济利益的流出。

利得和损失是企业边缘性或偶发性交易或事项的结果，如无形资产所有权转让、固定资产处置形成的收益等。利得属于那种不经过经营过程就能取得或不曾期望获得的收益，如因其他企业违约收取的违约金等。

3. 留存收益。留存收益是指企业从历年实现的净利润中提取或形成的留存于企业的内部积累。留存收益来源于企业在生产经营活动中所实现的净利润。留存收益包括盈余公积和未分配利润，前者是指按照国家规定从净利润中提取的具有不同用途的公积金。而后者则是企业留待以后年度分配的结存利润。

（三）所有者权益的分类

1. 按来源渠道分类，所有者权益分为所有者投入和经营中形成两部分。前者如投资者向企业的初始投资和追加投资、股分公司的股票溢价以及接受的各项资产捐赠等；后者则是由企业取得的利润而形成的盈余公积和未分配利润。

2. 按经济内容分类，可将其分为投入资本、资本公积、盈余公积和未分配利润。

二、投入资本的核算

投入资本是指投资者按照企业章程，或合同、协议的约定，实际投入企业的资本。它是企业注册登记的法定资本的来源，同时，投入资本的构成比例也是企业据以向投资者进行利润分配的主要依据。

企业的创建与发展是以一定法定资本为前提条件的。我国《公司法》规定，在有限责任公司中，以商业零售为主的，其注册资本不得少于30万元。如果为股份有限公司注册资本的最低限额为1 000万元人民币。按照有关规定，企业的资本可以分期筹集，也可以一次筹集。如果一次筹集，实收资本应等于注册资本；对于分期筹集注册资本的，筹资期满后，企业的实收资本与注册资金应当一致。按照资本保全的要求，企业已筹集的资本在其生产经营期内，投资者除依法转让外，一般是不能抽回投资。如果企业实收资本比原注册资本增减超过20%时，应向原登记机关申请变更登记。

（一）投入资本的计价

1. 投资者以现金投入资本，应当以实际收到或存入企业开户银行的日期和金额作为实收资本入账。实际收到或者存入企业开户银行的金额超过其在该企业注册资本中所占份额的部分，计入资本公积。

2. 投资者以非现金资产投入的资本，应按投资各方确认的价值作为实收资本入账。

3. 投资者投入的外币，企业收到投资者以外币投入的资本，无论是否有合同约定汇率，均不得采用合同约定汇率和即期汇率的近似汇率折算，而是采用交易日即期汇率折算，这样，外币投入资本与相应的货币性项目的记账本位币金额相等，不产生外币资本折算差额。

（二）投入资本的核算

无论什么样的企业组织形式，其投资者既可以用现金投资，也可以用非现金实物资产投资；符合国家规定比例的，还可以用无形资产投资。除股份有限公司外，其他任何组织形式的所有者向企业投入资本，均应通过"实收资本"科目核算。该科目的贷方登记实收资本的增加数额；借方登记实收资本的减少数额；期末贷方余额，反映企业期末实有的资本（或股本）数额。其明细账应按投资人类别设置。

1. 一般零售企业投入资本的核算。

（1）接受投入现金资产的核算。企业接受投资者以货币资金进行投资时，应以实际收到或者存入企业开户银行的货币资金数额，借记"库存现金"、"银行存款"科目，贷记"实收资本"科目。

【例3－1】 北京崇光商贸有限责任公司（简称崇光公司，下同）20×1年1月5月同时收到投资者甲投入资本350 000元，投资者乙投入资本250 000元，款项已于当日存入银行。

编制如下会计分录：

借：银行存款　　　　　　　　　　　　　600 000

　贷：实收资本——甲投资者　　　　　　　　350 000

　　　　　　　——乙投资者　　　　　　　　250 000

（2）接受投入实物资产的核算。投资者投入实物资产，应区分不同资产形态分别进行账务处理：对于投入的固定资产，应按投资各方确认的价值，借记"固定资产"科目，贷记"实收资本"科目；对于投入的存货等实物资产，应按其实际成本，借记"库存商品"、"低值易耗品"等科目，按增值税专用发票上注明的增值税额，借记"应交税费——应交增值税（进项税额）"科目，按货物价值与增值税的合计数，贷记"实收资本"科目。对于投资各方确认的资产价值超过其在注册资本中所占份额的部分，应当计入资本公积。

【例3－2】 崇光公司20×1年1月10日收到林光公司投入资产一批，其中：商品价值为18 000元，增值税额3 060元；空调设备三台，投出单位账面价值为19 500元，已提折旧2 700元，双方协商按账面净值作为投资额入账。

编制如下会计分录：

①接受商品出资入账：

借：库存商品　　　　　　　　　　　　　18 000

应交税费——应交增值税（进项税额）　　3 060

贷：实收资本——林光公司投资　　21 060

②接受空调设备投资入账

借：固定资产——经营用固定资产（空调设备）　　16 800

贷：实收资本——海林公司投资　　16 800

（3）接受投入无形资产的核算。投资人投入无形资产，应按投资各方确认的价值并根据有关证明材料（如专利证书、商标注册证书的复印件等）进行账务处理。入账时，借记“无形资产”科目，贷记“实收资本”科目。如果确认的无形资产价值大于按其在注册资本中应拥有的份额，应将其差额记入“资本公积”科目。

【例 3-3】 崇光公司 20×1 年 1 月 15 日接受光明集团一项专利技术作为投资，双方确认其价值为 120 000 元。

编制如下会计分录：

借：无形资产——专利权　　120 000

贷：实收资本——光明集团　　120 000

（4）接受外币资本投资的核算。企业收到投资者以外币投入的资本，无论是否有合同约定汇率，均不得采用合同约定汇率和即期汇率的近似汇率折算，而是采用交易日即期汇率折算，这样，外币投入资本与相应的货币性项目的记账本位币金额相等，不产生外币资本折算差额。企业应按应收到外币当日的即期汇率折合的人民币金额，借记“银行存款”科目，贷记“实收资本”科目。

【例 3-4】 崇光公司 20×1 年 3 月 15 日收到外商投入的外币资本 150 000 美元，当时的市场汇率为 1 美元 =6.8 人民币元。中外两方签订的投资合同中约定汇率为 1 美元 =7.0 人民币元。

收到外币时，编制如下会计分录：

借：银行存款　　1 020 000（150 000 ×6.8）

贷：实收资本　　1 020 000（150 000 ×6.8）

2. 股份有限公司零售企业投入资本的核算。

（1）股份有限公司应当在核定的股本总额及核定的股份总额的范围内发行股票。公司发行的股票，在收到现金等资产时，按实际收到的金额，借记“库存现金”、“银行存款”科目，按股票面值和核定的股份总额的乘积计算金额，贷记“股本”科目，按其差额，贷记“资本公积——股本溢价”科目。股东大会批准的利润分配方案中应分配的股票股利，应在办理增资手续后，借记“利润分配”科目，贷记“股本”科目。

（2）境外上市公司，以及在境内发行外资股的公司，收到股款时，按收到股款当日的汇率折合的人民币金额借记“库存现金”、“银行存款”科目，按股票面值和核定的股份总额的乘积计算金额，贷记“股本”科目，按收到股款当日的汇率折合的人民币金额与按人民币计算的股票面值总额的差额，贷记“资本公积——股本溢价”科目。

（三）投入资本变更的核算

1. 增加资本金的核算，吸收投资者追加的投资其会计核算与企业成立时接受投资的核算一样。当企业用资本公积金或盈余公积金转增资本金时，一般零售企业应按其转增的金额，借记“资本公积”、“盈余公积”科目，贷记“实收资本”科目。股份公司零售企业可以按股东原有股份比例分派送的新股或者增加的每股面值，借记“资本公积”、“盈余公积”科目，贷记“股本”科目。但是用盈余公积转增资本金时，按规定盈余公积留存的余额不得低于注册资本的25%。

2. 减少资本金的核算，企业返还投资或归还股款、收购本企业流通在外的股份以及进行派生分立时，按有关资产完成法定的转移时间，依法注销资本金，借记“实收资本”、“股本”等科目，贷记“库存现金”、“银行存款”等科目。

需要注意的是企业完成增加或减少注册资本以及投资人（股东）按规定转让出资并办理完毕有关转让手续，应在进行以上总分类核算的同时，在投资人（股东）明细科目以及投资人（股东）备查账簿中进行详细的记录。

三、资本公积的核算

（一）资本公积的性质与内容

资本公积是指归属所有者共有的、由收益化转化而形成的所有者权益，资本公积虽然不构成企业的注册资本，但，其是由投资人或其他人（或单位）投入的资金，所有权归属于投资人，具有资本性质。包括资本溢价（股本溢价）和其他资本公积等。

资本溢价（股本溢价），是指企业投资者投入的资金超过其在注册资本中所占有份额的部分。当企业接受新的投资者、原投资者单方增资或投资各方以不同的比例增资时，也会产生资本溢价（股本溢价）。这是因为新投资者加入时，企业的资本金利润率与初创时相比往往有所提高，而这些较高的资本金利润率是由原投资者先行投入的资本带来的，是以原投资者初期较大的风险和较低的资本金收益为代价的；同时，企业自创立以来也积累了盈余公积金和未分配利润等留存收益；再加上货币的时间价值的因素，所以，新投资者为了使自己新投入的资本金与原资本金实现同股同权、同股同利，就必须在认缴的法定资本金以外，超额支付一定的差额。

其他资本公积是指资本溢价（股本溢价）以外的直接计入所有者权益的利得和损失，主要包括：

1. 可供出售金融资产的公允价值高于其账面价值的差额。

2. 持有至到期投资转换为可供出售金融资产公允价值与账面价值的差额。

3. 企业长期股权投资采用权益法核算的，被投资方净损益以外的其他所有者权益变动引起的长期股权投资账面价值的变动。

4. 自用房地产或存货转换为采用公允价值模式计量的投资性房地产时，转换当日的公允价值大于原账面价值的差额。

5. 现金流量套期中，有效套期工具的公允价值变动。

6. 企业根据以权益结算的股份支付计划授予职工或其他方的权益工具的公允价值。

总之，资本公积形成来自于投资者的行为，直接构成了企业资本金的来源，并且不需要承担偿还的义务，具有明显的资本金性质。但资本公积金又不同于法定注册资本金，它不属于企业核定的注册资本范围之内，它可以由各投资者带来，但又不专属于某一个投资者，也不作为投资者缴纳法定注册资本金的一部分，属于企业全体所有者共有，具有公共积累性质。只有资本公积金按照法定程序转赠资本金时，才能按企业所有者各自又拥有注册资本的份额分配计入其名下。

（二）资本公积的核算

为了反映和监督零售企业资本公积金的形成、使用和结余情况，企业应设置“资本公积”科目。该科目的贷方登记资本公积金的增加数；借方登记资本公积金的使用数；期末有贷方余额，表示尚未使用的资本公积金数。

为了规范、真实、完整、详细地反映企业资本公积金的增减变动情况，企业在进行总分类核算的同时，还要分别“资本溢价（股本溢价）”、“其他资本公积”进行明细分类核算。

1. 资本溢价的核算。资本溢价，是指企业投资者投入的资金超过其在注册资本中所占份额的部分。

企业在筹集资本金的活动中，投资者缴付的出资额超过资本金的情形主要有以下两种：一是企业创立时，注册资本的额度不能满足创立时对资金的需求，各出资方协商一致同意按相同比例增加出资额。二是企业在持续经营中，新的投资者加入企业，其出资额的一部分要作为资本公积处理，其原因是：（1）同为企业资本，其投入时间不同，获利能力也未必相同。如企业创立时要经过一系列艰辛的创立过程，经受着巨大的投资风险，企业的创办者为此付出了代价，同样数额的资本，出资时间越早，对企业的影响就越大，相应地，投资者享有的权利也大些，这样新加入的投资者为了取得一定的投资比例，往往需要付出大于按这一投资比例计算实收资本额；（2）企业经营过程中因盈利而形成的留存收益是企业所有者的权益，但未转入"实收资本"，如果新的投资者一旦加入企业，本该属于出资者的企业积累，就要在新旧投资者之间进行分享，对于原投资者而言显失公平。新的投资者为了获得一定的投资比例，并补偿原投资者的权益损失，就要多付出比原投资者享有同样比例的出资额。投资者投入的资本大于按其投资比例计算的实收资本额部分，作为资本公积。

【例 3-5】 假定崇光公司是由甲、乙股东各出资 400 000 元设立的，经过 5 年经营后已有盈余公积、未分配利润为 200 000 元，现有丙投资者欲出资投资该企业，准备占有该企业注册资本的 20%。企业同意增资 200 000 元，使其注册资本扩充到 1 000 000 元；并让丙占有 20% 的投资比例。

设丙投资者应该投入 X 万元，则有下列等式：

$(800\ 000+200\ 000+X)\times(1-20\%)=10\ 000\ 000$

$X=250\ 000$（元）

直接增加实收资本的金额 $=1\ 000\ 000\times20\%=200\ 000$（元）

资本溢价 $=250\ 000-200\ 000=50\ 000$（元）

收到丙投资者货币资金缴款时编制如下会计分录：

借：银行存款　　250 000
　贷：实收资本——丙投资者　　200 000
　　　资本公积——资本溢价　　50 000

2. 其他资本公积的核算。其他资本公积包含的内容很多，前面已一一说明，现以零售企业自用房地产采用公允价值模式计量的投资性房地产时，转换当日的公允价值大于原账面价值的差额，所形成的资本公积为例，说明其他资本公积的形成及核算，其余的在相关章节中说明。

企业自用房地产转换为采用公允价值模式计量的投资性房地产时，应按该项房地产在转换日的账面价值，借记"投资性房地产——成本"账户，按已计提的累计摊销或累计折旧，借记"累计摊销"、"累计折旧"账户，已计提的减值准备，借记"存货跌价准备"、"无形资产减值准备"、"固定资产减值准备"账户；按其账面月，贷记"库存商品"、"无形资产"、"固定资产"账户。同时，按该项房地产在转换日的公允价值大于其账面价值的差额，借记“投资性房地产——公允价值变动损益”账户，贷记“资本公积——其他资本公积”账户。处置该项投资性房地产时，应转销与其相关的其他资本公积。

【例3-6】 崇光公司20×1年1月5日将一栋自用的办公用房作为投资性房地产对外出租，转换后采用公允价值模式剂量。该房屋的原账面价值为1 000万元，已计提折旧400万元，计提固定资产减值准备100万元。转换当日，其公允价值为540万元。

根据有关会计凭证公司编制如下会计分录：

借：投资性房地产——成本	5 000 000	
累计折旧	4 000 000	
固定资产减值准备	1 000 000	
贷：固定资产——办公用房		10 000 000

同时：

借：投资性房地产——公允价值变动损益	400 000	
贷：资本公积——其他资本公积		400 000

3. 资本公积转增资本金的核算。根据我国《公司法》的规定，经股东大会或类似权力机构决议，企业可以将资本公积金转增资本金，用资本公积金转增资本金时，应借记“资本公积”科目，贷记“实收资本（股本）”科目，同时按照转增前的实收资本（股本）的结构或比例，将转增金额计入各股东的名下。

四、留存收益的核算

留存收益是指零售企业从历年实现的利润中提取或形成的留存企业内部的积累。它来源于企业在生产经营活动中所实现的净利润。在我国会计实务中，留存收益分为盈余公积和未分配利润两部分。留存收益的具体核算见第九章“零售企业经营成果的核算”中的相关内容。

第二节　零售企业借入资金的核算

企业在生产经营活动中，除了自有资金外，都必然要筹措和使用一定比例的借入资金，以满足生产经营活动的需要，零售企业也不例外。

零售企业借入资金的主要方式有：向银行或其他金融机构借入短期借款等流动负债或取得长期借款，发行债券、融资租赁方式借入资金所形成的非流动负债。

一、短期借款的核算

短期借款是企业向银行或其他金融机构借入的还款期限在一年或超过一年的一个营业周期的各种借款。借款主要用于弥补零售企业临时性经营周转或季节性原因等出现的资金暂时不足。其基本特征：一是其债权人不仅包括银行，还包括其他非银行金融机构；二是借款期限较短，一般为1年以下（含1年）；三是归还短期借款时，不仅要归还借款本金，还应支付相应的利息。

企业借入和归还各种短期借款的本金，均通过“短期借款”科目核算，借款利息不通过该科目核算。企业取得借款时，借记“银行存款”、等科目，贷记“短期借款”科目；到期偿还借款本金时，借记“短期借款”科目，贷记“银行存款”等科目。企业进行总分类核算的同时，应按债权人的名称和借款的种类设置明细科目，进行明细核算。

短期借款利息的核算重点应把握四个方面：

一是利息的支付时间。企业从银行借入短期借款的利息，一般按季定期支付；若从其他金融机构或有关企业借入，借款利息一般于到期日连同本金一起支付。

二是利息的入账时间。为了正确反映各月借款利息的实际情况，会计上应按权责发生制原则，按月计提利息；如果数额不大，也可于实际支付月份一次计入当期损益。

三是利息费用的核算科目。短期借款利息一般计入财务费用，利息预提的，应在“应付利息”科目中核算，不通过“短期借款”科目核算，即借记“财务费用”科目，贷记“应付利息”科目；利息直接支付的，在支付时直接借记“财务费用”科目，贷记“银行存款”科目。

四是借款利息的计算。借款利息由借款本金、借款利率和借款时间三个因素决定。目前银行通行的计算方法是将借款本金额与借款占用天数结合计算计息积数，再与利率相乘计算出利息。具体方法是：确定期末（月末、季末、年末）月份某日（通常为21日）为固定结息日，自起息日或上一结息日至本结息日前一日止为一计息期，将计息期内累计的公历日数，乘以计息期期间企业占用借款本金的金额，便是计息积数；如果借款本金在计息期内有增加或减少，即分阶段计算日数，变动当日包括在变动后的时段内，各时段累计日数分别乘以本时段的借款本金占用额，然后相加即得计息积数。计息积数除以月平均日数 30 天，再乘以月利率，即为该计息期的借款利息金额。

【例 3－7】 崇光公司 20×1 年 1 月 9 日与广发商业银行签订了临时性借款合同，借款总额为 200 万元，借款期限为半年，借款分别于 1 月和 4 月分两次拨付，月利率为 6‰，按季结息。企业按月预提借款利息。

根据有关凭证公司编制会计分录如下：

（1）1 月 10 日崇光公司收到银行转账通知单，第一期借款 1 200 000 元已转入公司科目：

借：银行存款　　1 200 000

　　贷：短期借款——临时借款（广发商业银行）　　1 200 000

（2）1 月末、2 月末崇光公司每月预提借款利息 7 200 元（1 200 000×6‰）：

借：财务费用——利息支出　　7 200

　　贷：应付利息——预提利息费用　　7 200

（3）3 月 21 日崇光公司收到银行贷付款凭证的利息清单，结算 1 月 10 日至 3 月 20 日的借款利息 16 800 元（1 200 000 元×70 天÷30 天×6‰）：

借：应付利息——预提利息费用　　14 400

　　财务费用——利息支出　　2 400

　　贷：银行存款　　16 800

（4）4 月 10 日崇光公司收到银行转账通知单，第二期借款 800 000 元已转入公司科目：

借：银行存款　　800 000

　　贷：短期借款——临时借款（广发商业银行）　　800 000

（5）4 月末、5 月末崇光公司每月预提借款利息 6 000 元（2 000 000×6‰）：

借：财务费用——利息支出　　12 000

　　贷：应付利息——预提利息费用　　12 000

（6）6 月 21 日崇光公司收到银行贷付款凭证的利息清单，结算 3 月 21 日至 6 月 20 日的借款利息 33 600 元［（1 200 000 元×20 天＋2 000 000×72 天）÷30 天×6‰］：

借：应付利息——预提利息费用　　24 000

　　财务费用——利息支出　　9 600

　　贷：银行存款　　33 600

（7）7 月 10 日崇光公司按期偿还借款本金 2 000 000 元，并结清 6 月 21 日至 7 月 10 日的借款利息 8 000 元（2 000 000×20 天÷30 天×

6‰）：

借：短期借款——临时借款（广发商业银行） 2 000 000
　　财务费用——利息支出 8 000
　贷：银行存款 2 080 000

二、非流动负债的核算

非流动负债是指偿还期在1年或超过1年以上的一个营业周期以上的债务。与流动负债相比，非流动负债具有偿还期限长、金额大、资本成本高的特点。它是企业筹集长期资金的一条重要途径。与企业吸收投资者投入的资本金相比，非流动负债具有以下特点：

首先，企业举借非流动负债不会影响企业原有的资本结构，从而保证原有投资者（股东）控制企业的权利不受损害。

其次，当举债的资本成本低于企业资本金利润率时，可以增加投资者（股东）所得的盈余。

第三，非流动负债费用可以作为收益性支出处理，减少企业利润总额，从而使企业少交所得税，达到合理节税的目的。

零售企业的非流动负债主要包括长期借款、应付债券和长期应付款以及预计负债等。融资租赁方式所形成的长期应付款的核算将在第七章第二节“固定资产的核算”中说明。

（一）长期借款的核算

长期借款是指企业向银行或其他金融机构借入的偿还期限在一年以上的各种借款。长期借款按用途不同可分为：生产经营借款、基本建设借款和技术改造借款。一般用于固定资产的购建、改扩建工程、大修理工程以及流动资产的正常需要等方面。

为了反映和监督企业向银行或其他金融机构借入的期限在一年以上的各项借款，会计实务中单设“长期借款”科目，本科目可按贷款单位和贷款种类，分别设“本金”、“利息调整”等明细科目。

企业借入长期借款时，按实际借入的本金借记“银行存款”科目；贷记“长期借款——本金”科目；如存在差额，还应借记“长期借款——利息调整”科目。

资产负债表日，应按摊余成本和实际利率计算确定的长期借款的利息费用，借记“财务费用”、“在建工程”等科目；按合同利率计算确定的应付未付利息，贷记“应付利息”科目；按其差额贷记“长期借款——利息调整”科目（若实际利率与合同利率差异较小，也可以采用合同利率计算确定利息费用）。

偿还借款本金和利息时，应借记“长期借款——本金”、“应付利息”科目，贷记“银行存款”科目。同时，存在利息调整的，借记或贷记“财务费用”、“在建工程”等科目，贷记“长期借款——利息调整”科目。

对长期借款的利息的计算，目前有单利和复利两种计算方法。

单利只按本金计算利息，借款所形成的利息不在加入本金中重复计算利息。其计算公式为：

应付利息 = 本金 × 借款利率 × 借款期限

复利不仅本金要计算利息，借款所形成的利息也加入本金中重复计算利息。其计算公式为：

应付利息 = 本金 × ［（1 + 借款利率）计息期数 - 1］

【例 3 - 8】 崇光公司为了扩大服务范围翻建营业厅，于当年 1 月 1 日与广发商业银行签订了改、扩建借款合同，借款总额为 200 万元，并于 1 月 5 日全部投入工程项目中，借款期限为 3 年，年利率为 5%，每年末按复利计息一次，到期一次还本付息。该工程于当年年底竣工并投入使用（假定名义利率与实际利率相等）。

根据有关凭证公司编制会计分录如下：

（1）1 月 1 日崇光公司收到银行转账通知单，借款 200 万元已转入公司科目：

借：银行存款　　2 000 000

　　贷：长期借款——改扩建借款——广发商业银行（本金）

　　　　2 000 000

（2）第一年年底计提借款利息 100 000 元（2 000 000 × 5%）：

借：在建工程——改扩建工程（营业厅）　　100 000

　　贷：应付利息　　100 000

（3）第二年年底计提借款利息 105 000 元［（2 000 000 + 100 000）× 5%］：

借：在建工程——改扩建工程（营业厅）　　105 000

　　贷：应付利息　　105 000

（4）第三年年底计提借款利息 110 250 元［（2 000 000 + 100 000 + 105 000）× 5%］：

借：财务费用——利息支出　　110 250

　　贷：应付利息　　110 250

（5）第四年 1 月 1 日借款到期还本付息时：

借：长期借款——改扩建借款——广发商业银行（本金）
　　　　　　　　　　　　　　　　　　2 000 000
　　应付利息　　　　　　　　　　　　　315 250
　　贷：银行存款　　　　　　　　　　　　　2 315 250

（二）应付债券的核算

应付债券是企业为筹集长期资金依照法定程序发行的，约定在一定时期内还本付息的一种有价证券。企业发行的偿还期超过一年的债券，构成一项非流动负债，会计上属于“应付债券”核算的内容。企业发行长期债券是为了在投资人资本之外筹集更多可供长期使用的资金，必须符合我国《公司法》规定的条件，并按照规定程序报批，才能以债券形式向社会公众公开举债。

债券上标明的利率是一种名义利率，它是公司在筹划债券发行期间制定的，并事先印制在债券票面上，不管资金市场上的行情如何，发行者都必须按照这种利率支付利息。债券实际发行日金融市场的利率称为市场利率。当债券票面利率与金融市场利率不一致时，就会影响债券的发行价格。一般来说，当债券的票面利率等于金融市场利率时，企业债券按其面值价格发售，即面值发行或平价发行债券。当债券的票面利率低于金融市场利率时，企业债券按低于其面值的价格发售，即折价发行债券，实际发行价格低于面值的差额称为债券折价。债券折价发行后，企业按低于市场利率的票面利率支付利息，债券折价实际上是发行方对购买方今后少收利息的一种事先补偿。当债券的票面利率高于金融市场利率时，企业债券按超过其面值的价格发售，即溢价发行债券，实际发行价格高于面值的差额称为债券溢价。债券溢价发行后，企业要按高于市场利率的票面利率支付利息，债券的溢价实际上购买方今后各期多收取利息而事先付出的代价。

特别值得注意的是，企业债券不管按何种价格发行，一经发行，发行企业与持票人（即债权人）的利益关系就已量化确定，今后不管同类债券市场利率如何变化，都不得调整债券的票面利率。

零售企业为了核算企业可能发行的长期债券及其应付利息，应设置“应付债券”科目。该科目的贷方登记债券面值，债券溢价和应付利息，借方登记债券折价和支付的债券本息，期末贷方余额为企业应付的债券本金及利息。在该科目下设置“面值”、“利息调整”、和“应计利息”三个明细科目进行明细分类核算。

无论企业债券按何种价格发行，均按债券面值记入“应付债券——面值”科目，实际收到的价款与面值的差额，记入“应付债券

——利息调整”科目；若企业因故推迟发行的债券所包含的利息，如为到期一次还本付息债券记入“应付债券——应计利息”科目，如为分期付息债券记入“应付利息”科目。发行期间所发生的发行费用按发行债券所筹集资金的用途进行资本化或费用化。债券的溢价或折价，在债券的存续期间内进行摊销，摊销方法有直线法和实际利率法两种。债券上的应计利息，应按照权责发生制原则按期估计入账。

【例3-9】 崇光公司于2007年1月1日发行期限为3年，票面利率为8%，实际利率为6%，面值为100 000元的到期一次还本付息债券，发行价格为105 346元（不考虑发行费用），发行债券所筹集的资金用于经营周转，每年年末按直线法摊销债券的溢（折）价额。

根据有关凭证公司编制会计分录如下：

（1）崇光公司2007年1月1日发行债券时：

借：银行存款　　105 346

　贷：应付债券——面值　　100 000

　　　　　　——利息调整　　5 346

（2）每年末计提利息并按直线法摊销债券的溢价时：

借：财务费用　　6 218

　应付债券——利息调整　　1 782（5 346 ÷ 3）

　贷：应付债券——应计利息　　8 000（100 000 × 8%）

（3）债券到期还本付息时：

借：应付债券——面值　　100 000

　　　　——应计利息　　24 000

　贷：银行存款　　124 000

需要特别指出的是，在会计实务中，企业所发生的长期借款、发行债券所发生的利息等借款费用，其确认、计量、核算以及相关信息的披露，应遵循《企业会计准则第17号——借款费用》中的规定。

（三）或有负债和预计负债的核算

或有负债是指企业，因或有事项引起的，可能遭致损失的偶发事件而形成的债务责任。或有负债的存在与否以及金额、受款人、偿付日期将取决于有关的未来事件是否发生，因而具有较大的不确定性。如果未来事件确定发生，或有负债就成为实际负债；如果未来事项不发生，此种债务责任也就不存在。零售企业常见的或有负债项目主要包括：未决诉讼、为其他企业债务提供担保以及尚未确定的欠交款项。

或有负债无论作为潜在义务，还是现时义务，均不符合负债的确认条件，会计上不予确认，但是或有负债如果符合某些条件，则应予以披露。披露的原则是：极少可能导致经济利益流出企业的或有负债一般不予披露。而对经常发生或对企业财务状况和经营成果有较大影响的或有负债，即使其导致经济利益流出企业的可能性极小，也应予披露，以确保会计信息使用者获得足够、充分和详细的信息。其披露的内容主要包括：形成的原因、预计产生的财务影响（如无法预计，应说明理由）、获得补偿的可能性。

按《企业会计准则第13号——或有事项》的规定，如果或有事项与其相关的义务同时符合下列三个条件，企业应将其确认为负债，即：预计负债。一是该义务是企业承担的现时义务，从而与作为潜在义务的或有负债相区别；二是履行该义务很可能导致经济利益流出企业，这里的“很可能”一般是指发生的可能性为“大于50%，小于或等于95%”；三是该义务的金额能够可靠地计量。预计负债的金额应是清偿该负债所需要支出的最佳估计数。如果所需要支出存在一个金额范围，则最佳估计数应该按该范围的上、下限金额的平均数确定。如果所需要支出不存在一个金额范围，若或有负债涉及单个项目时，则最佳估计数，按最可能发生的金额确定；若或有负债涉及多个项目时，则最佳估计数，按各种可能发生金额及发生概率计算确定金额确定。

预计负债属于企业的负债，在资产负债表上作为流动负债单独反映。与一般负债不同的是，预计负债导致经济利益流出企业的可能性尚未达到基本确定（可能性大于95%，小于100%）的程度，金额往往需要估计。

对于预计负债，应单设“预计负债”科目进行核算。企业按规定确认预计负债时，借记“管理费用”、“财务费用”、“营业外支出”等科目，贷记“预计负债”科目；实际偿付时，借记“预计负债”科目，贷记“银行存款”等科目。如果期末有余额一定在该科目的贷方，编制资产负债表时应进行适当的披露。

【例3-10】 崇光公司由于管理不当，安全措施不到位，导致某顾客在购物中摔倒。2008年12月该顾客依法向当地人民法院起诉崇光公司。2009年1月法院一审判决顾客胜诉，责成崇光公司赔偿顾客医药费、误工费、护理费等共计58 687元，支付诉讼费3 213元。崇光公司对一审结果不服并在规定的期限内提起上诉，到2009年1月底，相关诉讼尚在审理之中。但是根据有关资料分析和律师的判断是：崇光公司二审败诉的可能性为60%，胜诉的可能性为40%；二审的结果很可能维持原判。

根据有关凭证公司编制会计分录如下：

（1）崇光公司收到一审判决时：

借：营业外支出——赔偿支出　58 687
　　管理费用——诉讼费　3 213
　　贷：预计负债——未决诉讼　61 900

（2）假设二审的结果维持原判崇光公司执行法院判决时：

借：预计负债——未决诉讼　61 900
　　贷：银行存款　61 900

第四章 4

零售企业货币资金的核算

众所周知，货币资金是指企业在生产经营过程中，停留在货币状态的那部分资金。按其存放地点和用途不同可以分为库存现金、银行存款和其他货币资金。在企业的全部资产中，它是流动性最强，直接获利能力最差的资产。但是无论是企业的投资人、债权人还是企业的管理当局都高度关注它，这是因为企业从事的各项生产经营活动都必须有足够的货币资金支持。企业只有保持一定量的货币资金才能保证生产经营活动中的支付、预防和投资的需要，才能保证正常生产经营活动的运行，否则企业就会陷入困境。那么，如何充分有效地安排合理使用货币资金，避免货币资金的闲置呢？现在就让我们揭开其中的奥妙。

第一节　零售企业库存现金的核算

库存现金是指存放于企业财会部门，由出纳人员负责经管的货币，包括库存的人民币和各种外币。库存现金可以直接支用，也可以立即投入流通，还可以作为存款存入银行。它是企业流动性最强的资产项目，也是最容易被挪用和侵吞的对象。因此，必须对现金进行严格的管理和控制。

一、库存现金的内部控制管理

由于零售企业涉及的现金业务较多，且复杂，为了保证企业库存现金的安全和完整，零售企业应当严格按照国家相关的法律、法规的规定办理有关的现金收、付业务。零售企业日常办理现金的收、付业务，应严格遵守下列规定：

1. 严格遵守货币资金的内部控制制度，即现金收付业务的人员应与记账人员和负责审批的人员相分离。

2. 严格实施库存现金限额制度，控制库存现金限额。

3. 企业收入的现金应于当日送存开户银行，从而保证现金及时收取、不缺不漏。

4. 建立现金、现金支票收入的防伪检验制度，防止出现现金的意外损失。

5. 严格按《现金管理暂行条例》规定的范围使用现金，对现金支付量较多的部门建立备用金制度，实行备用金管理。防止贪污、挪用、非法占用企业的现金。

6. 企业支付的现金，可以从本企业库存现金限额中支付或者从开户银行提取，不得从本企业的现金收入中直接支付（坐支）现金。因特殊情况确实需要坐支现金的应事先报经开户银行审查批准，由开户银行核定坐支范围和限额，企业应定期向银行报送坐支金额和使用情况。

7. 企业从开户银行提取现金，应当写明用途，由本单位财务部门负责人按规定签字盖章，经开户银行审核后，予以支付现金。

8. 企业因采购地点不固定，交通不便以及其他特殊情况必须使用现金的，应向开户银行提出申请，经开户银行审核后，予以支付现金。

9. 不准用不符合制度的凭证顶替库存现金，即不得“白条抵库”，不准谎报用途套取现金，不准用银行科目代其他单位和个人存入或支取现金，不准用单位收入的现金以个人名义存储，不准保留账外公款，不得设置“小金库”等。

10. 企业应当健全现金收付票据的复核制度，坚持对存出的保证金、押金、库存现金和企业各部门的备用金等应定期进行清查核对，保证库存现金的安全。

二、库存现金的核算

为了反映和监督企业库存现金的收入、支出和结存情况，需设置“库存现金”科目。该科目的借方登记现金收入数，贷方登记现金支出数，期末有借方余额表示企业的库存现金数。库存现金的核算包括序时核算和总分类核算。

为了及时反映和控制现金的收支动态和结存数，企业应设置“现金日记账”进行明细分类核算。“现金日记账”由出纳人员根据现金收、付款凭证以及银行存款付款凭证，按照业务发生的先后顺序逐日逐笔登记。每日终了，应计算当日的现金收入合计数、支出合计数和结存数，并将结余数与实际库存数核对，做到账实相符，如有不符，应及时查明原因并予以处理。

为了总括的反映和监督企业现金的收支和结余情况，企业还应设置现金总分类账。现金总分类账应由不从事出纳工作的会计人员负责登记。

【例 4-1】 崇光公司 20×1 年 3 月 5 日发生如下现金收支业务：

(1) 从开户银行提取现金 36 000 元备发工资；

(2) 临时出租固定资产租金收入 1 800 元；

(3) 销售商品货款 1 200 元，增值税 204 元，共计收入现金 1 404 元；

(4) 企业管理部门职工王某原出差借款 5 000 元，报销 5 200 元，以现金补足差额；

(5) 以现金支付职工工资 36 000 元。

根据上述现金收付业务编制如下会计分录：

(1) 借：库存现金　　36 000
　　贷：银行存款　　36 000

(2) 借：库存现金　　1 800
　　贷：其他业务收入　　1 800

(3) 借：库存现金　　1 404
　　贷：主营业务收入　　1 200
　　　　应交税费——应交增值税（销项税额）　　204

(4) 借：管理费用　　5 200
　　贷：其他应收款——王某　　5 000
　　　　库存现金　　200

(5) 借：应付职工薪酬——工资　　36 000

贷：库存现金 36 000

三、库存现金的清查

库存现金的清查盘点，是指对库存现金进行实地盘点，并以实存数和现金日记账余额相核对，从而检查现金是否有短缺或溢余及企业遵守货币资金管理制度的情况，发现问题应及时查明原因，并按规定进行处理。

如果发现现金溢余时，首先应借记“库存现金”科目，贷记“待处理财产损溢——待处理流动资产损溢”科目；经查明原因属于多收或少付其他单位或个人的，应先转入“其他应付款——应付现金溢余（××单位或个人）”科目的贷方；属于无法查明原因的，经批准后转入“营业外收入——现金溢余”科目的贷方。

如果发现现金短缺时，首先应借记“待处理财产损溢——待处理流动资产损溢”科目，贷记“库存现金”科目；经查明原因属于应由责任人赔偿的部分，应先转入“其他应收款——应收现金短缺款（××个人）”科目的借方；属于应由保险公司赔偿的部分，应先转入“其他应收款——应收保险公司赔款”科目的借方；属于无法查明原因的，根据管理权限，经批准后转入“管理费用——现金短缺’科目的借方。

【例4-2】 崇光公司20×1年5月份发生如下现金长短款业务并编制会计分录：

（1）15日现金清查时，发现库存现金比账面余额多出150元：

借：库存现金 150

　　贷：待处理财产损溢——待处理流动资产损溢 150

（2）25日现金清查时，发现库存现金比账面余额短缺80元：

借：待处理财产损溢——待处理流动资产损溢 80

　　贷：库存现金 80

（3）经反复核查，15日现金长款原因不明，月末经批准转作营业外收入处理：

借：待处理财产损溢——待处理流动资产损溢 150

　　贷：营业外收入 150

（4）经查，25日现金短缺50元属于出纳员张洁的责任，应由其赔偿，部分现金短缺无法查明原因，经批准作为管理费用处理：

借：其他应收款——张洁 50

　　管理费用 30

　　贷：待处理财产损溢——待处理流动资产损溢 80

（5）收到上述出纳员张洁赔款 50 元。

借：库存现金　　50

　贷：其他应收款——张洁　　50

需要指出的是，企业清查现金的损溢，一般应在期末之前查明原因，并根据企业财务管理权限，经理会议、经董事会、股东大会或类似机构的批准后，在期末结账前处理完毕。如果清查现金的损溢在期末尚未批准的，在对外提供财务报告时应先按上述原则处理，并在财务报表附注中说明，如果以后批准处理的结果与已处理的结果不一致的，调整财务报表相关项目的年初数。

另外，如果是执行小企业会计制度的零售企业，其现金现金短缺或溢余不通过“待处理财产损溢”科目核算，而直接计入当期损益。

第二节　零售企业银行存款的核算

银行存款是指零售企业存放在银行或其他金融机构的货币资金。零售企业的各项经济往来业务，除了按照国家现金管理的规定可以使用现金的外，都必须办理转账结算，即零售企业必须按照《银行账户管理办法》规定，零售企业应在银行或其他金融机构开立存款账户，办理包括现金存取在内的货币资金收支的结算。

一、银行存款的结算管理制度

零售企业按规定在银行开设的存款账户，按设置要求不同，可分为基本存款账户、一般存款账户、临时存款账户和专用存款账户。基本存款账户是企业办理日常转账结算和现金收付的账户，企业的工资、奖金等现金的支取，只能通过本账户办理，而且一个企业只能在银行开立一个基本存款账户；一般存款账户是企业基本存款账户以外的银行存款账户，企业可以通过本账户办理转账结算和现金缴存，但不能办理现金支取；临时存款账户是企业因临时经营活动需要开立的账户，企业可以通过该账户办理转账结算和根据国家现金管理规定办理现金收付；专用存款账户是企业因特定用途需要开立的账户，主要用来存储和管理企业拥有的基本建设资金、更新改造资金、特定用途需要专户管理的资金。

根据中国人民银行颁发的《支付结算办法》的规定，零售企业办理结算业务的银行结算方式主要有：银行汇票、银行本票、商业汇票、支票、信用卡、汇兑、委托收款、托收承付、信用证等。对于上述银行结算方式的具体内容请参看《票据法》和《支付结算办法》的相关内容，本书不再重复。

零售企业通过银行或其他金融机构办理转账结算，必须严格遵守中国人民银行颁发的《支付结算办法》的各项规定，使用统一规定的票据和结算凭证，选择统一规定的结算方式。同时企业必须遵循银行下列结算纪律：即不准套取银行信用，签发空头支票、印章与预留印鉴不符和远期以及没有资金保证的票据；不准无理拒付，任意占用他人资金；不准违反规定开立和使用账户；不准签发、取得和转让没有真实交易和债权债务的票据，套取银行和他人资金。

为了加强对银行存款的管理，零售企业应配备专职财会人员办理银行存款的结算业务，防止贪污、挪用、非法占用企业的存款，保证企业生产经营活动的正常运行。

二、银行存款的核算

为了反映和监督企业库存现金的收入、支出和结存情况，需设置“银行存款”科目。该科目的借方登记银行存款增加数，贷方登记银行存款减少数，期末余额在借方。银行存款的核算包括序时核算和总分类核算。

为了及时反映和控制银行存款的收支动态和结存数，企业应按开户银行和其他金融机构的名称以及存款种类分别设置“银行存款日记账”，有外币存款的企业，应在“银行存款”科目下分别按人民币和各种外币设置银行存款日记账进行明细核算。“银行存款日记账”由出纳人员根据银行存款收、付款凭证以及现金付款凭证，按照业务发生的先后顺序逐日逐笔登记。每日终了，应计算当日的银行存款收入合计数、支出合计数和结存数，企业每月至少要与开户银行核对账目一次，做到账实相符，如有不符，应及时查明原因并予以处理。若有外币银行存款收支业务，也需要按不同货币种类的存款分设银行存款日记账，进行明细分类核算。

为了总括的反映和监督企业银行存款的收支和结余情况，企业还应设置银行存款总分类账。银行存款总分类账应由不从事出纳工作的会计人员负责登记。

【例 4 – 3】 崇光公司 20 ×1 年 3 月份发生如下银行存款收付业务：

(1) 从银行借入半年期借款50 000元，存入银行；

(2) 采购商品一批，价款10 000元，增值税1 700元，全部以银行存款支付；

(3) 持有三个月的商业汇票到期，收回票款30 000元存入银行。

根据上述经济业务编制如下会计分录：

(1) 借：银行存款	50 000	
贷：短期借款		50 000
(2) 借：在途物资	10 000	
应交税费——应交增值税（进项税额）	1 700	
贷：银行存款		11 700
(3) 借：银行存款	30 000	
贷：应收票据		30 000

三、银行存款清查

企业货币资金收支的绝大部分都是通过银行进行转账结算的。为了保证银行存款核算的真实、准确，保证银行存款的安全，零售企业必须定期将银行存款日记账的记录与银行对账单进行核对，每月至少核对一次。这是因为：其一，银行存款是企业最重要的流动资产之一，它由银行负责保管；其二，企业与银行之间的账项往来频繁，双方都容易出现差错；其三，银行存款的收付，有多种转账结算方式，而在有些方式下是由银行完成收付后才通知企业的，往往由于多种原因导致企业财务部门迟收，或没有收到这些银行收付款通知，而不能及时入账。这就常常导致企业银行存款日记账余额与银行对账单余额不一致，使企业无法准确掌握银行存款的实际余额。所以必须定期对银行存款实行清查。

企业在日常银行收付结算业务中，由于收、付款的结算凭证在企业和银行之间传递到达的时间不一致，导致一方已经登记入账而另一方尚未入账的未达账项。未达账项主要有以下四种情况：

1. 企业已收款记账，银行尚未收款记账。如企业收取的转账支票已交存银行，而银行尚未入账。

2. 企业已付款记账，银行尚未付款记账。如企业签发支票已报销记账，而持票人尚未到银行取款或转账。

3. 银行已收款记账，企业尚未收款记账。如银行代收款项，银行已经收款入账，而企业尚未接到收账通知。

4. 银行已付款记账，企业尚未付款记账。如银行代付款项，银行已经付款入账，而企业尚未接到付款通知。

无论发生上述哪种情况，都会使企业银行存款日记账余额与银行对账单余额不一致。为了及时发现和纠正双方记账错误，出纳人员应将银行存款日记账记录与银行对账单记录进行核对，列出未达账项；对于发现的漏记、重记、错记等账项，属于企业差错的，应立即更正，属于银行的，应通知银行更正。对于未达账项可使用补记式余额调节法编制“银行存款余额调节表”对双方余额进行调节，最终达到一致。其调节公式为：

银行存款日记账余额 + 银行已收企业未收款项 − 银行已付企业未付款项 = 银行对账单余额 + 企业已收银行未收款项 − 企业已付银行未付款项

【例 4－4】 崇光公司 20×1 年 1 月月末银行存款日记账和从银行取得的对账单如表 4－1 和表 4－2 所示。

表 4－1　银行对账单（1 月 20 日至 31 日部分经济业务及月末余额）　单位：元

日期	内容摘要	金额	现金支票号数	转账支票号数	备注
20 日	收到余韵公司货款	25 000		012347	
25 日	收到交存的现金	18 450			进账单
25 日	代付水电费	16 000			委托收款单据
30 日	企业提取现金	56 000	0046		
31 日	收到华安公司货款	48 090			委托收款单据
31 日	月末余额	209 540			

表 4－2　银行存款日记账（1 月 20 日至 31 日）　单位：元

20×1 年		凭证		摘　要	现金支票号数	转账支票号数	对方科目	收入	支出	余额
月	日	种类	编号							
1	19			承前页						190 000
	20	银收	25	收到余韵公司货款			应收账款	25 000		215 000
	25	现付	21	送存现金			库存现金	18 450		233 450
	28	银付	29	偿还信永公司货款		0156	应付账款		25 100	208 350
	29	银收	26	预收丰收公司货款			预收账款	27 550		235 900
	30	银付	30	提取现金备发工资	0046		库存现金		56 000	179 900
	30	银付	31	购入汽车一辆		0157	固定资产		42 000	137 900
	31			本月合计				61 000	133 100	137 900

首先，找出未达账项如下：

（1）银行已收企业未收款项是，1 月 31 日，银行代收华安公司货款48 090元；

（2）银行已付企业未付款项是，1月25日，银行代付水电费16 000元；

（3）企业已收银行未收款项是，1月29日，企业预收丰收公司货款27 550元；

（4）企业已付银行未付款项是，1月28日，企业偿还信永公司货款25 100元和1月30日，企业开出银行转账支票42 000元，购入汽车一辆。

然后，根据找出的未达账项，编制银行存款余额调节表（见表4－3）。

表4－3 银行存款余额调节表

户名：崇光公司

账号：IBA0355 20×1年1月31日 单位：元

项目	金额	项目	金额
企业银行存款日记账余额	137 900	银行对账单余额	209 540
加：银行已收、企业未收	48 090	加：企业已收、银行未收	27 550
减：银行已付、企业未付	16 000	减：企业已付、银行未付	67 100
调节后的存款余额	169 990	调节后的存款余额	169 990

需要指出的是，在银行存款清查过程中，要特别注意长期存在的未达账项，这样的款项可能是错账，应对其进行分析，查明原因。此外，“银行存款余额调节表”只起对账的作用，调节后的余额表示企业实际可以动用的款项，对于银行已经记账，而企业尚未记账的未达账项，则应在收到有关结算凭证后再进行会计核算。

第三节 零售企业其他货币资金的核算

其他货币资金是指企业除库存现金、银行存款以外的货币资金，包括外埠存款、银行汇票存款、银行本票存款、存出投资款、信用卡存款和信用证保证金存款等。

从某种意义上说其他货币资金也是一种银行存款，但它要么是承诺了专门的用途，要么是尚未到账，都不能像结算户存款那样随时可以安排使用。因此，企业的其他货币资金均应通过“其他货币资金”科目进行专门的核算，该科目按其内容的种类分别设置“外埠存款”、“银行汇票存款”、“银行本票存款”、“存出投资款”、“信用卡存款”和“信用证保证金存款”等明细科目。其他货币资金增加时，借记“其他货币资金”科目，贷记“银行存款”科目；使用其他货币资金时，借记“在途物资”、“预付账款”等科目，贷记“其他货币资金”科目；期末退回余额时，借记“银行存款”科目，贷记“其他货币资金”科目。

一、外埠存款的核算

零售企业将款项委托当地银行汇往采购地开立专户时，借记“其他货币资金”科目，贷记“银行存款”科目。收到采购员交来供应单位发票账单等报销凭证时，借记“在途物资”、“库存商品”等科目，贷记“其他货币资金”科目。将多余的外埠存款转回当地银行时，根据银行的收账通知，借记“银行存款”科目，贷记“其他货币资金”科目。

【例 4－5】 崇光公司于 20×1 年 10 月 8 日委托开户的工商银行汇往山西工商银行 10 000 元以开立采购专户；10 月 20 日，采购员交来供货单位发票两张计金额 8 400 元，其中货款 7 180 元，增值税 1 220 元，采购的商品尚未收到；10 月 25 日收到开户银行的收账通知，多余的外埠存款 1 600 元已转回开户银行。

会计部门根据有关凭证编制如下会计分录：

（1）委托银行开立采购专户

借：其他货币资金——外埠存款　　10 000
　　贷：银行存款　　10 000

（2）采购商品

借：在途物资　　7 180
　　应交税费——应交增值税（进项税额）　　1 220
　　贷：其他货币资金——外埠存款　　8 400

（3）收到外埠存款余款

借：银行存款　　1 600
　　贷：其他货币资金——外埠存款　　1 600

二、银行汇票存款的核算

零售企业在填送“银行汇票申请书”并将款项交存银行取得银行汇票后，根据银行盖章退回的申请书存根联，借记“其他货币资金”科目，贷记“银行存款”科目。企业使用银行汇票后，根据发票账单等有关凭证，借记“在途物资”、“库存商品”、“应交税费——应交增值税（进项税额）”等科目，贷记“其他货币资金”科目；如有多余款或因汇票超过付款期等原因而退回款项，根据开户行转来的银行汇票第四联（多余款收账通知），借记“银行存款”科目，贷记“其他货币资金”科目。

【例4-6】 崇光公司于20×1年5月10日申请办理银行汇票，将银行存款56 000元转为银行汇票存款。5月15日以银行汇票结算采购商品款45 000元，增值税7 650元，共计52 650元，商品验收入库。5月20日银行将多余款项3 350元退回，收妥入账。

会计部门根据有关凭证编制如下会计分录：

（1）申请办理银行汇票：

借：其他货币资金——银行汇票存款	56 000	
贷：银行存款		56 000

（2）以银行汇票结算采购商品：

借：库存商品	45 000	
应交税费——应交增值税（进项税额）	7 650	
贷：其他货币资金——银行汇票存款		52 650

（3）收到退回多余款：

借：银行存款	3 350	
贷：其他货币资金——银行汇票存款		3 350

三、银行本票存款的核算

零售企业向银行提交“银行本票申请书”并将款项交存银行，取得银行本票后，根据银行盖章退回的申请书存根联，借记“其他货币资金”科目，贷记“银行存款”科目。企业使用银行本票后，根据发票账单等有关凭证，借记“在途物资”、“库存商品”、“应交税费——应交增值税（进项税额）”等科目，贷记“其他货币资金”科目。因本票超过付款期等原因而要求退款时，应当填制进账单一式两联，连同本票一并送交银行，根据银行盖章退回的进账单第一联，借记“银行存款”科目，贷记“其他货币资金”科目。

【例 4－7】 崇光公司于 20×1 年 3 月 5 日申请办理银行本票，将银行存款 20 000 元转入银行本票存款。20×1 年 3 月 15 日收到收款单位发票等单据，采购商品付款 19 890 元，其中，商品价款 17 000 元，增值税 2 890 元，商品入库。20×1 年 3 月 25 日收到收款单位退回的银行本票余款 110 元，存入银行。

会计部门根据有关凭证编制如下会计分录：

（1）申请办理银行本票：

借：其他货币资金——银行本票　　20 000

　　贷：银行存款　　20 000

（2）购进商品：

借：库存商品　　17 000

　　应交税费——应交增值税（进项税额）　　2 890

　　贷：其他货币资金——银行本票　　19 890

（3）收到退回的银行本票余款：

借：银行存款　　110

　　贷：其他货币资金——银行本票　　110

四、信用卡存款的核算

零售企业办理信用卡存款，应按规定填制申请表，连同支票和有关资料一并送交发卡银行，根据银行盖章退回的进账单第一联，借记“其他货币资金”科目，贷记“银行存款”科目。企业月信用卡购物或支付有关费用，借记有关科目，贷记“其他货币资金”科目。企业信用卡在使用过程中，需向其账户续存资金的，借记“其他货币资金”科目，贷记“银行存款”科目。

【例 4－8】 某零售企业发生信用卡存款收付业务如下：将银行存款 30 000 元存入信用卡；信用卡支付业务招待费 2 500 元；收到信用卡存款的利息 50 元。

会计部门根据有关凭证，编制如下会计分录：

（1）将资金存入信用卡：

借：其他货币资金——信用卡存款　　30 000

　　贷：银行存款　　30 000

（2）信用卡支付业务招待费：

借：管理费用　　2 500

贷：其他货币资金——信用卡存款　　2 500

(3) 收到信用卡存款的利息：

借：其他货币资金——信用卡存款　　50

贷：财务费用　　50

五、存出投资款的核算

企业向证券公司划出资金时，应按实际划出的金额，借记“其他货币资金”科目，贷记“银行存款”科目；购买股票、债券等时，按实际发生的金额借记“交易性金融资产”等科目，贷记“其他货币资金”科目。

【例4-9】 某零售企业发生将银行存款100 000元划入某证券公司准备进行短期股票投资；将存入证券公司款项用于购买股票，并已成交，购买股票成本为60 000元。

会计部门根据有关凭证，编制如下会计分录：

(1) 将资金划入证券公司：

借：其他货币资金——存出投资款　　100 000

贷：银行存款　　100 000

(2) 用存入证券公司的款项购买股票：

借：交易性金融资产　　60 000

贷：其他货币资金——存出投资款　　60 000

需要注意的是：为了保证其他货币资金的安全、完整，企业管理其他货币资金时，应遵循下列原则：其一，根据业务需要合理选择结算工具；其二，及时办理结算，对逾期尚未办理结算的银行汇票、银行本票等，应按规定及时转回；其三，严格按会计制度的规定核算其他货币资金的各项收支业务。

第五章 5

零售企业往来款项的核算

在社会主义市场经济条件下，零售企业是一个独立的经济实体，遵循自主经营、自负盈亏的原则，追求最大的经济效益与社会效益。因此，零售企业在生产经营活动中必然会与其他企业（如供应商、分销商、制造商等）或个人（如顾客、职工等）产生大量的商业信用，即应收、预付、应付、预收、其他应收、其他应付等往来款项的结算行为。那么，零售企业的往来结算款项是如何产生的呢？又怎样核算呢？让我们一起结合具体经济业务来学习零售企业往来款项核算的相关内容吧！

第一节 零售企业应收账款的核算

应收账款是指零售企业因销售商品、产品或提供劳务，应向接受商品、产品或接受劳务的单位收取的价款和为购货方垫付的运杂费等。它是企业在正常经营过程中因销售活动而形成的债权。凡不是因赊销活动所形成的债权均不属于应收账款的范围，如企业存出的保证金和押金作为其他应收款、购货预付的订金作为预付账款等。

一、应收账款的确认与计价

应收账款是伴随零售企业的销售行为发生而形成的债权，因此，应收账款的确认与收入的确认标准密切相关。通常确认收入的同时确认应收账款，具体确认方法见零售企业商品的核算。

应收账款应根据销售商品或提供劳务的实际发生额记账。其入账价值包括：销售货物或提供劳务的价款、增值税，以及代购货方垫付的包装费、运杂费等。在确认应收账款的入账价值时，应当考虑有关的折扣因素。

（一）商业折扣

商业折扣是指零售企业根据市场供需情况，或针对不同的顾客，在商品标价上给予的扣除，如商品打折、批量销售等。商业折扣通常用百分数表示，如5%、10%、15%等。商业折扣是一种定价政策，从商品标价中扣除商业折扣后的金额才是实际销售价格，即发票价格。因此，商业折扣均不入账，而以商品标价扣除商业折扣后的净额作为应收账款及销售收入的入账金额。例如某商品每台标价500元，购买20台，可得15%的商业折扣，应收账款及销售收入的金额则为8 500元（其计算式为：$8500=500\times20\times(1-15\%)$）。

（二）现金折扣

现金折扣是指债权人为鼓励债务人在规定的期限内付款，而向债务人提供的债务扣除。为了及早取得现金，减少发生坏账的可能性，零售企业赊销商品时，通常给予顾客一定的还款期限，同时为鼓励客户提前付款，通常与其达成协议，约定顾客在不同期限内付款可以享受不同比例的折扣，即现金折扣。现金折扣一般用符号“折扣/付款期限”表示。例如买方在10天内付款可按售价给予3%的折扣，用符号“3/10”表示；在20天内付款按售价给予1%的折扣，用符号“1/20”表示；在30天内付款，则不给折扣，用符号“n/30”表示。

对于现金折扣会计上一般有总价法和净价法两种处理方法，我国会计实务中通常采用总价法进行核算。

总价法是指应收账款，按企业销售商品、产品、提供劳务等的实际售价入账，发生现金折扣时，直接作为理财费用的增加，计入财务费用。

二、应收账款的核算

企业应设置"应收账款"科目核算应收账款增减变动情况。不单独设置"预收账款"科目的企业，预收的账款也在本科目核算。该科目的借方登记应收账款的增加；贷方登记应收账款的减少；期末借方余额，反映尚未收回的应收账款；若为贷方余额，则反映企业预收的账款。其明细账应按购货单位或接受劳务的单位设置。

企业销售商品发生应收款项时，借记"应收账款"科目，贷记"主营业务收入"、"应交税费——应交增值税（销项税额）"、"其他业务收入"等科目；收回款项时，借记"银行存款"等科目，贷记"应收账款"科目。

企业代购货单位垫付包装费、运杂费时，借记"应收账款"科目，贷记"银行存款"等科目；收回代垫费用时，借记"银行存款"等科目，贷记"应收账款"科目。

如果零售企业应收账款改用应收票据结算，在收到承兑的商业汇票时，借记"应收票据"科目，贷记"应收账款"科目。

【例5-1】 崇光公司20×1年5月1日向寰宇公司销售一批产品，按价目表标明的价格计算，金额为20 000元，由于是成批销售，销货方给购货方10%的商业折扣，金额为2 000元，销货方应收账款的入账金额为18 000元，适用增值税税率为17%。零售企业为了及早收回货款而在合同中规定的现金折扣条件为：2/10，1/20，N/30。假定计算现金折扣时不考虑增值税。

编制如下会计分录：

（1）5月1日销售实现时，应按总售价确认收入：

借：应收账款——寰宇公司	21 060	
贷：主营业务收入		18 000
应交税费——应交增值税（销项税额）		3 060

如果该企业库存商品采用售价金额核算法，在确认收入的同时应按照售价结转商品的销售成本，编制如下会计分录：

借：主营业务成本	18 000	
贷：库存商品		18 000

（2）寰宇公司5月7日付清货款：

借：银行存款	20 700
财务费用	360

贷：应收账款——寰宇公司　　21 060

（3）若寰宇公司 5 月 18 日付清货款：

借：银行存款　　20 880

　　财务费用　　180

　　贷：应收账款——寰宇公司　　21 060

（4）若寰宇公司在 5 月底付款：

借：银行存款　　21 060

　　贷：应收账款——寰宇公司　　21 060

需要注意的是：如果零售企业的销售对象是消费者个人的话，在我国基本上不存在赊销的可能，因此，对于大多数中小型零售企业来说，在会计实务中现金折扣发生的可能性也就微乎其微。

第二节　零售企业预付账款的核算

预付账款是企业按照购货、劳务合同规定预付给供应企业的款项。企业预付部分款项的目的主要是控制商品的货源、掌握劳务供应的渠道、以避免未来价格及市场风险。

企业应设置“预付账款”科目核算其发生与结算情况。该科目借方登记预付的款项和补付的款项；贷方登记收到采购商品时按发票金额冲销的预付账款数和因预付货款多余而退回的款项，期末借方余额反映企业向供货方预付的货款，贷方余额反映企业应向供货方补付的货款。其明细账应按供货企业的名称设置。预付款项不多的企业，可以不设“预付账款”科目，而直接在“应付账款”科目核算。

企业预付款项时，借记“预付账款”科目，贷记“银行存款”科目；收到所购物品或进行劳务结算时，根据发票账单所列的金额，借记“库存商品”等有关支出科目，贷记“预付账款”科目；供货企业退回多付的款项，借记“银行存款”科目，贷记“预付账款”科目。

【例 5－2】 崇光公司从外地购进商品一批，进价 50 000 元，增值税进项税额 8 500 元，按订货合同规定，应先向供货单位预付货款 40 000元，交货后再补足余款，该批商品的售价 62 000 元，价税款以银行存款付讫。预付账款的两种核算方法见表 5－1。

表 5－1　　预付账款的两种核算方法

	设置"预付账款"科目	不设置"预付账款"科目
（1）预付货款	借：预付账款——外地崇光公司 40 000 　贷：银行存款　40 000	借：应付账款——外地崇光公司　20 000 　贷：银行存款　20 000
（2）收到所订购商品	借：在途物资　50 000 　应交税费——应交增值税（进项税额）　8 500 　贷：预付账款——外地崇光公司　58 500 借：库存商品　62 000 　贷：在途物资　50 000 　　商品进销差价　12 000	借：在途物资　50 000 　应交税费——应交增值税（进项税额）　8 500 　贷：应付账款——外地崇光公司　58 500 借：库存商品　62 000 　贷：在途物资　50 000 　　商品进销差价　12 000
（3）补付余款	借：预付账款——外地崇光公司 18 500 　贷：银行存款　18 500	借：应付账款——外地崇光公司　18 500 　贷：银行存款　18 500

第三节　零售企业应付及预收账款的核算

应付账款指因购买材料、商品或接受劳务供应等而发生的债务。非上述业务发生的其他应付款项，如应付赔款、应付租金、存入保证金等，不属于应付账款的范畴。

一、应付账款的确认与计量

应付账款的入账时间原则上应以所购入商品的所有权转移或接受劳务已发生为标志。但在会计实务中，当商品和发票账单同时到达时，为了确认所购入的商品在数量、品种以及质量等方面与合同所订条件是否相符，以避免因发生购入商品错、漏、毁损等问题而再行调账。通常，待商品验收入库后，才按发票账单登记应付账款。当商品和发票账单不是同时到达时，由于应付账款需按发票账单入账，因此对于商品已到而发票账单需经过较长时间的间隔才能到达的情况，应在月份终了将所购商品和应付账款估计入账。

应付账款入账时，不是以到期应付金额的现值为依据，而一般以应付金额为依据。

如果购入的商品在形成一笔应付账款时带有现金折扣，则应付账款入账时间的确定有以下两种方法：一是按发票记载的应付金额的总值入账，简称总价法。如果在折扣期限内支付商品，将享受的折扣作为零售企业理财收益处理；二是按发票账单上记载的全部应付金额扣除折扣后的净值记账，简称净值法，即应付账款按扣除全部折扣后的余额记账。如果在折扣期限外支付货款，将其丧失的折扣增加企业的理财费用。

二、应付账款的核算

企业应设置“应付账款”科目核算应付账款的形成及其偿还情况。该科目的贷方登记企业购买商品和接受劳务等形成的应付未付款项；借方登记偿还的应付账款，或开出商业汇票抵付应付账款的款项，或冲销无法支付的应付账款；余额一般在贷方，表示尚未偿还的应付账款。其明细账应按供应单位设置。

企业购入商品等验收入库，但货款尚未支付，根据发票账单、随货同行发票上记载的实际价或暂估价值，借记“库存商品”、“应交税费——应交增值税（进项税额）”等科目，贷记“应付账款”科目。

企业由于接受供应单位提供的劳务而发生的应付未付款项，根据供应单位发票账单上载明的应付金额，借记“管理费用”、“销售费用”及“应交税费——应交增值税（进项税额）”等有关成本费用科目，贷记“应付账款”科目。

企业将应付账款划转出去，或者确实无法支付的应付账款，直接转入营业外收入，即借记“应付账款”科目，贷记“营业外收入——债务重组利得”科目。

【例 5－3】 崇光公司向新兴企业购入商品一批，价款 50 000 元，增值税率 17%；付款条件为 2/10，N/30。商品已验收入库，货款未付。

根据资料编制如下会计分录：

（1）发生应付款：

借：在途物资	5 000	
应交税费——应交增值税（进项税额）	1 050	
贷：应付账款——新兴企业公司		6 050

（2）10 天内付款：

借：应付账款——新兴企业	6 050	
贷：银行存款		5 250
财务费用		800

（3）超过10天付款：

借：应付账款——新兴企业　　6 050

　贷：银行存款　　6 050

三、预收账款的核算

零售企业销售商品预收货款业务是企业为方便一些边远地区和特殊需要的消费者所采取的一种销售方式；这种方式采取预收货款，代为邮寄或对一些暂时缺少的商品接受顾客预约登记，预收部分货款，待货到后再通知顾客取货结清货款。

企业按照规定向顾客预收货款时，借记“银行存款”科目，贷记“预收账款”科目；待商品销售实现后，借记“预收账款”科目（如有补收货款，还应借记“银行存款”科目），贷记“主营业务收入”科目。同时，按售价借记“主营业务成本”科目，贷记“库存商品”科目，如预收货款尚有剩余，退还时，借记“预收账款”科目，贷记“银行存款”科目。

第四节　零售企业应收、应付票据的核算

企业间的商品交易除了用现金直接支付外，还可以用票据作为结算工具。票据是具有一定书面格式的债权凭证。是由债务人签发的在指定日期内由持票人向出票人（即签发人）或承兑人收回票面金额的书面证明。通常，企业持有还没有到期、尚未兑现的票据包括支票、银行本票、银行汇票和商业汇票等。但在我国实务中，上述票据大部分为即期票据，可以即刻收款或存入银行成为货币资金，不需要作为票据核算，因此会计上作为票据核算的主要是指企业持有的还没有到期、尚未兑现的商业汇票。

如前所述，商业汇票按承兑人不同，分为商业承兑汇和银行承兑汇票。商业承兑汇票的出票人为该商业汇票的承兑人，也可以是收款人出票，交由付款人承兑的票据。银行承兑汇票是在承兑银行开立存款账户的存款人签发，由开户银行承兑付款的票据。商业汇票按是否计息可分为不带息商业汇票和带息商业汇票。不带息商业汇票，是指商业汇票到期时，承兑人只按票面金额（即面值）向收款人或被背书人支付款项

的票据。带息票据是指商业汇票到期时，承兑人必须按票面金额加上应计利息向收款人或被背书人支付票款的票据。

一、应收票据的核算

（一）应收票据的计价

在我国，商业汇票的期限较短，最长期限为6个月，因此，一般按其面值计价。即企业收到应收票据时，按照票据的面值入账。但对于带息的应收票据，根据现行准则规定，应于期末（指中期期末和年度终了）按应收票据的票面价值和确定的利率计提利息，并将计提的利息增加应收票据的账面余额。

（二）票据的取得

企业一般有两种情况取得商业汇票：一是因企业销售商品、提供劳务等而收到开出、承兑的商业汇票；二是因债务人抵偿前欠货款而取得的应收票据。应收票据取得的原因不同，其会计处理亦有所区别。

企业应设置“应收票据”科目核算应收票据增减变动情况，该科目的借方登记取得的应收票据的面值和计提的票据利息；贷方登记到期收回的票款或到期前向银行贴现的应收票据的票面余额，期末余额在借方，反映企业尚未收回且未申请贴现的应收票据的面值和应计利息。本科目应按照商业汇票的种类设置明细科目，并设置“应收票据备查簿”，逐笔登记每一应收票据从取得至退出企业的详细情况。

因企业销售商品、提供劳务等而收到开出、承兑的商业汇票，借记“应收票据”科目，贷记“主营业务收入”、“应交税费——应交增值税（销项税额）”等科目。

【例5-4】 崇光公司20×1年10月1日销售一批产品给甲公司，货已发出，发票上注明的销售收入为200 000元，增值税额34 000元。收到甲公司交来的商业承兑汇票一张，期限为6个月，票面利率为10%。

收到票据时编制如下会计分录：

借：应收票据　　234 000

　　贷：主营业务收入　　200 000

　　　　应交税费——应交增值税（销项税额）　　34 000

因债务人抵偿前欠货款而取得的应收票据，借记“应收票据”科目，贷记“应收账款”科目。

（三）票据利息的计算

企业持有的商业汇票如为带息票据，企业应于中期期末和年度终了，按规定计算票据利息。其计算公式如下：

应收票据利息 = 应收票据票面金额 × 利率 × 期限

上式中，利率一般以年利率表示；“期限”指签发日至到期日的时间间隔（有效期）。票据的期限则用月或日表示，在实际业务中，为了计算方便，常把一年定为360天。

如果票据期限按日表示，计算利息时必须采用精确的日数。计算利息使用的利率，要换算成日利率。

【例5-5】 4月7日签发的90天票据一张，面值为50 000元，利率为8%。

利息计算方法如下：

票据利息 = 50 000 × 8% ÷ 360 × 90 = 1 000（元）

期限按月表示时，计算利息使用的利率要换算成月利率。

【例5-6】 承【例5-5】 如果该票据期限为3个月，其他资料不变。

利息计算方法如下：

票据利息 = 50 000 × 8% ÷ 12 × 3 = 1 000（元）

企业应于中期期末和年度终了，按规定计算票据利息时，借记“应收票据”科目，贷记“财务费用”科目。

（四）收回到期票款

1. 到期日的计算。对于按日表示期限的票据，其到期日从出票日起按实际经历天数计算。通常出票日和到期日，只能计算其中的一天，即“算头不算尾”或“算尾不算头”。上例中该票据到期日为7月6日（4月份剩余天数23天，5月份实有天数31天，6月份实有天数30天，7月份6天，共计90天）。

期限按月表示时，应以到期月份中与出票日相同的那一天为到期日。如4月15日签发的一个月票据，到期日应为5月15日。月末签发的票据，不论月份大小，以到期月份的月末那一天为到期日。

2. 到期值的计算。不带息票据的到期值等于应收票据面值；带息票据的到期值等于应收票据面值加上按票据载明的利率计算的票据全部期间的利息。其计算公式为：

带息票据到期值 = 应收票据面值 + 应收票据面值 × 利率 × 期限

=应收票据面值（1+利率×期限）

应收票据到期收回应收票据，按实际收到的金额，借记“银行存款”科目，按应收票据的账面余额，贷记“应收票据”科目，按其差额，贷记“财务费用”科目（未计提利息部分）。

（五）应收票据贴现

应收票据贴现是指企业将未到期的商业汇票经过背书，交给银行，银行受理后，从票面金额中扣除按银行的贴现率计算确定的贴现息后，将余额付给贴现企业的一种融通资金行为。应收票据向银行贴现的利息及贴现所得计算公式如下：

贴现息=票据到期值×贴现率×贴现期

贴现所得=票据到期值－贴现息

其中：贴现息为银行向企业收取的利息，票据到期值按照前面介绍方法确定；银行向企业收取的利息所用的利率称为贴现率；贴现期为票据到期值与贴现息之差称为贴现所得。

企业应收票据贴现时，按实际收到的金额，借记“银行存款”科目，按应收票据的账面价值，贷记“应收票据”科目，按其差额，借记或贷记“财务费用”科目。

【例5－7】 崇光公司销售商品一批，收到票面额50 000元，期限90天，签发日为20×1年6月17日的商业汇票一张。当年7月5日该公司持票向银行贴现，贴现率为10%。

若该票据为不附息票据，则：

票据到期日为9月15日

贴现天数=72天（7月5日至9月15日实际天数）

票据到期值=50 000元

贴现息=50 000×10%÷360×72=1 000（元）

贴现所得=50 000－100=49 000（元）

根据计算结果编制如下会计分录：

借：银行存款　　　　49 000

　　财务费用　　　　1 000

　　贷：应收票据　　　　50 000

若该票据为带息票据，利息率为12%，则：

票据到期值=50 000×（1+12%÷360×90）=51 500（元）

贴现息=51 500×10%÷360×72=1 030（元）

贴现所得=51 500－1 030=50 470（元）

根据计算结果编制如下会计分录：

借：银行存款　　　　　　　　　　　　50 470
　　贷：应收票据　　　　　　　　　　　　50 000
　　　　财务费用　　　　　　　　　　　　　470

二、应付票据的核算

企业根据合同进行延期付款的交易业务采用商业汇票结算时，购货方签发承兑汇票后即构成一种债务，所签发、承兑的商业汇票称为应付票据。应付票据与应付账款不同，虽然都是由于交易而引起的流动负债，但应付账款是尚未结清的债务，而应付票据是一种期票，是延期付款的证明，有承诺付款的票据作为凭据。

1. 应付票据的种类。应付票据分为带息、不带息两种。带息票据须在票据上注明利息率，票据到期时除需支付票面金额外还要按票面利率支付利息。不带息票据因将利息已计入了票面金额，到期只需按票面金额偿付即可，不再加付利息。出具票据时不论带息票据和不带息票据都必须按面值记账。

2. 应付票据的签发。企业签发商业汇票原因主要有两方面：一是因真实交易关系或债权债务关系；二是抵冲应付账款。

3. 确认票据利息。前面已提到，在我国会计实务中应付票据一般按面值记账。应付票据如为带息票据，企业应于中期期末或年度终了，对尚未支付的应付票据计提利息，增加应付票据账面价值，借记“财务费用”科目，贷记“应付票据”科目；如果利息金额不大，也可于票据到期支付本息时，将利息一次计入财务费用。

4. 票据到期兑现。票据到期支付票款时，按应付票据账面余额、借记“应付票据”科目，当期尚未计提的利息借记“财务费用”科目，按应付票据本金与利息之和，贷记“银行存款”科目。如果利息金额不大，也可于票据到期支付本息时，将利息一次计入财务费用。

5. 票据到期拒付。开出并承兑的商业承兑汇票如果不能如期支付的，应在票据到期时，将“应付票据”账面价值转入“应付账款”科目，待协商后再行处理；如果重新签发新的票据以清偿原应付票据的，再从“应付账款”科目转入“应付票据”科目。

银行承兑汇票如果票据到期，企业无力支付到期票款时，承兑银行除凭票向持票人无条件付款外，对出票人尚未支付的汇票金额转作逾期贷款处理，并按照每天万分之五计收利息。

【例 5－8】 崇光公司 20×1 年 9 月 1 日购入一批价值为 30 000 元的商品，同时出具了一张期限为 6 个月的带息商业票据，年利率为 5%，增值税率17%。假如企业按商品价款的1%支付银行承兑汇票的手续费。

编制如下会计分录：

(1) 20×1年9月1日购入商品出具票据：

借：库存商品	30 000	
应交税费——应交增值税（进项税额）	5 100	
贷：应付票据		35 100

(2) 支付银行承兑汇票手续费：

借：财务费用	300	
贷：银行存款		300

(3) 20×1年12月31日，计算4个月的应付利息：

借：财务费用	585	
贷：应付票据		585

(4) 20×7年3月1日到期付款：

借：应付票据	35 685	
财务费用	294	
贷：银行存款		35 979

第五节　零售企业其他应收、应付款项的核算

其他应收款是指企业除应收票据、应收账款、预付账款等以外的其他各种应收、暂付款项，包括应收的各种赔款、罚款；出租包装物租金；应向职工收取的各种垫付款项；向企业各职能科室、车间等拨出的备用金；存出保证金；其他各种应收、暂付款项等。

其他应付款是指企业应付、暂收其他单位或个人的款项，包括应付经营租入固定资产和包装物租金；职工未按期领取的工资；存入保证金（如收入包装物押金等）；应付、暂收所属单位、个人的款项；其他应付、暂收款项等。

一、其他应收款的核算

企业应设置“其他应收款”科目核算其他应收款的增减变动和结

存情况。该科目的借方登记其他应收款的增加；贷方登记其他应收款的减少；其余额在借方，反映企业尚未收回的其他应收款。其明细账按其他应收款的项目和不同的债务人设置。

（一）应收的各种赔款、罚款的核算

企业发生应收各种赔款、罚款等其他应收款时，借记“其他应收账款”科目，贷记有关科目；收回各种赔款、罚款时，借记有关科目，贷记“其他应收账款“科目。

【例5－9】 某零售企业职工张强因工作疏忽，使一批价值为3 000元的商品成为废品。按企业制度规定，该职工应按损失金额的40%赔偿。该批废品回收的价值为500元，以现金收讫，其余部分由管理费用负担。

编制如下会计分录：

借：其他应收款——张强	1 200	
库存现金	500	
管理费用	1 300	
贷：库存商品		3 000

（二）应收出租包装物租金的核算

企业因出租物品应收的租金收入，应借记“其他应收款”科目，贷记“其他业务收入”科目；收到出租包装物租金时，借记“库存现金”、“银行存款”科目，贷记“其他应收款”科目。

【例5－10】 某零售企业出租包装物一批，本月应收租金500元。

编制如下会计分录：

借：其他应收款——应收租金	500	
贷：其他业务收入		500

（三）备用金的核算

备用金是企业财会部门为了便于日常零星开支的需要而预付给企业某些部门或职工备用的款项。其特点是先领后用，用后报销。备用金一般要指定用途和使用范围。对备用金的管理，有定额备用金制度和非定额备用金制度两种。定额备用金制度，是根据使用部门工作的实际需要，先核定其备用金定额并依此拨付备用金，使用后再拨付现金补足其定额的制度。非定额备用金制度，是为了满足临时性需要而暂付给有关

部门和个人现金，使用后实报实销的制度。

【例 5－11】 某零售企业对总务部门实行定额备用金制度。20×1 年 1 月 5 日按核定定额 5 000 元拨付现金；1 月 25 日总务部门使用备用金后，持单据向财会部门报销零星费用 3 500 元；8 月 10 日因业务需要增加定额 1 000 元，以现金付讫；年末结算收回总务部门的定额备用金 6 000元。

编制如下会计分录：

（1）按核定备用金定额拨付现金：

借：其他应收款——备用金——总务部门　　5 000
　　贷：库存现金　　5 000

（2）总务部门持单据向财会部门报销零星费用：

借：管理费用　　3 500
　　贷：库存现金　　3 500

（3）增加定额备用金，与建立备用金的会计分录相同，略。

（4）年末核销定额备用金：

借：库存现金　　6 000
　　贷：其他应收款——备用金—— 总务部门　　6 000

（四）存出保证金的核算

存出保证金，是指企业租入有关用品或劳动资料时支付的保证金或押金等。待企业租入的有关用品或劳动资料退还出租单位时，存出保证金如数收回。

【例 5－12】 某零售企业随购进商品租入包装物一批，支付押金 800 元，以现金付讫。

编制如下会计分录：

（1）租入包装物：

借：其他应收款——存出保证金　　800
　　贷：库存现金　　800

（2）归还租入包装物，收回押金：

借：库存现金　　800
　　贷：其他应收款——存出保证金　　800

（五）为职工工人代垫款项

有时，企业按照法律规定、或接受有关方面委托、或为了方便职工个人，为职工垫付有关款项，如房租、水电等。这些代垫款项收回之前，形成零售企业的其他应收款。发生代垫款项时，借记“其他应收款”科目，贷记“库存现金”、“银行存款”科目；收回代垫款项，编制相反会计分录。

企业除发生上述其他应收款外，有时，因自然灾害或责任者的原因使零售企业财产、物资蒙受损失，属于由保险公司或责任者赔偿部分，企业应根据合同或协议向保险公司索赔时，借记“其他应收款”科目，贷记有关科目。

企业应当定期或者至少于每年年度终了，对其他应收款进行检查，预计其可能发生的坏账损失，并计提坏账准备。

二、其他应付款的核算

企业的其他应付款具有以下特点：首先，其他应付款是企业经常性购销业务之外所发生的应付款项。企业购销产品或供应劳务所发生的应付款项，分别作为应付账款、应付票据核算，而不作为其他应付款核算；其次，其他应付款只反映企业应付给其他单位或个人的零星款项，对于企业经常发生的应上交国家的税金、支付投资者利润等款项，分别归入“应交税费”、“应付股利”中进行核算。

企业应设置“其他应付款”科目核算上述其他应付款的增减变动情况。该科目的贷方登记发生的其他应付款；借方登记偿付其他应付款。期末贷方余额，反映企业尚未支付的其他应付款。其明细账按款项的类别和单位或个人设置。

核算其他应付款时应注意以下两个问题：一是应付租入固定资产的租金，是指企业采用经营性租赁方式租入固定资产所应支付的租金，而不包括应付融资租入固定资产的租赁费；二是存入保证金是其他单位或个人由于使用本企业的某项资产而交付的押金（如出租、出借包装物押金），待以后资产归还后还需退还的暂收款项。

企业发生的各种应付、暂收款项，借记“银行存款”、“管理费用”等科目，贷记“其他应付款”科目；支付时，借记“其他应付款”科目，贷记“银行存款”等科目。

【例 5－13】 某零售企业 10 月租入一幢仓库，合同规定租赁期为两年，每月租金 10 500 元，每季度末支付。

有关会计分录如下：

（1）每月预提租金费用：

借：管理费用　　　　　　　　10 500

　　贷：其他应付款　　　　　　　　10 500

（2）季度末支付租金：

借：其他应付款　　　　31 500
　　贷：银行存款　　　　31 500

第六节　零售企业应收款项减值的核算

企业为了扩大销售，适时地采取了各种有效的赊销措施，以适应市场竞争的需要。而赊销商品难免要承担客户因某种原因而无法支付货款的信用风险，使赊销零售企业发生坏账损失。坏账，是指零售企业无法收回的应收账款，由此发生的损失称为坏账损失。

一、应收款项减值损失的确认

企业应当在资产负债表日对应收款项的账面价值进行全面检查，有客观证据表明该应收款项发生减值的，应当将该应收款项的账面价值减记至预计未来现金流量现值，减记的金额确认减值损失，计提坏账准备。符合下列条件之一者，可以确认为坏账：

1. 因债务人破产或死亡，以其破产财产或遗产偿债后，确实不能收回的应收款项；

2. 因债务单位撤销、资不抵债或现金流量严重不足，确实不能收回的应收款项；

3. 因发生严重的自然灾害等导致债务单位停产而在短时间内无法偿付债务，确实无法收回的应收款项；

4. 因债务人逾期未履行偿债义务超过 3 年，经核查确实无法收回的应收款项。

二、确定应收款项减值的方法

确定应收款项减值有两种方法，即直接转销法和备抵法，我国企业会计准则规定采用备抵法确定应收款项的减值。

（一）直接转销法

直接转销法是指当应收款项确实无法收回时，将坏账损失直接记入资产减值损失，同时冲销应收款项。这种方法确认坏账损失的时间与赊销业务发生期相背离，不符合收支配比的原则，同时也夸大期末资产负债表应收账款的价值。

（二）备抵法

备抵法是指企业按期估计可能产生的坏账损失，并将其列入资产减值损失，形成坏账准备，实际发生坏账时再冲销坏账准备和应收账款。采用这种方法，一方面按期估计坏账损失计入资产减值损失；一方面设置“坏账准备”科目，待实际发生坏账时冲销坏账准备和应收账款金额，可见，采用备抵法将预计的坏账损失与确认的收入计入同一会计期间，体现了收支配比原则的要求，避免企业虚增利润；同时，资产负债表反映了扣减估计坏账后的应收账款净值，报表阅读者了解企业真实的财务情况。

三、估计坏账损失的方法

备抵法下，企业估计坏账损失的方法主要有：应收账款余额百分比法、账龄分析法和销货百分比法。按现行制度规定计提坏账准备的方法由企业自行确定。企业应当列出目录，具体注明计提坏账准备的范围、提取方法、账龄的划分和提取比例，按照管理权限，经股东大会或董事会，或经理（厂长）会议或类似机构批准，并且按照法律、行政法规的规定报有关方面备案，并备置于公司所在地，以供投资者查阅。坏账准备提取方案一经确定，不得随意变更。如需变更，仍然应按上述程序，经批准后报送有关方面备案，并在财务报表附注中予以说明。目前比较常用的方法是应收账款余额百分比法。

（一）应收账款余额百分比法

应收账款余额百分比法，是按应收账款余额的一定比例计算提取坏账准备的一种方法。采用这种方法，企业应在每期期末根据坏账损失提取比例和应收账款余额确定期末应计提的坏账准备。当企业应提取的坏账准备大于其账面余额时，应按其差额提取坏账准备；应提取的坏账准备小于其账面余额的，应按其差额冲回坏账准备。也就是说，期末经过补提或冲销坏账准备，使“坏账准备”科目余额等于应收账款余额乘以确定的坏账估计比率。

零售企业首次计提坏账准备时，按下列公式计算当期应提取的坏账准备：

当期应提取的坏账准备 = 当期应收账款余额 × 提取坏账比例

应根据提取额借记“资产减值损失”科目，贷记“坏账准备”科目。实际发生坏账损失时，借记“坏账准备”科目，贷记“应收账款”科目。

以后会计期间可按下列公式计算当期应提取的坏账准备：

当期应提取坏账准备 = 期末应收账款余额 × 提取坏账比例 − “坏账准备”科目贷方余额

当期计算的应提取坏账准备结果为正数，应按其差额提取坏账准备；如果计算的应提取坏账准备结果为负数，应按其差额冲减已计提的坏账准备；如果计算的应提取坏账准备结果为零，应将“坏账准备”科目的余额全部冲回。注意，“坏账准备”科目如为借方余额，则将上述公式“坏账准备”科目贷方余额视为负值。

（二）账龄分析法

账龄分析法就是根据顾客欠款时间长短来估计坏账的方法。通常，欠款时间越长即账龄越大，账款收回的可能性也就越小，估计的坏账损失率也应愈高。会计实务中，零售企业于期末要编制“应收账款账龄分析表”见表5－2。根据账龄分析表中各账龄段应收账款的余额，乘以坏账损失估计率，就可计算出期末应计提的坏账准备。

【例5－14】 崇光公司20×1年年末的应收账款账龄、计提坏账准备的比例及数额见表5－2。企业首次采用账龄分析法确定的期末坏账准备数额为3 250元。

表5－2　　应收账款账龄分析表

应收账款账龄	应收账款余额（元）	坏账估计率（%）	坏账准备（元）
未到期	35 000	1	350
过期1—30天	20 000	2	400
过期31—60天	6 000	5	300
过期61—90天	14 000	10	1 400
过期90天以上	5 000	20	1 000
合　计	80 000	—	3 450

（三）销货百分比

销货百分比法，是以赊销金额的一定百分比来估计坏账的方法。这种方法假定赊销与坏账之间存在相当稳定的关系，使当期坏账损失与该期赊销收入相配合，根据本期赊销额来估计坏账损失，能较好地体现收益与其成本相配比原则。

【例 5-15】 崇光公司以往的经验数据表明，每赊销 10 000 元，一般会有 200 元的坏账损失。本期赊销的数额为 4 500 000 元。

坏账准备计提比例 =（200/10 000）×100% =2%

本期计提坏账准备的数额 =4 500 000×2% =90 000（元）

四、坏账准备的账务处理

企业应设置“坏账准备”科目核算坏账准备提取、转销情况。该科目的贷方登记每期提取的坏账准备数额，借方登记实际发生的坏账损失数额和冲减的坏账准备数额，期末余额一般在贷方，反映企业已经提取但尚未转销的坏账准备数额。

企业提取坏账准备时，借记“资产减值损失——计提的坏账准备”科目，贷记“坏账准备”科目。对于确实无法收回的应收款项，经批准作为坏账损失，冲销提取的坏账准备，借记“坏账准备”科目，贷记“应收账款”、“其他应收款”等科目。期末，本期应提取的坏账准备大于其账面余额的，应按其差额提取；应提数小于账面余额的差额，借记“坏账准备”科目，贷记“资产减值损失——计提的坏账准备”科目。已确认并转销的坏账损失，如果以后又收回，按实际收回的金额，借记“应收账款”、“其他应收款”等科目，贷记本科目；同时，借记“银行存款”科目，贷记“应收账款”、“其他应收款”等科目。

【例 5-16】 崇光公司 20×1 年采用应收账款余额百分比法首次计提的坏账准备，年末应收账款的余额为 600 000 元，提取坏账准备比例为 5‰，20×2 年发生坏账损失 8 000 元，年末应收账款为 680 000 元。

编制如下会计分录：

（1）20×1 年提取坏账准备：

借：资产减值损失　　3 000

　　贷：坏账准备　　3 000

（2）20×2 年冲销坏账：

借：坏账准备　　8 000

贷：应收账款 8 000

(3) 年末，计算当期应提取的坏账准备：

当期应提取坏账准备 $=680\,000\times5‰-(3\,000-8\,000)$

$=8\,400$（元）

借：资产减值损失 8 400

贷：坏账准备 8 400

【例 5-17】承【例 5-16】 20×3 年，已冲销的上年乙单位应收账款 5 000 元又收回，期末应收账款 1 300 000 元。

对于已确认并已转销的坏账损失又收回的会计核算，应编制以下两组会计分录：

(1) 借：应收账款 5 000

贷：坏账准备 5 000

同时

(2) 借：银行存款 5 000

贷：应收账款 5 000

第六章 6

零售商品的核算

零售商品的流通是由零售企业完成的，零售企业处于商品流通的最终环节。零售企业的零售商品数量巨大、种类繁多、进出频繁，且零售商品核算直接影响企业的资产负债表和利润表，因此零售商品的核算对零售企业关系重大。那么，零售企业的商品核算与其他行业的商品核算相比有一定的特别之处吗？让我们带着这些问题一起来揭开零售企业商品核算的神秘面纱吧！

第一节 零售商品流转概述

商品流转又称“商品流通”，是指社会产品通过货币结算，由生产领域转移到消费领域的过程。完整的商品流转过程一般要经过批发商品流通和零售商品流通两个环节。

一、组织商品流转核算的意义

批发商品流转是零售企业从生产部购进商品出售给零售企业以便继

续转卖，或出售给生产企业继续加工的商品交易活动。它是商品流转的起点。零售商品流转是零售企业从批发企业或生产单位购进商品售予城乡居民和工厂、机关、团体、学校等集体消费单位，以进行直接消费的商品交易活动，它是商品流通的最后环节。从事批发商品流转的企业称为批发企业，从事零售商品流转的企业称为零售企业，同时从事批发、零售商品流转的企业称为批零兼营企业。

商品是零售企业的经营对象，组织商品流转活动是零售企业主要的经营活动。因此，商品核算是零售企业会计核算的中心环节，科学组织零售商品流转的核算对于恰当地反映零售企业的财务状况、经营成果和现金流量具有重要的影响。

（一）库存商品计价会直接或间接关系到能否正确反映企业的财务状况与经营成果

1. 库存商品是零售企业存货中最为重要的内容，商品的核算是零售企业会计核算的中心内容。商品数量及价值的计算，直接影响到资产负债表中存货价值的真实性，进而对资产负债表中流动资产总额、所有者权益等项目数额的计算也产生直接的影响。

2. 库存商品既是资产负债表的一个重要组成部分，也是利润表中销售成本的来源。库存商品与销售成本之间的有机联系，库存商品的计价还会直接影响到当期和以后各期的财务成果。表现在：（1）期末库存商品计价（估价）如果过低，当期的收益可能因此而相应减少；（2）期末库存商品计价（估价）如果过高，当期的收益可能因此而相应增加；（3）期初库存商品计价如果过低，当期的收益可能因此而相应增加；（4）期初库存商品计价如果过高，当期的收益可能因此而相应减少。可见，库存商品计价的正确与否，对企业利润的准确性产生着直接的影响。

（二）库存商品是零售企业最为重要的资产项目，在企业全部资产中占有很大比重

保持适量的商品储备，加速商品流通的速度，减少商品资金的积压，既是零售企业管理的重要内容，也是零售企业会计的重要的任务。积极组织商品流转核算，将有效地为商品控制提供信息，使会计履行部分控制职能，参与商品进、销、存量的预测、决策、计划等。

（三）库存商品具有较强的流动性

在企业中，库存商品经常处于不断销售、耗用、购买或重置中，具有较快的变现能力和明显的流动性。库存商品这一性质决定了这样一个事实，若不借助于会计等管理工作加强对商品的管理，企业很可能遭受偷窃、浪费等人为的损失，或霉烂、变质等自然损失。

二、库存商品的确认

（一）库存商品确认的条件

库存商品的确认就是将符合资产要素确认标准的商品纳入资产负债表存货项目的过程。根据确认这一内涵，某一项目能否作为库存商品在资产负债表的存货项目中确认，首先要根据该项目是否具备库存商品的基本特征，同时，还必须满足一定的确认条件。库存商品的确认条件包括：

1. 取得商品的目的是为了出售或加工后再出售，凡不是为了出售而取得的资产项目，均不能确认为企业的库存商品，而只能作为其他资产处理，如企业取得的固定资产、包装物、低值易耗品等资产项目，都是为企业自用，而不是以出售为目的，因此不能将其列入库存商品的范畴。

2. 商品包含的经济利益很可能流入企业。库存商品最重要的特征是预期会给企业带来经济利益。如果某一项目预期不能给企业带来经济利益，就不能确认为企业的库存商品。库存商品是企业一项重要的流动资产，因此，对库存商品的确认，关键是判断其是否很可能给企业带来经济利益或所包含的经济利益是否很可能流入企业。通常，库存商品的所有权是其所包含的经济利益很可能流入企业的重要标志。一般情况下，根据销售合同已经售出（取得现金或收取现金的权利），所有权已经转移的库存商品，因其所含经济利益已不能流入本企业，因而不能再作为企业的商品进行核算，即使该存货尚未运离企业。再比如委托代销商品，由于其所有权并未转移至受托方，因而委托代销的商品是委托企业库存商品的一部分。总之，企业在判断存货所含经济利益能否流入企业时，通常应结合考虑该项存货所有权的归属。

3. 商品的成本能够可靠地计量。成本能够可靠地计量是资产确认的一项基本条件。库存商品是企业资产的组成部分，要予以确认也必须能够对其成本进行可靠地计量。库存商品的成本能够可靠地计量必须以取得确凿、可靠的证据为依据，并且具有可验证性。

（二）商品销售收入的确认条件

企业销售商品时，如同时符合以下五个条件，即确认为收入：

1. 企业已将商品所有权上的主要风险和报酬转移给购货方。风险主要指商品由于贬值、损坏、报废等造成的损失，报酬是指商品中包含的未来经济利益，包括商品因升值等给企业带来的经济利益。如果一项商品发生的任何损失均不需要本企业承担，带来的经济利益也不归本企业所有，则意味着该商品所有权上的风险和报酬已移出该企业。判断一项商品所有权上的主要风险和报酬是否已转移给买方，需要视不同情况而定。多数情况下，所有权上的风险和报酬的转移伴随着所有权凭证的转移或实物的交付而转移，例如大多数零售交易，所售商品所有权上的风险和报酬都随着所有权凭证的转移或实物的交付而转移。

2. 企业既没有保留通常与所有权相联系的继续管理权，也没有对已售出的商品实施有效控制。企业将商品所有权上的主要风险和报酬转移给买方后，如仍然保留通常与所有权相联系的继续管理权，或仍然对售出的商品实施控制，则此项销售不能成立，不能确认相应的销售收入。

3. 收入的金额能够可靠地计量。是指收入的金额能够合理地估计的情况。收入的金额能够合理地估计是确认收入的基本前提，如果收入的金额不能够合理估计就无法确认收入。企业在销售商品时，商品销售价格通常已经确定。但是，由于销售商品过程中某些不确定因素的影响，也有可能存在商品销售价格发生变动的情况。在这种情况下，新的商品销售价格未确定前，通常不应确认销售商品收入。

4. 相关的经济利益很可能够流入企业。经济利益，是指直接或间接流入企业的现金或现金等价物。在销售商品的交易中，与交易相关的经济利益即为销售商品的价款。销售商品的价款能否有把握收回，是收入确认的一个重要条件。企业在销售商品时，如估计价款收回的可能性不大，即使收入确认的其他条件均已满足，也不应当确认收入。

5. 相关的已发生或将发生的成本能够可靠地计量。根据收入与费用配比原则，与同一项销售有关的收入和费用应在同一会计期间予以确认即企业应在确认收入的同时或同一会计期间结转相关的成本。相关的已发生或将发生的成本能够可靠地计量，是指与销售商品有关的已发生或将发生的成本能够合理地估计。通常情况下，销售商品相关的已发生或将发生的成本能够合理地估计，如库存商品的成本、商品运输费用等。如果库存商品是本企业生产的，其生产成本能够可靠计量；如果是外购的，购买成本能够可靠计量。有时，销售商品相关的已发生或将发生的成本不能够合理地估计，此时企业不应确认收入，若已收到价款，应将已收到的价款却认为负债。

三、商品的计价

企业取得商品应当以其成本入账。一般而言，商品的成本包括采购成本、加工成本和其他成本。采购商品是零售企业取得商品的主要途径，其采购成本由采购价格、进口关税和其他税金等构成，不包括运输费、装卸费等其他费用。其中：采购价格是指企业购入的材料或商品的发票账单上列明的价款，但不包括按规定可以抵扣的增值税额。进口关税是指企业进口货物或物品所交纳的关税。其他税金是指企业购买、自制或委托加工存货发生的消费税、资源税和不能从销项税额中抵扣的增值税进项税额等。

四、库存商品的核算方法

商品是使用价值与价值的统一。因此，商品核算既要利用使用价值的尺度进行实物数量的分类核算，又要利用价值形态的尺度（货币）进行价值量的核算。零售企业库存商品的核算方法有：售价金额核算法、数量售价金额核算法和进价金额核算法、数量进价金额核算法。

根据零售企业业务经营特点和管理的要求，零售商品的核算方法，除少数贵重商品实行数量售价金额核算外，一般商品都实行售价金额核算，对一些不宜实行售价金额核算的鲜活商品，则采用进价金额核算。

（一）售价金额核算法

售价金额核算法是指按售价核算商品进、销、存情况的一种方法。在采用售价金额核算法的零售企业中，库存商品明细账的金额应按售价登记，而且只记金额，不记数量。为了加强对商品的实物管理，应该建立相应的实物负责制，按经营商品的种类和管理的要求，确定若干实物负责人（或小组）；实物负责人对其经营的商品数量和质量负责；库存商品明细账不按商品的品种、规格分户，而按实物负责人（或商品类别）分户，按批登记商品收入、发出和结存的售价金额，以商品的售价金额控制实物负责人经营的商品。实物负责人经营的各种商品数量分别乘以每种商品的售价，算出的各种商品售价金额之和，应该与库存商品明细账中该负责人账面金额相符。这种方法亦称“售价核算，实物负责制”的方法。该方法一般适用于零售企业。

（二）数量售价金额核算法

数量售价金额核算法，又称售价数量金额核算法，是指对库存商品的总分类核算和明细分类核算都按售价记账，同时明细分类账反映各种商品的事物数量和售价金额增减变动及结存情况的一种核算方法。采用数量售价金额核算法时，库存商品的明细分类账要按商品的编号、品名、规格、等级分户设置，按商品的收、付、存分栏记载数量和金额。库存商品的售价和进价的差额，设置“商品进销差价”科目核算。该方法一般适用于具备采用售价记账条件的批发商和贵重的零售商品。

（三）进价金额核算法

进价金额核算法，是指对库存商品的总分类核算和明细分类核算都按进价金额记账而不实行数量核算的一种方法。在采用进价金额核算法的零售企业中，库存商品按进价记账，库存商品明细账按实物负责人分户，只记进价总金额，不记商品数量；商品销后，只记主营业务收入，不结转主营业务成本，定期或月末通过实地盘点，确定每种商品的实存数量，按商品最后进价计算结存商品进价总额，倒求主营业务成本并结转主营业务成本。这种核算方法又称“进价核算，盘存计销”。进价金额核算法一般适用于零售企业的一些鲜活商品。

（四）数量进价金额核算法

数量进价金额核算法，是指对库存商品总分类核算实行进价金额反映计算的同时，对库存商品的明细核算既反映各种商品进价金额也反映其实物数量的一种方法。这种核算方法的主要特点是：库存商品总分类账户和明细分类账户按商品进价记账；库存商品明细分类账按照商品的编号、品名、规格分户，记载商品收、付、存数量和金额；通过商品明细账可以随时了解各种商品的结存数量。

第二节　零售商品的售价金额核算

售价金额核算法也称“售价记账、实物负责制”。它不仅是库存商品的一种核算方法，也是企业的一项重要的经营管理制度。采用售价金额核算法，既简化了商品的日常核算，又有利于商品的管理。但这种方法只反映了商品的价值，忽视了商品的数量。

一、售价金额核算法的基本内容及程序

售价金额核算法的基本内容和核算程序如下：

（一）建立实物负责制

根据岗位责任制的要求，企业按照经营商品品种和存放地点的不同，划分若干营业柜、组，确定实物负责人，要求各实物负责人对其经营商品的数量、质量承担全部经济责任，使商品的进、销、存各环节都有专人负责。

（二）库存商品按售价记账

财会部门对商品的进销存都按照零售价记账。在总账中只记库存商品的售价总金额，库存商品明细账按实物负责人设置，按商品售价金额分别记载各实物负责人经管的商品。为了加强商品管理，在仓库的全部商品和门市部、营业柜组存放的贵重商品，大件商品，以及业务上经常需要掌握数量的商品，实物负责人必须设置商品数量账，每天登记收付存数量。其他商品是否建立商品数量账，可根据管理上的要求，通过试验，加以决定。

（三）设置“商品进销差价”科目

采用售价金额核算零售企业，库存商品的增加、减少和结存都是按

售价在库存商品账上反映的，它与实际购进商品时所支付的金额并不一致。通常是售价高于进价。会计核算不仅要以售价控制商品，还要以进价反映库存商品实际价值。因此，有必要设置“商品进销差价”科目核算库存商品售价与进价的差额。在购进商品时，按售价记入“库存商品”科目，同时还将进价与售价之间的差额，记入“商品进销差价”科目。平时，商品销售以售价结转营业成本减少实物负责人（小组）的商品金额；每月末根据“商品进销差价”科目余额，按照商品总额或大类商品购销比例，计算已销商品应摊的差价并进行结转。最后“库存商品”科目结存的售价金额减（或加）“商品进销差价”科目的金额，就是库存商品的进价金额。在“售价金额核算法”下，这两个科目是互相依存的，“库存商品”科目余额如不减去或加上“商品进销差价”科目余额就不能反映库存商品的实际进价，“商品进销差价”科目如离开“库存商品”科目就失去其存在的意义。

（四）加强商品实地盘点制度

对库存商品每月必须进行一次全面盘点。实物负责人岗位调动和商品调价，应及时进行盘点。盘点结果发生差异时，应及时查明原因，进行处理，保证账实相符。这是一项重要管理措施，也是在实行“售价金额核算法”下一项重要的内容，通过盘点和账实核对，以考核实物负责人对企业财产保管的情况。对于有损耗的商品，应该经过测定并参考历史资料，逐步制定合理的分品种的或综合的商品损耗率，并不断地改进，使之更符合实际情况。经常有溢余的商品也应摸清规律，定出溢余率。月终盘点后，确定实际库存，并据以处理损耗或溢余。

（五）按时编制“商品进销存日报表”加强报账对账工作

零售企业进销调存全面的业务活动是通过“商品进销存日报表”来进行反映的，这对会计核算的报账对账记账工作及资金运用和经营管理，具有很重要的作用。因此，实物负责人必须每天编制“商品进销存日报表”，详细填列商品购进、销售及库存情况，并连同应附的有关原始凭证，报送财会部门。财会部门应加强审核，无误后，编制记账凭证入账，以反映实物负责人所经管商品的金额。“商品进销存日报表”也可分别装订，作为库存商品明细账。

（六）健全各业务环节的手续制度，加强价格管理，对购进、调入的商品要认真验收，不仅要验收数量质量，而且要核实价格、金额是否相符

销售时要正确执行规定的价格。为了便于群众购买和监督，每种商品应当有价格标签。实物负责人对商品购进、调拨、销售、调价、升溢、损耗、损失、盘点交接等必须建立必要的手续，填制完备的凭证，按照合理的程序传递凭证，及时调整账面金额。

实践证明，零售企业实行“售价金额核算法”具有很多优点，首先将品种繁多的明细账，简化为少数实物负责人（或小组）的明细账，明确了责任，简化了记账工作，及时反映商品进销存的情况，为加强资金定额管理及实行群众性的柜组核算奠定了基础；其次是有利于简化售货手续，方便群众，同时可以减轻营业员劳动强度，节省人力物力；有利于提高工作效率和服务质量。再次是减少会计人员的工作量，可以使财会人员有较多的时间深入业务实际开展调研，为不断改善经营管理献计献策，加强经营管理。但是这个方法也有其不足之处，如不能及时掌握各种具体商品的数量，发生账实不符时，原因不易弄清。

二、商品购进的核算

（一）商品购进的一般业务程序

零售企业购进商品，大多是从本地批发企业、生产加工企业或企业的配送中心进货。但为了适应市场的需求，更好地满足消费者需要，本着减少流转环节、勤进、快进、快销的原则，也可以从外地或国外购进商品。从本地进货一般采用提货制或进货制，从外地进货一般采用发货制。零售企业国内本地购进商品多采用“支票”结算方式结算货款，国内异地进货大多采用采用“委托收款”、“托收承付’或“汇兑”等结算方式结算货款。

零售企业不论从什么地点进货，什么单位进货，也不论采取哪种货款结算和接收商品方式，当收到商品时，必须认真验收商品的数量和质量，防止发生差错，明确经济责任。实物负责人根据供货单位的发货单，应当逐一检查商品的品名、数量、单价、金额以及质量，验收商品后，应当填制收货凭证，一般称为商品验收单，商品验收单除填列商品的品名、规格和购进价外，还要填列商品的零售价和进销差价，以便据

以记账。商品验收单的一般格式如表6－1。

表6－1　　商品验收单

收货单位：　　年　月　日　　字第　号

货号	品名	实收（原价）				零售计价			商品进销差价
		单位	数量	单价	金额	数量	单价	金额	

会计主管：　　复核：　　验收人：　　制单：

（二）会计科目的设置

为了核算零售企业商品增减变动情况，应设置“在途物资”、“库存商品”、“商品进销差价”、“应交税费”等科目：

“在途物资”科目，核算企业购入商品的采购成本。企业购入的各种商品，不论是否进入本企业的仓库，凡是通过本企业结算货款的，均通过该科目核算。该科目借方登记企业购入商品支付的货款；贷方登记商品到达验收入库；期末余额反映企业在途商品的采购成本。该科目应按供货单位、商品类别等设置明细账。企业也可以根据需要将本科目改为“商品采购”科目，并按照在途物资的核算方法进行核算。

“库存商品”科目，核算企业全部自有的库存商品，包括存放在仓库及门市部和寄存在外库的商品、委托其他单位代管代销商品、陈列展览的商品等。该科目的借方登记库存商品的增加额；贷方登记库存商品的减少额，其余额为库存商品的实存数额。该科目应按商品设置明细。设置相应的科目进行核算。

“商品进销差价”科目，是“库存商品”科目的调整科目，核算企业采用售价核算的商品售价与进价之间的差额。该科目的贷方登记购进商品的售价大于进价的差额和其他原因增加的进销差价；借方登记购进商品的售价小于进价的差额、核销已销商品应分摊的进销差价和其他原因使库存商品售价大于进价的差额减少的数额；其余额一般在贷方，反映期末库存商品应保留的进销差价。该科目应按商品类别或实物负责人设置明细账。由于所采用的售价是含税的零售价格，因此该科目所记录的商品售价与进价之间的差额就包括了两部分，一是不含税的售价与不含税的进价之间的差额，二是应向购买者收取的增值税额（销项税额）。

（三）增值税的基本内容

由于零售企业是专门从事商品购销活动的经济组织，按照《中华人民共和国增值税暂行条例》的规定，零售企业应依法缴纳增值税。

增值税是指对在我国境内销售货物、进口货物，或提供加工、修理修配劳务的增值额征收的一种流转税。凡从事销售或者进口货物，提供应税劳务的单位和个人均为增值税纳税人。增值税的纳税义务人按其经营规模、会计核算的健全程度可分为一般纳税企业和小规模纳税企业。

1. 增值税的计算。纳税人不同，增值税的计算方法也不同。

一般纳税人是指年应征增值税销售额，超过增值税暂行条例规定的小规模纳税人标准的企业。而对于个人、非企业单位、不经常发生应税行为的企业，不论应税销售额多少，都视同小规模纳税人，不作为一般纳税人。一般纳税人应纳增值税额的计算公式为：

应纳增值税额 =（当期销项税额 - 当期进项税额）×税率

上列公式中的“销项税额”，是指纳税人销售商品或应税劳务，按照销售额乘以规定的税率并向购买方收取的增值税额；“进项税额”，是指纳税人购进货物或者接受应税劳务所支付的或负担的增值税额。按照规定，企业购入货物或接受劳务必须具备以下凭证，其进项税额才能予以扣除。

“增值税专用发票”。实行增值税以后，一般纳税企业销售货物或者提供应税劳务均应开具增值税专用发票，增值税专用发票记载了销售货物的售价、税率以及税额等，购货方以增值税专用发票上记载的购入货物已支付的税额，作为扣税和记账的依据。

“完税凭证”，企业进口货物必须交纳增值税，其交纳的增值税在完税凭证上注明。进口货物交纳的增值税根据从海关取得的完税凭证上注明的增值税额，作为扣税和记账依据。

购进免税农产品或收购废旧物资，按照经税务机关批准的收购凭证上注明的价款或收购金额的一定比率计算进项税额，并以此作为扣税和记账的依据。

企业购入货物或者接受应税劳务，没有按照规定取得并保存增值税扣税凭证，或者增值税扣税凭证上未按照规定注明增值税额及其他有关事项的，其进项税额不能从销项税额中抵扣。当期销项税额减当期进项税额的差额大于零，应按上述公式计算缴纳增值税，若其差额小于零，结转下期继续抵扣。

我国增值税的基本税率为 17%，低税率为 13%；纳税人出口的货物，除国务院另有规定外，税率为零。除税法规定适用低税率的商品以及出口商品实行零税率外，其他应税产品和劳务均适用基本税率。

小规模纳税企业是指年销售额在规定标准以下，并且会计核算不健全，不能按规定报送有关税务资料的增值税纳税企业。小规模纳税人实行简便办法计算应纳税额。计算方法如下：

应纳税额 = 销售额 × 征收率

公式中销售额的确定方法与一般纳税人相同。按照2009年修订后的增值税条例对小规模纳税人不再设置工业和商业两档征收率，将小规模纳税人征收率统一降至3%。

2. 会计科目的设置。一般纳税企业应在“应交税费——应交增值税”科目分别设置“进项税额”、“已交税金”、“销项税额”、“出口退税”、“进项税额转出”、“转出未交增值税”、“转出多交增值税”等专栏。

为了分别反映增值税一般纳税人欠交增值税款和待抵扣增值税的情况，企业应在“应交税费”科目下设置“未交增值税”明细科目，核算企业月份终了从“应交税费——应交增值税”科目转入的当月未交或多交的增值税；同时，在“应交税费——应交增值税”科目下设置“转出未交增值税”和“转出多交增值税”专栏。

3. 一般纳税企业增值税核算的基本特点。

（1）在购进阶段，会计处理时实行货物的价款与税款分离，价与税分离的依据为增值税专用发票上注明的价款和增值税，属于价款部分，计入购入货物的成本，借记“在途物资”科目，属于增值税额部分，计入进项税额（包括企业接受应税劳务支付的增值税），借记“应交税费——应交增值税（进项税额）”科目，按支付的货物的成本和增值税进项税额的合计数，贷记“银行存款”或“应付账款”等科目。

企业购进机器设备的固定资产所支付的增值税进项税额，不计入固定资产的成本，可以在销项税额中抵扣；企业购进的货物用于非应税项目，其所支付的增值税额应计入购入货物的成本。

企业购进的货物、在产品或产成品等发生非常损失，以及购进货物改变用途等原因，其进项税额应转入有关科目，借记“待处理财产损溢”、“在建工程”、“应付职工薪酬”等科目，贷记“应交税费——应交增值税（进项税额转出）”科目。属于转作待处理财产损失的进项税额，应与遭受非常损失的购进货物、在产品或库存商品的成本一并处理。

（2）在销售阶段，货物的销售价格中不再含税，如果定价时含税，按公式“销售额 = 含税销售额 ÷（1 + 增值税税率）”还原为不含税销售额并贷记“主营业务收入”科目；按不含税销售额计算销项税额，贷记“应交税费——应交增值税（销项税额）”科目。

企业将自产或委托加工的货物用于非应税项目，作为投资、集体福利消费、赠送他人等，应视同销售物资计算应交增值税，借记“在建工程”、“长期股权投资”、“应付职工薪酬”、“营业外支出”等科目，贷记“应交税费——应交增值税（销项税额）”科目。

（3）交纳增值税。为了分别反映增值税一般纳税企业欠交增值税款和待抵扣增值税的情况，确保企业及时足额上交增值税，企业会计准则的规定：一是在“应交税费”科目下增设“未交增值税”明细科目，核算一般纳税企业月度终了转入的应交未交增值税和多交的增值税；二是在“应交税费——应交增值税”明细科目下增设“转出多交增值税”和“转出未交增值税”两个专栏，分别记录一般纳税人企业月份终了转出多交或未交的增值税。

本月上交本月的应交增值税时，借记“应交税费——应交增值税（已交税金）”科目，贷记“银行存款”科目；本月上交上期应交未交增值税时，借记“应交税费——未交增值税”科目，贷记“银行存款”科目。

（4）结转应交未交或多交增值税。月度终了，将本月应交未交增值税自“应交税费——应交增值税”明细科目转入“应交税费——未交增值税”明细科目，借记“应交税费——应交增值税（转出未交增值税）”科目，贷记“应交税费——未交增值税”科目；将本月多交的增值税自“应交税费——应交增值税（转出多交增值税）”明细科目转入“应交税费——未交增值税”明细科目，借记“应交税费——未交增值税”科目，贷记“应交税费——应交增值税（转出多交增值税）”科目。经过结转后，“应交税费——应交增值税”科目的余额，反映企业尚未抵扣的增值税。

4. 小规模纳税企业增值税核算特点。（1）小规模纳税企业销售货物或者提供应税劳务，一般情况下，只能开具普通发票，不能开具增值税专用发票；并按照销售额的一定比例计算应纳税额。采用销售额和应纳税额合并定价方法的小规模纳税企业，应按照公式“销售额 = 含税销售额 + （1 + 征收率）”还原为不含税销售额。（2）小规模纳税企业购入货物无论是否具有增值税专用发票，其支付的增值税额均不计入进项税额，不得由销项税额抵扣，应计入购入货物的成本。（3）小规模纳税企业“应交税费——应交增值税”科目，应采用三栏式账户。

（四）商品一般购进业务的核算

1. 验收商品和支付进货款在同一天的核算。企业购进商品，会计部门根据进货发票支付的货款、费用、税金等账单，按商品进货原价

（有进货折扣的，应扣除进货折扣）分别借记“在途物资”、“销售费用”、“应交税费——应交增值税（进项税额）”等科目，贷记“银行存款”等科目。商品到达验收后，按售价借记“库存商品”科目，按进价贷记“在途物资”科目，按售价与进价的差额，贷记“商品进销差价”科目（售价低于进价时，应借记“商品进销差价”科目），以便反映库存商品实际进价成本。

【例 6-1】 崇光公司由本地皮革制品厂购进女皮包一批，进价 7 000元，应支付的进项税额为 1 190 元，该批商品的含税售价为 8 400 元，商品由皮货组验收入库，款项以银行存款支付。

编制如下会计分录：

借：在途物资——某皮革制品厂——皮包类　　7 000
　　应交税费——应交增值税（进项税额）　　1 190
　　贷：银行存款　　8 190

同时：

借：库存商品——皮货组　　8 400
　　贷：商品进销差价——皮货组　　1 400
　　　　在途物资——某皮革制品厂　　7 000

2. 先支付进货款后收到商品的核算。企业先收到有关凭证支付进货款时，按商品的进价（有进货折扣与折让的应予扣除），借记“在途物资”科目，按应支付的增值税额，借记“应交税费——应交增值税（进项税额）”科目，按所付款项，贷记“银行存款”科目，商品到达验收时，按含税的售价，借记“库存商品”科目，按含税的售价与进价之间的差额，贷记“商品进销差价”科目，按商品进价，贷记“在途物资”科目。

【例 6-2】 崇光公司交电组从镇江自行车厂购入自行车零件一批，进价为 2 000 元，应支付的增值税额为 340 元，供方代垫的运杂费为 300 元，计算运费准予扣除的进项税额为 25 元。接到银行转来的有关凭证，审核无误支付款项。

编制如下会计分录：

借：在途物资——镇江自行车厂　　2 000
　　应交税费——应交增值税（进项税额）　　365
　　销售费用　　275
　　贷：银行存款　　2 640

上项商品到达，经交电组验收入库，该批商品的含税售价为 3 100 元。编制如下会计分录：

借：库存商品——交电组　　3 100
　　贷：商品进销差价——交电组　　1 100

在途物资——镇江自行车厂　　2 000

3. 先收到商品后支付进货款的核算。企业购进商品，有时会发生商品先验收入库，而后支付进货款的情况，当发生商品验收入库货款尚未支付时，按含税的售价，借记“库存商品”科目，按进价，贷记“应付账款”科目，按售价与进价的差额贷记“商品进销差价”科目。

【例 6-3】 崇光公司从镇江自行车厂采购自行车零件一批，收到发票，零件已由交电组验收入库，货款计 1 760 元，增值税进项税额为 299 元，结算凭证尚未转来，该批零件售价为 2 040 元。

财会部门根据有关凭证编制如下会计分录：

借：库存商品——交电组　　2 040
　贷：商品进销差价——交电组　　280
　　应付账款——镇江自行车厂　　1 760

当收到结算凭证，承付款项时，编制如下会计分录：

借：应付账款——镇江自行车厂　　1 760
　贷：银行存款　　1 760

在实际工作中，为简化核算手续，在收到商品付款之前，平时可不进行账务处理，待付款后，再按照收到商品与付款在同一时间进行核算。

有时商品已验收入库，但因发票账单未收到应付账款数额不明，对此，平时可不进行账务处理，待托收凭证和发票随货同行联到达并付款后，再作处理。但如逢月末发票账单等仍未收到，为在资产负债表全面反映企业已经拥有的该批商品及其负债，就应先按合同或其他规定价格估价入账，按售价借记“库存商品”科目，按暂估的进货原价贷记“应付账款”科目，按售价与暂估进价的差额贷记“商品进销差价”科目。下月初再用红字冲回，以便下月付款时，通过“在途物资”科目核算。

【例 6-4】 某百货商店从绵阳服装厂购进服装一批，商品已验收入库，到月末发票账单仍未收到。该批商品估计进价为 6 270 元，零售价为 7 140 元。

编制如下会计分录。

借：库存商品——服装组　　7 140
　贷：商品进销差价——服装组　　870
　　应付账款——绵阳服装厂　　6 270

下月初，编制如下会计分录

借：库存商品——服装组　　[7 140]
　贷：商品进销差价　　[870]

应付账款——绵阳服装厂 6 270

次月接到结算凭证付款时，按实付金额借记“在途物资”、“应交税费——应交增值税（进项税额）”科目，贷记“银行存款”科目，同时，按售价借记“库存商品”科目，按商品进价和进销差价总额，分别贷记“在途物资”、“商品进销差价”科目。

（五）商品购进发生溢余和短缺的核算

在商品购进过程中，由于自然因素或差错事故，会使购进商品发生溢余或短缺。对于本市进货发生的溢缺，应由业务部门及时向供货单位查询处理，暂不通过财会部门。如果商品的溢缺情况是发生在外地进货，或本市进货发生溢缺，一时不能查明原因，应根据溢缺情况，分别填制“商品溢余（短缺）报告单”一式数联见表6－2，随同“发货票”或“商品验收单”一并送财会部门进行账务处理：

表6－2 商品溢余（短缺）报告单

供货单位 年 月 日 字 号

商品类别	商品编号	品名	单位	原发数量	实收数量	溢缺数量	进价		售价		商品进销差价	备注
							单价	金额	单价	金额		
合计												

会计主管： 实物负责人： 验收人：

1. 商品购进溢余的核算。购进商品发生溢余，应按溢余商品售价借记“库存商品”科目，按其进价贷记“待处理财产损溢”科目，溢余商品进售价间差额应贷记“商品进销差价”科目。

【例6－5】 崇光公司从某食品厂购入散装饼干300千克，每千克10.40元，计3 120元，应支付的增值税额为530.40元，企业以转账支票付讫。

编制如下会计分录：

借：在途物资——某食品厂——食品类 3 120
　　应交税费——应交增值税（进项税额） 530.40
　　贷：银行存款 3 650.40

商品次日运到，经食品组检斤验收，发现长余56千克，原因待查，该批商品的含税售价为每千克13元。编制如下会计分录：

借：库存商品——食品组　　4 628
　贷：商品进销差价——食品组　　925.60
　　待处理财产损溢——待处理流动资产损溢　　582.40
　　在途物资——某食品厂——食品类　　3 120

经查溢余商品中52千克是食品厂多发，崇光公司同意作购进处理，食品厂补来专用发票，内列商品进价为540.80元，应支付的进项税额为91.92元，财会部门开出支票将付清；其余4千克是衡器公差，属自然升溢。

编制如下会计分录：

（1）供方多发作购进部分：

借：在途物资——某食品厂——食品类　　540.80
　应交税费——应交增值税（进项税额）　　91.92
　贷：银行存款　　632.72

同时：

借：待处理财产损溢——待处理流动资产损溢　　540.80
　贷：在途物资——某食品厂——食品类　　540.80

（2）自然升溢部分：

借：待处理财产损溢——待处理流动资产损溢　　41.60
　贷：管理费用——商品损耗　　41.60

2. 商品购进短缺的核算。购进商品发生短缺，未查明原因前，应按实收商品的售价金额借记“库存商品”科目，按实收商品售价与进价的差价、贷记“商品进销差价”科目，按原进价贷记“在途物资”科目，短缺部分按进价借记“待处理财产损溢”科目。对于短缺商品应认真查明原因，按规定进行处理。

【例6-6】承【例6-5】　商品到货验收时发现短少20千克，原因待查。

编制如下会计分录：

（1）商品短缺

借：库存商品——食品组　　3 640
　待处理财产损溢——待处理流动资产损溢　　208
　贷：商品进销差价——食品组　　728
　　在途物资——某食品厂——食品类　　3 120

（2）经查，短缺商品属于意外事故造成，该部分商品应负担的增值税额为35.36元。

根据有关凭证编制如下会计分录：

借：待处理财产损溢——待处理流动资产损溢　　35.36

贷：应交税费——应交增值税（进项税额转出） 35.36

借：营业外支出——非常损失 243.36

贷：待处理财产损溢——待处理流动资产损溢 243.36

（六）进货退出和进货退补价的核算

1. 企业购进商品如存在质量问题，经供货单位同意，可将商品退出企业，收回原进货款。当企业发生进货退出业务，收到供方开来的红字专用发票及本单位的红字收货单凭证时，按商品进价及进项税额，借记“应收账款”科目，按商品进价，贷记“在途物资”科目，按进项税额，贷记“应交税费——应交增值税（进项税额）”科目；同时，按商品进价，借记“在途物资”科目，按含税售价，贷记“库存商品”科目。收到供货方退回的款项时，借记“银行存款”科目，贷记“应收账款”科目。

2. 进货退补价的核算。实行售价金额核算的企业购进商品发生退补价时，应根据供货单位填制的退补价凭证和业务部门填制红字或蓝字“收货单”进行账务处理。为简化核算手续，也可根据供货单位退补价“发货票”直接进行退补价核算。

由于售价金额核算的库存商品是按售价记账，因此当发生进货退补价时，只需要调整退补价库存商品所包含的商品进销差价。当企业接到补价通知，尚未补付货款时，借记“商品进销差价”科目，贷记“应付账款”科目；企业接到退价通知，并收到退款时，借记“银行存款”科目，贷记“商品进销差价”科目，如接到退价通知，尚未收到退款，则借记“应收账款”。贷记“商品进销差价”科目。

三、商品销售的核算

（一）商品销售的一般业务程序

由于实行售价金额核算企业的商品大都采取现金交易，因此必须加强销货款的管理，建立科学合理的收款、付货方式。根据企业经营规模；经营商品和业务性质的不同，商品销售一般采取以下两种收款方式：一种是营业员直接收款，在商品交易时，由营业员一手收款一手交货，营业员既管钱又管货；这种收款方式，手续简便，方便顾客，但发生差错不易查找；另一种是集中收款，设置收款台；配备专职收款员，实行钱货分管。营业员只负责付货，货款由营业员经手传递到收款台或由顾客到收款台直接交款。这种收款方式，可以做到钱货责任分明，加强货款复核，减少差错，并有利于销货款管理，但不便顾客购买商品。

企业无论采用哪种收款方式，每日营业终了都必须将销货款清点后送存银行。向银行交款，一般有两种作法：一是由各营业小组直接向银行交款；另一种是由财会部门将各实物负责人（小组）的销货款集中交存银行。

向银行交款要填制银行“进账单”并取得银行“进账单”回单。如将销货款送交财会部门，统一送交银行，则各实物负责人（或组）要填制“内部交款单”见表6－3。销货如果发生长短款；还要填制“长短款报告单”见表6－5。

表6－3　　内部交款单

组别　　年　月　日

项目	摘要	应交金额	实交金额
人民币（大写）		长款	短款

实物负责人：　　复核：　　制单：

营业柜、组于每日营业终了，应根据当日进销货情况编制“商品进销存日报表”见表6－4。商品进销存日报表一式两份，一份留存，一份连同内部交款单（或银行“进账单”回单）、商品验收单、商品调价单、商品内部调拨单、长短款报告单和其他有关凭证一并送交财会部门，经审核无误后，作为编制记账凭证登记账簿的依据。

表6－4　　商品进销存日报表

组别：百货组　　20×1年5月28日　　单位：元

项目		金额	项目		金额	备注
昨日库存		35 000	减少	本日销售	8 000	
增加	本日购进	5 000		本日调出		
	本日调入			变价减值		
	变价增值			商品损耗		
	商品溢余		本日库存		32 000	
合计		40 000	合计			
本日进销差价3 500元				进销差价累计12 000元		
商品销售累计						

实物负责人：王义鹏　　复核：刘国庆　　制表：章大一

（二）商品一般销售的核算

实行售价金额核算企业，一般在每日营业终了，各实物负责人（柜组）

要清点当日销货款并送存银行。财会部门应根据销货报表及款项送存银行退回的“进账单”回单，反映主营业务收入和银行存款的增加。财会部门应根据有关凭证按含税销售额反映商品销售收入和银行存款的增加，借记“银行存款”科目，贷记“主营业务收入”科目；同时按含税的售价借记“主营业务成本”科目，贷记“库存商品”科目，以注销库存商品，反映实物负责人所经管商品的实存额和经济责任。由于企业的“库存商品”按售价金额入账，商品的售价与进价之间的差额记入“商品进销差价”科目，所以从理论上讲，商品销售后，在按售价冲减库存商品科目的同时；还应冲减已销商品实现的进销差价，并按其进货原价转入“主营业务成本”科目，以便正确计算销售成果。但是，由于企业已销商品实现的进销差价，需要经过一定的方法计算才能确定，如果每天计算已销商品应分摊的进销差价，会使日常核算工作过于繁重，由于企业是按月计算利润，因此也没有必要每日结转销售商品实现的进销差价。所以实行售价金额核算的企业，平时商品销售在反映主营业务收入增加的同时，暂按售价借记“主营业务成本”科目，贷记“库存商品”科目，月末再按一定方法计算已销商品和库存商品应分摊的进销差价。待计算出已销商品应分摊的进销差价后，再贷记“主营业务成本”科目，将含税的售价调整为销售商品的进价成本，同时，将已实现的商品进销差价予以核销，借记“商品进销差价”科目。

【例 6－7】 崇光公司 20×1 年 5 月 28 日各组销售额为：百货组 8 000元，针织组 4 000 元，鞋帽组 5 000 元，五金交电组 3 800 元，销货款送存银行。

财会部门根据各组当日报来的“商品进销存日报表”、银行“进账单”回单等凭证编制如下会计分录：

借：银行存款	20 800	
贷：主营业务收入——百货组		8 000
——针织组		4 000
——鞋帽组		5 000
——五金交电组		3 800

同时，结转主营业务成本：

借：主营业务成本——百货组	8 000	
——针织组	4 000	
——鞋帽组	5 000	
——五金交电组	3 800	
贷：库存商品——百货组		8 000
——针织组		4 000
——鞋帽组		5 000
——五金交电组		3 800

由于零售企业在商品销售中采用一手钱一手货的销售方式，对顾客不开增值税专用发票，无法根据发票确认销售收入和销项税额，只能定期或月份终了，根据当期收取的含税销售额和规定的计算公式计算不含税的销售收入和销项税额。因此，企业平时按含税的销售额进行账务处理，定期或月末计算出销项税额以后，再将含税的销售额调整成为不含税的销售收入。不含税销售额及销项税额的计算公式为：

$$\text{不含税销售额}=\frac{\text{含税销售额}}{1+\text{税率}}$$

销项税额 = 不含税销售额 × 税率

将含税销售额调整成为不含税销售额后，编制借记“主营业务收入”、贷记“应交税费——应交增值税（销项税额）”的会计分录。

【例6-8】 崇光公司5月分实现的含税销售额为702 000元，增值税税率为17%，月末计算不含税销售额和销项税额。

不含税销售额 = 702 000 ÷（1 + 17%）= 600 000（元）

销项税额 = 600 000 × 17% = 102 000（元）

根据以上计算结果编制如下会计分录：

借：主营业务收入　　102 000

　　贷：应交税费——应交增值税（销项税额）　　102 000

（三）商品销售长短款的核算

企业销售商品如设有专人收款或由营业员直接收款并作柜台记录，应于每日营业终了，将付货凭证或柜台记录加总，与所收销货款核对，检查收进的货款是否正确。如果实收销货款大于付货凭证（或柜台记录）称为“长款”，反之则为“短款”。发生长短款差错，应填写“长短款报告单”（表6-5）送交财会部门据以入账。

表6-5　　**长（短）款报告单**

20×1年3月20日

组别	服装组	收款人	王非	长（+）或短（-）	+10
金额	人民币（大写）壹拾元				
原因	计算错误	初步意见	作销售处理	组长签字	刘是
审批意见					

企业主管：王亚星　　财务负责人：刘一同　　申请人：王非

对于零星的销售长、短款，经有关负责人核算后，可直接作收益或损失处理，或留待月终集中处理；如销货长、短款数额较大，在未查明原因或等待处理核销前，应记入“待处理财产损溢”科目，待查明原因或批准核销时，再予以转账。

【例 6-9】 崇光公司 20×1 年 3 月 20 日服装组销货记录为 4 920 元，实收销货款 4 930 元，长款 10 元；电器组销货记录 6 290 元，实收销货款 6 275 元，短少 15 元，原因待查。

财会部门根据"商品进销存日报表"、"长、短款报告单"、"银行进账单"回单等凭证，编制如下会计分录：

（1）销售长款

借：银行存款　　4 930
　　贷：待处理财产损溢——待处理流动资产损溢　　10
　　　　主营业务收入——服装组　　4 920

（2）销售短款

借：银行存款　　6 275
　　待处理财产损溢——待处理流动资产损溢　　15
　　贷：主营业务收入——电器组　　6 290

同时结转主营业务成本，编制如下会计分录：

借：主营业务成本——服装组　　4 920
　　贷：库存商品——服装组　　4 920
借：主营业务成本——电器组　　6 290
　　贷：库存商品——电器组　　6 290

（3）上述差错查明原因，服装组长款 10 元系销货凭证计算错误，作销售处理，短款 15 元是收款时错收，经批准转为企业销售费用。编制如下会计分录：

借：待处理财产损溢——待处理流动资产损溢　　10
　　贷：主营业务收入——服装组　　10
借：销售费用——短缺损失　　15
　　贷：待处理财产损溢——待处理流动资产损溢　　15

同时：

借：主营业务成本——服装组　　10
　　贷：库存商品——服装组　　10

如果企业销售商品由营业员直接收款，不作销货记录，发生错收错付，平时不易察觉，只有到月末盘点商品后才能发现，这是造成月末库存商品盘点溢缺的一个原因，对此，应结合月末盘点一同处理。

（四）受托代销商品销售的核算

零售企业接受委托方的委托代销商品有两种方式：一是收取手续费代销；二是视同买断。代销方式不同，实行售价金额核算的企业，对代销商品的核算方法也不完全相同。

1. 收取手续费代销。以收取手续费方式代销商品，即受托方根据所代销的商品数量向委托方收取手续费，这对受托方来说实际上是一种劳务收入。这种代销方式与视同买断方式相比，主要特点是，受托方通常应按照委托方规定的价格销售，不得自行改变售价。在这种代销方式下，委托方应在受托方将商品销售后，并向委托方开具代销清单时，确认收入；受托方在商品销售后，按应收取的手续费确认收入。

企业应设置“受托代销商品”或“代理业务资产”、“受托代销商品款”或“代理业务负债”等科目核算代销商品增减情况。

“受托代销商品”科目核算企业接受其他单位委托代销的商品。该科目的借方登记收到的受托代销商品；贷方登记售出的受托代销商品；期末借方余额，反映企业受托代销商品的接收价或售价。其明细账应按委托单位设置。

“受托代销商品款”科目核算企业接受代销商品的价款。该科目的贷方登记收到受托代销商品的接收价；借方登记售出受托代销商品的接收价；期末贷方余额，反映企业尚未销售的接受代销商品的价款。其明细账应按委托单位设置。

收到代销商品的会计处理与采用视同买断方式代销商品的处理相同。售出受托代销商品后，按售价，借记“银行存款”科目，按增值税销项税额，贷记“应交税费——应交增值税（销项税额）”科目，按应付委托单位的款项，贷记“应付账款——×××委托代销单位”科目；按收到的专用发票上注明的增值税额，借记“应交税费——应交增值税（进项税额）”科目，贷记“应付账款——×××委托代销单位”科目；同时，按接收价，借记“受托代销商品款”科目，按售价，贷记“受托代销商品”科目，按接收价与售价的差额，借记“商品进销差价”科目；计算代销手续费等收入，借记“应付账款——××委托代销单位”科目，贷记“其他业务收入”科目；按支付给委托单位的代销款项，借记“应付账款——××委托代销单位”科目，贷记“银行存款”科目。

【例6-10】 崇光公司电器组接受温州电器厂委托代销家用电器一批，该批电器的接收价为16 000元，含税售价为20 000元，该企业按代销主营业务收入的6%收取手续费。

受托代销业务有关会计分录如下：

（1）收到代销商品

借：受托代销商品——温州电器厂	20 000	
贷：商品进销差价——电器组		4 000
受托代销商品款——温州电器厂		16 000

（2）代销商品售出，含税售价为20 000元，收取的增值税额为

2 906元。

借：银行存款　　20 000
　贷：应付账款——温州电器厂　　17 094
　　　应交税费——应交增值税（销项税额）　　2 906

同时：

借：受托代销商品款——温州电器厂　　16 000
　　商品进销差价——电器组　　4 000
　贷：受托代销商品——温州电器厂　　20 000

（3）向委托单位开出代销清单后，收到委托单位来的增值税专用发票。

借：应交税费——应交增值税（进项税额）　　2 906
　贷：应付账款——温州电器厂　　2 906

（4）计算代销手续费收入，同时与委托单位结算货款。

借：应付账款——温州电器厂　　20 000
　贷：其他业务收入　　1 026
　　　银行存款　　18 974

2. 视同买断方式代销商品的核算。视同买断方式代销商品，即由委托方和受托方签订协议，委托方按协议价收取所代销的货款，实际售价可由受托方自定，实际售价与协议价之间的差额归受托方所有。由于这种销售本质上仍是代销，委托方将商品交付给受托方时，商品所有权上的风险和报酬并未转移给受托方，因此，委托方在交付商品时不确认收入，受托方也不作购进商品处理。受托方将商品销售后，应按实际售价确认为销售收入，并向委托方开具代销清单。委托方收到代销清单时，再确认本企业的销售收入。

采用视同买断方式收到代销商品时，按售价，借记“委托代销商品”科目，按接收价，贷记“受托代销商品款”科目，按售价与接收价之间的差额，贷记“商品进销差价”科目。

售出受托代销商品后，按售价，借记“银行存款”、“应收账款”等科目，按实现的营业收入，贷记“主营业务收入”科目。

结转营业成本时，按售价，借记“主营业务成本”科目，贷记“受托代销商品”科目；同时，按接收价，借记“受托代销商品款”科目，按收到的专用发票上注明的增值税额，借记“应交税费——应交增值税（进项税额）”科目，按应付委托单位的款项，贷记“应付账款——××委托代销单位”科目。按支付给委托单位的代销款项，借记“应付账款——××委托代销单位”科目，贷记“银行存款”科目，月末计算结转代销商品的销项税额，借记“主营业务收入”科目，贷记“应交税费——应交增值税（销项税额）”科目，同时，应分摊已销代销商品的进销差价，借记“商品进销差价”科目，贷记“主营业务成本”科目。

【例6-11】承【例6-10】崇光公司电器组接受温州某电器厂委托代销家用电器，采用视同买断方式核算。其账务处理方法如下：

（1）收到代销商品，会计分录同上例。

（2）代销品售出：

借：银行存款　　20 000
　　贷：主营业务收入——电器组　　20 000

同时：

借：主营业务成本——电器组　　20 000
　　贷：受托代销商品——温州某电器厂　　20 000

借：受托代销商品款——温州某电器厂　　16 000
　　贷：应付账款——温州某电器厂　　16 000

（3）向委托单位开发代销清单后，收到委托方开来的增值税专用发票，发票中注明的增值税额为2 325元：

借：应交税费——应交增值税（进项税额）　　2 325
　　贷：应付账款——温州电器厂　　2 325

（4）与对方单位结算款项：

借：应付账款——温州某电器厂　　18 325
　　贷：银行存款　　18 325

（5）月末计算结转代销商品的销项税额，增值税税率为17%，并结转商品进销差价。

销项税额 = 20 000 ÷（1 + 17%）× 17% = 2 906（元）：

借：主营业务收入——电器组　　2 906
　　贷：应交税费——应交增值税（销项税额）　　2 906

借：商品进销差价——电器组　　4 000
　　贷：主营业务成本——电器组　　4 000

（五）分期收款销售的核算

分期收款销售是指商品已经交付货款分期收回的一种销售方式。在分期收款销售方式下，根据货款收回时间的长短，可分为非融资性质的分期收款销售和具有融资性质的分期收款销售。

1. 非融资性质的分期收款销售。其实质是赊销，符合收入确认的条件。其特点是：收款时间短，金额相对较少，风险较小，不考虑货币时间价值。发出分期收款商品时，按售价借记“应收账款”等科目，贷记“主营业务收入”科目；同时，借记“主营业务成本”科目，贷记“库存商品”科目；月末计算增值税销项税额时，借记“主营业务收入”科目，贷记，“应交税费——应交增值税（销项税额）”科目；结转商品进销差价时，借记“商品进销差价”科目，贷记，“主营业务成本”科目；分期收到货款时，借记“银行存款”、“库存现金”科目，贷记“应收账款”科目。

【例6-12】 崇光公司电器组20×1年1月5日采用分期付款方式向顾客王兰销售HP笔记本电脑一台，售价4 680元（含税），合同约定购买时付50%货款，余款分于2月末、3月末等额支付。该电脑的进价为3 000元（不含税），增值税税率17%。

编制如下会计分录：

（1）1月5日销售产品时：

借：应收账款——王兰　　2 340
　　银行存款　　2 340
　　贷：主营业务收入——电器组　　4 680

同时：

借：主营业务成本——电器组　　4 680
　　贷：库存商品——电器组——HP笔记本电脑　　4 680

（2）月末计算结转代销商品的销项税额，增值税税率为17%，并结转商品进销差价。

销项税额＝4 680÷（1＋17%）×17%＝680（元）：

借：主营业务收入——电器组　　680
　　贷：应交税费——应交增值税（销项税额）　　680

借：商品进销差价——电器组　　1 680
　　贷：主营业务成本——电器组　　1 680

（3）按合同规定第2月末、3月末收回货款时：

借：银行存款　　1 170
　　贷：应收账款——王兰　　1 170

2. 具有融资性质的分期收款销售。其特点是，销售商品的价值较大，如汽车、重型设备等，收款期限较长（通常为3年），收取货款的风险较大，延期收取的货款具有融资性质，其实质是企业向购货方提供信贷，企业应当按照应收的合同或协议价款的公允价值确定收入金额。应收的合同或协议价款的公允价值，通常应当按照其未来现金流量现值或商品销售价格计算确定。应收的合同或协议价款与其公允价值之间的差额应当在合同或协议期内，按照应收款项的摊余成本和实际利率计算确定的金额进行摊销，作为财务费用的抵减处理。由于会计实务中，零售企业采用分期付款销售方式销售价值较大的商品，其分期收款信贷一般由商业银行提供，企业在发出商品时，银行替购货方垫付货款，其后性质已转变为顾客与银行发生的消费贷款，与零售企业没有实质的融资行为。因此，具有融资性质的分期收款销售在我国零售企业很少发生。具体核算在此不再赘述。

（六）以旧换新销售的核算

目前，我国在国家相关政策的支持下，特别是家电类产品零售企业采用以旧换新方式销售商品越来越普遍，会计实务中，销售商品采用以旧换新方式的，销售的商品应当按照销售商品收入确认条件确认收入，回收的商品作为购进商品处理。

四、商品储存的核算

商品储存是商品流通的必要条件。零售企业为了保持商品流转的正常进行，必须要有一定数量的商品储备。在实行售价金额核算的零售商品储存，是以售价在“库存商品”科目中反映，商品进价与售价之间的差额，是在“商品进销差价”科目中进行核算的。现将有关影响储存商品变动的盘点、溢缺、调价及内部调拨等方面的核算加以说明。

（一）库存商品盘点溢余、短缺的核算

实行“售价金额核算”的零售商业，各营业柜组除了对经营的一些贵重商品和大件商品以及业务上需要掌握数量的商品各自设立商品数量收付备查簿外，一般商品是没有数量账的。财会部门有的虽设有“库存商品”明细账，并根据各实物负责小组报来的“商品进销存日报表”和有关凭证进行记载核对，但这只是账、单之间的核对。账实是否相符，必须通过实地盘点，进行核对后才能证实。因此，商品盘点，既是对商品物资管理的一项重要措施，又是会计核算工作的一项重要内容。通过商品盘点，核对账实是否相符，商品保管是否完善，商品结构和商品摆布是否合理，防止和揭发贪污盗窃等不法行为，都有其重要意义。所以说，商品盘点实际上是对商品物资管理的一项重要措施。

1. 商品盘点发生溢余的核算。造成零售商品发生溢余的原因很多，为及时反映库存商品增减变动情况，库存商品盘点发生溢余．在未查明原因前，应按溢余商品的含税售价，借记“库存商品”科目，按进货原价，贷记“待处理财产损溢”科目，并同时调整“商品进销差价’科目，待查明原因并经有关部门批准后，再从“待处理财产损溢”科目转入有关科目。

【例 6－13】 崇光公司百货组月末库存商品账面余额为 49 670 元，

盘点的库存商品金额为49 720元，商品溢余50元原因待查。上月百货组差价率为14%。

根据有关凭证编制如下会计分录：

（1）商品溢余：

借：库存商品——百货组　　50

　贷：商品进销差价——百货组　　7

　　待处理财产损溢——待处理流动资产损溢　　43

（2）上述溢余商品经批准作冲减管理费用处理：

借：待处理财产损溢——待处理流动资产损溢　　43

　贷：管理费用——商品损耗　　43

2. 商品盘点发生短缺的核算。零售商品盘点发生短缺，造成的原因有商品自然损耗、人为的少收多付、计算差错以及保管不善等。商品盘点发生短缺，在未查明原因前，应按短缺商品的进货原价，借记“待处理财产损溢”科目，按短缺商品的差价，借记“商品进销差价”科目，按短缺商品的含税售价，贷记“库存商品”科目。待查明原因决定处理办法后，再从“待处理财产损溢”科目转入有关科目。

【例6－14】 崇光公司食品组月末库存商品账面余额为8 570元，盘点的库存商品金额为8 390元，短少180元原因待查。上月食品组商品差价率为17%。

根据有关凭证编制如下会计分录：

借：待处理财产损溢——待处理流动资产损溢　　149.40

　商品进销差价——食品组　　30.60

　贷：库存商品——食品组　　180

上项短缺商品中有29.40元为定额内损耗，其余为营业员工作失职造成，决定向其索赔，这部分商品应负担的进项税额为20.40元。根据有关凭证编制如下会计分录：

借：管理费用——商品损耗　　29.4

　其他应收款——某营业员　　140.40

　贷：待处理财产损溢——待处理流动资产损溢　　149.40

　　应交税费——应交增值税（进项税额转出）　　20.40

（二）库存商品调价的核算

有时，企业需要根据市场供求关系的变化、商品质量状况等情况，对某些商品的含税售价进行调整。某种商品的含税售价变动时，需通过盘点查明商品的数量、计算商品调价金额，填制“变价商品差额调整单”，及时对“库存商品”和“商品进销差价”科目作相应的调整，以明确实物负责人的责任变动。

在调高商品含税售价时，按商品新含税售价与原含税售价的差额，借记“库存商品”科目，贷记“商品进销差价”科目；调低商品含税售价时，编制相反会计分录。

【例6－15】 崇光公司家电组经营的彩电调价，每台原含税售价1 420元，新含税售价1 380元，经盘点共有40台。

财会部门根据“变价商品差额调整单”编制如下分计分录：

借：商品进销差价——家电组　　　　1 600

　　贷：库存商品——家电组　　　　1 600

如上项商品调高含税售价，新含税售价为1 440元，则编制如下会计分录：

借：库存商品——家电组　　　　800

　　贷：商品进销差价——家电组　　　　800

（三）库存商品内部调拨的核算

库存商品内部调拨是指在一个独立核算企业内，各实物负责人间商品的转移。这种企业内部商品转移，并不引起企业商品资金总额变化，但为明确各实物负责人经济责任的变动，对库存商品内部调拨应进行相应的账务处理。发生商品内部调拨时，由调出或调入单位填制“商品内部调拨单”一式数联（表6－6），调入单位验收商品并签章后，“商品内部调拨单”分别留归调入和调出单位各两联，然后各将其中一联编制商品进销存日报表，附在该表后一并送交财会部门；财会部门将双方调拨凭证核对相符后，编制借记调入商品实物负责人和贷记调出商品实物负责人库存商品的会计分录、如果“商品进销差价”科目也按实物负责人分户，则应将调拨商品的进销差价同时转账。

【例6－16】 崇光公司百货组20×1年3月15日将洗衣粉一批调给朝阳路分销店，该批洗衣粉含税售价为180元，进价为130元，双方已办妥调拨手续。

财会部门根据转来的“商品内部调拨单”（见表6－5）编制如下会计分录：

表6－6　　　　商品调拨单

20×1年3月15日　　　　单位：元

付货方	百货组				收货方	朝阳路分销店	
编号	品名	数量（袋）	进价	金额	零售单价	金额	差额
略	洗衣粉	20	6.50	130	9	180	50
合计	—	20	6.50	130	9	180	50

调出部门负责人：王雪莲　　　　调入部门负责人：张超峰　　　　财务负责人：刘一同

(1) 付货方付出商品：

借：库存商品——朝阳路分销店　　180

　　贷：库存商品——百货组　　180

如果“商品进销差价”科目也按实物负责人分户，财会部门还应编制如下会计分录：

借：商品进销差价——百货组　　50

　　贷：商品进销差价——朝阳路分销店　　50

(2) 收货方收到商品，编制相反会计分录。

(四) 库存商品的明细分类核算

为加强库存商品的管理，及时掌握各实物负责人所经管商品的进销存的情况，需要对库存商品进行明细分类核算。实行售价金额核算的企业，对库存商品进行明细分类核算，一般有以下两种作法：

1. “库存商品”明细账是按实物负责人分别设户的，只登记按售价计算的商品进销存金额，不登记商品品名和数量。库存商品的明细账一般为“三栏式”，但也有的是采用把库存商品和商品进销差价结合起来的明细账。关于商品进销差价，如果是采用综合差价率计算的单位，“商品进销差价”、“主营业务收入”可不进行明细核算，如按大类（或柜组）差价率计算进销差价的单位，也要按照实物负责人开设以上明细分类账，单独进行核算。

2. 以“商品进销存日报表”代替“库存商品明细账”。这种作法是财会部门不单设“库存商品明细账”，而是将各实物负责人送来的一式两联“商品进销存日报表”中的一联，按实物负责人和日期先后顺序分别装订成册，或汇总成“商品进销存汇总表”代替“库存商品明细账”，将另一联签章后退还各实物负责人装订成册，作为该实物负责人的库存商品明细账。

五、主营业务成本的计算与结转

采用售价金额核算的企业已销商品成本的计算与结转是通过计算销售商品应分摊的进销差价（包括不含税的售价与进价之间的差额和应向购买者收取的增值税额），调整“主营业务成本”和“商品进销差价”科目余额进行的。已销商品应分摊进销差价计算正确与否，直接关系到企业期末库存商品价值是否真实，企业经营成果是否正确，因此它是一项细致而重要的工作，企业应根据经营管理特点和核算具体要求，选择适当的计算方法。目前计算已销商品分摊进销差价采用的方法主要有“综合差价率计算法”、“分类（或柜组）差价率计算法”，年终决算前，还要采用“盘点商品实际进销差价计算法”。

（一）综合差价率计算法

综合差价率计算法是根据月末调整前“商品进销差价”科目余额和“库存商品”、“受托代销商品”科目余额及本月商品销售额（含税）计算综合差价率，并按商品的存销比例，分摊商品进销差价的方法。其计算程序为：

1. 计算本月存销商品的综合差价率

综合差价率 = ［月末分摊前“商品进销差价”科目余额 ÷（月末“库存商品”科目余额 + 月末“受托代销商品”科目余额 + 本月商品销售额（含税）］ ×100%

2. 计算本月销售商品应分摊的进销差价

本月销售商品应分摊的进销差价 = 本月商品销售额（含税） ×综合差价率

3. 计算月末库存商品应保留的进销差价

月末库存商品应保留的进销差价 = 月末分摊前“商品进销差价”科目余额 - 本月销售商品应分摊的进销差价

【例6－17】 崇光公司20×1年3月末“商品进销差价”科目余额为248 788元，“库存商品”科目余额为566 500元，本月商品销售额（含税）为588 000元。

根据上述资料计算已销商品应分摊的进销差价如下：

综合差价率 =248 788 ÷ （566 500 +588 000） ×100% =21.54%

销售商品应分摊的进销差价 =588 000 ×21.54% =126 655（元）

为了方便记账，编制结转销售商品应分摊的进销差价的会计分录时，应先编制“已销商品进销差价计算表”（见表6－7）。

表6－7　　已销商品进销差价计算表

20×1年3月31日　　单位：元

月末商品进销差价科目余额	按售价计算的全部商品		商品进销差价		
	本月销售总额	月末库存商品金额	综合差价率	已销商品应摊金额	库存商品应摊金额
248 788	588 000	566 500	21.54%	126 655	122 133

财务负责人：刘一同　　制表人：王美娜

根据计算表编制结转已销商品实现进销差价的会计分录。会计分录的编制依据企业结转主营业务成本时间不同，有以下两种方法：

1. 平时按商品售价结转成本的企业，月终将计算出的本月应分摊已销商品实现的进销差价冲减多转销售成本和已实现差价，编制如下会计分录：

借：商品进销差价　　126 655

　贷：主营业务成本　　126 655

经过上述转账之后，“主营业务成本”科目余额即为已销商品进价成本，“商品进销差价”科目余额亦即期末库存商品包括受托代销商品的进销差价。

2. 平时不随商品销售结转成本企业（如经营书刊发行企业），月终应同时核销已销商品进销差价和结转成本，编制如下会计分录：

借：主营业务成本　　461 345

　　商品进销差价　　126 655

　贷：库存商品　　588 000

经过以上结转，将“主营业务成本”科目中的平时结转的含税售价成本调整成为不含税的实际成本；“商品进销差价”科目余额亦调整成为库存商品（包括不采用收取手续费方式代销的受托代销商品）应保留的进销差价。

综合差价率计算法比较简单，但由于不同类别商品进销差价率不同，有的甚至差别很大，这种综合计算的结果，就不能反映各类商品的差别，也影响已销商品应分摊进销差价和库存商品价值计算的精确性。

（二）分类（或柜组）差价率计算法

“分类（或柜组）差价率计算法”仍然是一种综合差价率计算法，只不过把综合计算的范围，按商品类别（或柜组）划小，计算分类（或柜组）差价率和已销售商品应分摊的进销差价。采用这种方法，“商品进销差价”、“库存商品”、“主营业务收入”和“主营业务成本”科目均应按商品大类或柜组分户设置明细账。

【例6－18】 承［例6－17］假定该企业设有四个营业柜组，20×1年3月31日末“商品进销差价”、“库存商品”科目有关明细账余额和各组本月商品销售额（含税）资料见表6－8。根据所列资料计算已销商品应分摊的进销差价见表6－9。

表 6－8　　　　商品进销差价表　　　　单位：元

组别	“商品进销差价”科目余额	“库存商品”科目余额	本月商品销售额（含税）
百货组	48 666	133 000	80 640
交电组	82 840	188 800	208 000
鞋帽组	43 520	139 420	75 200
服装组	73 762	105 280	224 160
合　计	248 788	566 500	588 000

表 6－9　　　　商品进销差价分摊计算表

20×1 年 3 月 31 日　　　　单位：元

组别	商品进销差价（分摊前）	按含税售价计算的全部商品		商品进销差价		
		月末“存商品”余额	本月商品销售额（含税）	差价率	已销商品应分摊差价	库存商品应保留差价
	（1）	（2）	（3）	$(4)=\frac{(1)}{(2)+(3)}\times 100\%$	（5）=（3）×（4）	（6）=（1）－（5）
货组	48 666	133 000	80 640	22.78%	18 369.80	30 296.20
电组	82 840	188 800	208 000	20.88%	43 430.40	39 409.60
帽组	43 520	139 420	75 200	20.28%	15 250.56	28 269.44
装组	73 762	105 280	224 160	22.39%	50 189.42	23 572.58
合计	248 788	566 500	588 000	—	127 240.18	121 547.82

财务负责人：刘一同　　　　制表人：王美娜

根据以上计算结果，编制如下会计分录：

借：商品进销差价——百货组　　18 369.80
　　　　　　　　——交电组　　43 430.40
　　　　　　　　——鞋帽组　　15 250.56
　　　　　　　　——服装组　　50 189.42
　贷：主营业务成本——百货组　　18 369.80
　　　　　　　　　——交电组　　43 430.40
　　　　　　　　　——鞋帽组　　15 250.56
　　　　　　　　　——服装组　　50 189.42

采用分类（或柜组）差价率计算法，计算的结果较综合差价率计算法准确，但由于同类（或柜组）商品不同品种的进销差价还可能不一致，存销比例也不尽相同，所以，仍与已销商品应分摊的实际进销差价有一定差距。为了真实反映库存商品和销售商品的进销差价，正确核算盈亏，年终应采用“盘点商品实际进销差价计算法”，对商品的进销差价进行一次核实调整。

（三）盘点商品实际进销差价计算法

“分类（或柜、组）差价率计算法”计算结果虽较综合差价率准确，但与实际比较仍有一定差距。为正确反映库存商品结存金额和已销商品的进销差价，正确核算盈亏，制度规定，凡采用售价核算企业，在年终决算前还应对商品的进销差价运用“盘点商品实际进销差价计算法”进行一次核实调整。盘点商品实际进销差价计算法是根据年末库存商品实际盘点结果计算出全部（或大类）商品应保留的实际进销差价，调整库存商品进销差价使其符合实际的方法。盘点商品实际进销差价计算法是根据年末库存商品实际盘点结果计算出全部（或大类）商品保留的实际进销差价，调整结存商品进销差价使其符合实际的方法。具体做法如下：

1. 根据年末各种商品的盘存数量和进货单价，逐一计算出各种商品的进价金额。

2. 加计各种商品进价金额计算各类或全部库存商品的进价金额。

3. 用库存商品总账或类目账的账面售价金额减去全部（或各类）结存商品的进价金额，求出全部或大类结存商品应保留的进销差价。

4. 以“商品进销差价”科目总账或明细账年终调整前账面的余额减去全部（或大类）结存商品应保留的进销差价，其差额即为应转账调整的全部（或大类）进销差价数额。如“商品进销差价”科目余额大于库存商品应保留的进销差价，说明平时少转了进销差价，应编制借“商品进销差价”和贷记“主营业务成本”科目的会计分录予以补转；反之说明平时多转了进销差价，应编制借记“主营业务成本”和贷记“商品进销差价”科目的会计分录予以转回。

【例 6－19】 崇光公司平时采用分类（柜组）差价率计算法计算已销商品应分摊的进销差价，年终盘点后根据“商品盘点表”计算库存商品应保留进销差价为 35 600 元，“商品进销差价”科目月末余额为 36 800 元，大于实际应保留的商品进销差价 1 200 元，说明平时少转了商品进销差价，多计了商品成本，应予调整。

编制如下会计分录：

借：商品进销差价　　　　1 200

　　贷：主营业务成本　　　　1 200

相反，如果核实的商品进销差价大于“商品进销差价”科目的余额，说明平时按差价率计算，分摊进销差价时，多转了进销差价少计主营业务成本，应作上述相反会计分录，予以调整。

例如，假定上例中的“商品进销差价”科目月末余额为35 000元，小于实际应保留的商品进销差价600元，说明平时多转了商品进销差价，少计了主营业务成本，应编制如下会计分录予以调整：

借：主营业务成本　　600
　　贷：商品进销差价　　600

应当指出，采用盘点商品实际进销差价计算法，使企业的商品销售成果及库存商品应保留的进销差价计算得较准确，但工作量比较繁重。在实际工作中，往往将12月份应结转的进销差价与年终盘点商品实际进销差价法结合进行。

六、图书发行企业商品购销的核算

（一）图书发行企业商品购进核算的特点

图书发行企业实行售价金额核算对购进图书商品均按图书码价核算和记账，“图书码价”是指图书定价的总和，也称图书售价，是由出版社根据国家规定的图书定价标准决定发行的定价（印在每本书的版权页和封底上）。在图书码价基础上，按一定比例享受的进货折扣部分属于商品进销差价，在“商品进销差价”科目核算；码价与折价的差额，即图书商品的实价。

【例6－20】　某新华书店由海洋出版社购进图书一批，码价为40 000元，出版社按码价的78%，收取货款，新华书店得到22%的进货折扣，实付价款31 200元以银行存款支付，图书已交书店自然科学柜组验收。

财会部门根据有关凭证编制如下会计分录：

借：在途物资——海洋出版社　　31 200
　　贷：银行存款　　31 200

同时：

借：库存商品——自然科学组　　40 000
　　贷：商品进销差价——自然科学组　　8 800
　　　　在途物资——海洋出版社　　31 200

（二）图书发行企业商品销售核算特点

图书发行企业销售的商品时效性很强。企业应根据商品这一特性，采取多种销售方式如以门市、流动供应、机关服务、邮寄代销和特约经销，及时地将商品销售出去。图书发行企业，销售商品的货款结算以现金直接交易为主，少数对机关、团体或企业的销售业务，可采用转账结算方式结算货款。

根据码价核算制的要求，商品销售时，按销售商品的码价（售价），借记“银行存款”科目，贷记“主营业务收入”科目。平时销售商品不直接冲减“库存商品”、“商品进销差价”和逐笔结转“主营业务成本”科目。日常“主营业务收入”科目贷方金额，包含着主营业务收入增加和库存商品减少的意义。月终，通过“固定折扣率法”或“账面折扣率法”计算主营业务成本并注销“库存商品”和已销商品的进销差价。

固定折扣率法是按销售图书的码价和规定的折扣率计算其销售成本的一种方法。

【例 6 - 21】 某图书发行企业本月销售图书码价 16 000 元，月末按固定折扣率 78% 计算主营业务成本。

主营业务成本 = 16 000 × 78% = 12 480（元）

已销商品进销差价 = 16 000 - 12 480 = 3 520（元）

月末根据计算结果，编制如下会计分录：

借：商品进销差价——某实物负责人　　3 520
　　主营业务成本——某实物负责人　　12 480
　　贷：库存商品——某实物负责人　　16 000

如果企业采用“账面折扣率”计算主营业务成本，要按照“商品进销差价”、“库存商品”两科目的期末余额之比确定折扣率。确定商品销售成本的计算公式为：

本期主营业务成本 = 本期销售总码价 ×（1 - 商品进销差价期末余额 ÷ 库存商品期末余额）

第三节　零售商品的数量售价金额核算

在专业性较高的零售企业，特别是经营贵重、大件商品的零售企业，只经营一类或几类商品，商品的品种较综合性零售企业要少得多，如销售珠宝、金银首饰的零售企业。因此这种零售企业，在商品销售过程中，需要填制销售凭证，在核算与管理上，不仅需要反映和控制商品的售价金额，还需要反映和控制商品的实物数量，根据这些特点，采用数量售价金额核算较为适宜。

一、数量售价金额核算法的内容

数量售价金额核算法既吸取了售价金额核算法的优点，又汲取了数量进价金额核算法的优点，具有比售价金额核算更广泛的内容。它除了需要建立实物负责制；库存商品按售价记账；设置“商品进销差价”账户；加强盘点等四个内容外，还需要按商品品名、规格、等级设置库存商品三级明细分类账，对库存商品实行数量和售价双重控制。

二、数量售价金额核算法的程序

（一）库存商品账户的设置

采用数量售价金额核算的企业，设置库存商品总账账户，以售价金额反映库存商品的数额。按商品类别设置库存商品类目账，采用数量金额式账页，分别反映各类库存商品的数量和售价金额，再按商品的品名、规格、等级设置库存商品明细分类账，也可采用数量金额式账页，分别反映各种不同规格商品的数量，并用售价反映商品的单价和金额。这样用库存商品逐级设账的方法，能更好地控制和管理商品进、销、存的数量和售价金额。为了便于查对账目，可以在库存商品明细分类账页上方注明商品的购进单价。

业务部门采取商品分管的办法，一般按商品类别划分营业柜组。营业柜组内的实物负责人，按商品的品名、规格、等级设置商品保管账，采用数量三栏式账页，登记商品的收入、发出和结存数量，并在账页上方注明销售单价和购进单价。这样便于实物负责人直接掌握和控制本类别内商品的数量，并根据商品保管账随时与实物进行核对，做到账实相符。

为了简化核算手续，财会部门的库存商品明细分类账也可以下放到业务部门，与商品保管账合在一起核算。

（二）商品购进和销售的核算

采用数量售价金额核算的零售企业，商品购进的一般业务程序与核算方法，基本上与售价金额核算相同，这里不再赘述。所不同的是，采用数量售价金额核算，还需根据进货凭证登记库存商品类目账、库存商品明细分类账及商品保管账。

商品销售的业务程序一般是：

(1) 填制销货凭证。由经手人填制销货凭证，销货凭证一式数联，其中发票联给消费者作为付款凭证，记账联作为企业的收款凭证，存根联由营业柜组留存备查。

(2) 收款。收款方式可以由营业员直接收款，也可以没收款台，由收款员集中收款。

(3) 解缴销货款。每天营业结束后，解缴销货款的手续基本上与售价金额核算相同。

(4) 编制“商品销售日报表”。各营业柜组还要根据记账联编制“商品销售日报表”，一式数联，实物负责人自留一联，以登记商品保管账，减少商品的结存数量；一联送交财会部门，经复核无误，据以入账。

如果“商品销售日报表”金额与柜组交款数额不符，则表示销货款发生了短缺或溢余。对于缺溢款应记入“待处理财产损溢”账户，然后根据会计分录和商品销售日报表分别登记库存商品总账账户及类目账和明细分类账，以减少库存商品的结存额。

采用数量售价金额核算的企业，在月末一般采用实际进销差价计算法来调整商品销售成本。有的企业为了简化核算手续，也可以平时采用分商品类别差价率推算法，月末采用实际进销差价计算法来进行调整，其计算方法与售价金额核算相同。

(三) 商品储存的核算

采用数量售价金额核算的企业，为了加强对商品的管理，对每一种商品，除了要求各实物负责人必须登记商品保管账外，其财会部门也设有相应的三级商品明细分类账，采取随销随转随结余额的方法，进行数量和金额的双重控制，做到各种商品均能随时盘点核实，随时提供各种商品进、销、存的资料。

月末各营业柜组要按照商品类别编制“商品进销存月报表”一式数联，营业柜组自留一联，另两联送交财会部门，财会部门复核无误后，据以编制“商品进销存月报汇总表”。

“商品进销存月报汇总表”一式数份，将商品进销存月报表作为其附件，装订成册。一份作为按实际进销差价计算调整商品销售成本的依据，由财会部门保存；另一份送交企业负责人。企业负责人能利用这些资料，全面掌握各商品类别及各种具体商品进、销、存的动态，及时了解市场信息，分析各种商品的销售趋势，积极地组织适销对路的商品投放市场，以满足消费者的需要。

三、数量售价金额核算法的优点

（一）与售价金额核算对比

从商品的计价方法来看，数量售价金额核算与售价金额核算是一致的，都采用售价。但售价金额核算，只能反映和控制商品的售价，不能反映和控制商品的数量，平时销货发生差错不易发现，一般要在定期盘点商品时，才能发现差错。由于不按商品品名、规格设置商品明细分类账，商品的短缺或溢余，特别是短缺，究竟发生在进货环节、销货环节，还是储存环节，往往难以分清。短缺商品的具体名称、规格、数量则更难以分清，有的甚至连商品短缺还是现金短缺也分不清。短缺的结果往往由营业柜组集体承担责任，容易助长吃“大锅饭”、责任心不强的现象。由于零售企业的销售收入主要是现金，因此，这些问题容易给经济犯罪分子有机可乘、造成企业财产的损失。

数量售价金额核算，既反映和控制了商品的售价，又反映和控制了商品的数量，能充分发挥会计的监督作用。采用这种方法，可以及时发现商品的缺溢，基本上能分清缺溢的环节，还能了解到缺溢商品的具体名称、数量和价格，能分清是现金缺溢还是商品缺溢，也就容易分析出缺溢的原因，明确事故的责任，增强企业职工的责任心。因而，采用数量售价金额核算的零售企业，其差错率一般要比采用售价金额核算的企业低。

（二）与数量进价金额核算对比

数量进价金额核算，反映和控制了商品的数量和进价；数量售价金额核算，反映和控制了商品的数量和售价。两种核算方法的共同点是都反映和控制了商品的数量，对商品的管理都很严密，较容易发现商品在数量上的缺溢。

然而，当销货发生差错时，如商品的货款多收或少收，或销货发票上大小数开错，销货日报表也跟发票一起发生差错。当复核环节疏忽时，采用数量进价金额核算的企业，在登记商品明细分类账时，因用进价反映，所以就不易觉察上述所发生的差错。在定期盘点商品时，也不能发现账实不符的现象，差错也就不易暴露。而采用数量售价金额核算的企业，在登记商品明细分类账时，因用售价反映，所以在单价不同时，就比较容易发现差错。即使疏忽了，到月末商品盘点时，库存商品类目账上的金额必然与该类别的实存金额不符，从而促使财会人员去复核与该类别商品有关的原始凭证，查明差错的原因。因此，数量售价金额核算比数量进价金额核算在销货款的管理上更为严密。

综上所述，数量售价金额核算，一方面具有售价金额核算的优点，可以控制商品的售价；另一方面又具有数量进价金额核算的优点，可以控制商品的数量，在账账之间、账实之间层层衔接、相互控制，起到了严密的监督作用，尤其对销货款的管理极为严密。

数量售价金额核算的缺点是工作量比较大，但随着计算工具的发展和核算要求的提高，在专业性的零售企业中，这种方法仍是一种较好的核算方法。

第四节　零售商品的进价金额核算

售价金额核算是零售企业的基本核算方法。但某些零售企业因其业务特点，不宜实行“售价金额核算”。如某些零售企业所经营的商品品质鲜嫩，季节性强，上市时间集中，容易腐烂变质，不易保管，损耗较大；这些商品购进之后，有的还要经过清选，加工和分等级后，按质论价销售；商品的销售价格要随商品的新鲜程度进行调整，价格变动比较频繁。又如，随着经济体制改革的不断深化，企业的经营管理权逐步扩大，商品的定价权限逐渐下放到柜组，商品售价处于经常变动之中。如果按照“售价金额核算”当企业商品价格进行调整时，就要进行实地盘点，计算应调整的商品进销差价，填报“变价商品差额调整单”并要进行账务处理，这就使商品核算极其繁琐，不仅会给经营管理和会计核算带来很多困难，而且延误时间影响销售商品质量，增加商品损耗，造成商品积压，影响企业的经济效益。为此，企业应根据经营商品性能、业务特点和管理要求而采用“进价金额核算法”。

进价金额核算法，是指对库存商品的总分类核算和明细分类核算都按进价金额记账而不实行数量核算的一种方法。

一、进价金额核算法库存商品的总分类核算

1. 商品购进后，按原进价总金额记入“库存商品”科目，同时按实物负责人分户设置明细分类账，该账只记金额，不计数量，不设“商品进销差价”科目。

2. 商品销售后，按销货收入贷记“主营业务收入”科目。平时不结转销售成本，售出的商品也不从“库存商品”科目内随时转出，而是分批或定期结转。

3. 商品价格变动，等级变化和一般损耗，财会部门不作账务处理。但发生事故损失时，应查明原因，按财产损失规定处理。

4. 月末或分批计算销售成本时，通过实地盘点，用最后一次进价计算库存商品总金额，倒挤销货成本，一次结转。

销货成本的计算公式如下：

本期销货成本 = 期初库存商品进价余额 + 本期进货进价总额 - 期末库存商品进价余额

计算出本期销货成本后，借记“主营业务成本”科目，贷记“库存商品”科目，将“主营业务收入”和“主营业务成本”科目相抵后的差额，就是本期已实现的进销差价。

二、进价金额核算法库存商品的明细核算

实行进价金额核算的企业，库存商品的明细核算一般有两种做法：一是按实物负责人分户设立库存商品明细账；二是财会部门不设置库存商品明细账，直接用“商品进销存日报表”代替库存商品明细账，控制实物负责人所负责的库存商品进价金额。由于平时商品销售后不按日结转主营业务成本，并注销实物负责人的库存商品金额，因此库存商品明细账平日结存金额不反映实物负责人所负责的商品金额，只有当结转主营业务成本后，库存商品明细账的金额，才反映实物负责人负责的库存商品的进价金额。

【例 6－22】 崇光公司蔬菜组，上月末“库存商品”科目进价余额为 435 元。本月份发生下列经济业务：

(1) 10 月 5 日进货按进价计算为 700 元，货款用银行存款付清，蔬菜已由小组验收并将“发货票”和“支票存根”随“商品进销存日报表”送来，经财会部门审核无误后，编制如下会计分录：

借：在途物资　　　　　　　　　　　　　　　　　700

　　贷：银行存款　　　　　　　　　　　　　　　　　700

借：库存商品——蔬菜组　　　　　　　　　　　　700

　　贷：在途物资　　　　　　　　　　　　　　　　　700

设本月份按进价计算进货总额为 11 700 元

（2）10 月 15 日销货收入为 800 元，货款已送存银行，银行送款簿（回单）随“商品进销存日报表”送来，经财会部门审核无误后，编制如下会计分录：

借：银行存款　　　　　　　　　　　　　　　　　800

　　贷：主营业务收入　　　　　　　　　　　　　　　800

设本月销货累计收入为 13 800 元。

（3）月末进行商品盘点，按最后一次进价计算库存商品余额为 648 元。

根据公式倒挤本月销货成本如下：

期初库存商品进价余额 435 元 + 本期进货进价总额 11 700 元 – 期末库存商品余额 648 元 = 本期销货成本 11 487 元。

财会部门根据商品盘点表和计算结果，结转销售成本：

借：主营业务成本——蔬菜组　　　　　　　　　11 487

　　贷：库存商品——蔬菜组　　　　　　　　　　　11 487

为考核蔬菜组本月份的经营情况，将主营业务收入 13 800 元和主营业务成本 11 487 元两科目反映的差额 2 313 元，即为本月份已实现的进销差价。

实行进价金核算的方法，手续比较简便，有利于商品及时销售。但它存在着手续不够严密的缺点，库存商品科目的余额与实际库存脱节；平时不能反映库存商品的真实情况，实物负责人对库存商品胸中无数，商品溢余短缺原因不易查明，性质不易划分，商品调价、削价、损耗等，平时又不作账务处理，给不法分子进行贪污盗窃以可乘之机，因此，要不断地改进核算手续。

第五节　零售商品的数量进价金额核算

对于某些经营品种较单纯的零售企业，如农副产品零售企业，为了能够全面反映各种商品的进、销、存的数量和金额，便于从数量和金额两个方面进行控制，满足业务部门开展销售业务，财务部门加强资金管理，保管部门明确责任和保护商品的安全，在能够取得各种销售商品品种数量金额凭证的前提下，可以采用数量进价金额核算法。

一、数量进价金额核算法的内容

1. 进价记账。会计部门对库存商品总账和明细账的进、销、存金额均按进价记载。

2. 按商品的品名、规格、等级和编号设置明细账。在库存商品总账控制下，按商品的品名、规格、等级和编号分户进行明细核算。库存商品明细账对每种库存商品的增减和结存情况，既反映金额又反映数量。如果企业经营的规模较大，同种库存商品存放地点不一，还可同时按商品存放的地点分户记载。

3. 采用适当方法随时或定期结转销售商品成本。商品销售成本即销售商品进价，企业可根据经营商品的不同特点和业务经营的不同需要，分别按照会计制度的规定方法，如个别计价法、加权平均法、移动平均法、先进先出法和后进先出法等计算商品销售成本，随时或定期对其予以结转。

二、商品购进、销售和结存的核算

（一）商品购进核算

零售企业购进商品无论采用何种结算方式或从何地进货，由于商品在空间上的移动和结算凭证的传递，致使支付货款和收到商品不可能都在同一时间进行，但基本上不外乎三种情况，即支付进货款同时验收商品；先支付进货款，后验收商品；先验收商品，后支付进货款。

1. 支付进货款同时验收商品。零售企业进货渠道大多为当地生产企业和个人，货款通常采用转账支票和商业汇票结算，财会部门将购货的专用发票审核无误后，根据专用发票列明的货款借记“库存商品”科目；根据列明的增值税额借记“应交税费——应交增值税（进项税额）”科目；根据列明的价税合计金额贷记“银行存款”或“应付票据”科目。购进商品支付的如运输费、包装费等相关费用，计入“销售费用”科目。

【例6－23】 崇光公司对贵重商品实行数量进价金额核算。20×1年3月向海南玉器厂购进玉手镯100只，收到增值税专用发票。专用发票上列明每只单价400元，货款40 000元；增值税额6 800元；价税合计46 800元。商场当即签发转账支票支付。商品已验收入库，编制如下会计分录：

借：库存商品——玉手镯　　40 000
　　应交税费——应交增值税（进项税额）　　6 800
　　贷：银行存款　　46 800

若以商业汇票结算时，则贷记“应付票据”科目。

2. 先支付进货款后收到商品的核算。企业在支付进货款后，即取得了商品的所有权，应作为商品购进。当企业根据专用发票、账单支付货款、增值税和有关费用时，应按商品进价，借记“在途物资”科目，根据专用发票上海明的增值税额，借记“应交税费——应交增值税（进项税额）”科目，按支付的有关费用，借记“销售费用”科目，按支付全部的款项，贷记“银行存款”科目。商品到达验收入库后，按商品进价，借记“库存商品”科目，贷记“在途物资”科目。

【例6－24】承【例6－23】 若该商场先支付进货款后收到商品，应编制如下会计分录：

（1）支付进货款：

借：在途物资　　40 000
　　应交税费——应交增值税（进项税额）　　6 800
　　贷：银行存款　　46 800

（2）收到商品：

借：库存商品——玉手镯　　40 000
　　贷：在途物资　　40 000

3. 先验收商品，后支付进货款。有时商品已验收入库，但结算凭证尚未从银行转来，由于货款尚未支付，因此在借记“库存商品”科目的同时，贷记“应付账款”科目。

【例6－25】承【例6－23】 若商场先收到玉手镯而货款尚未支付，应编制如下会计分录：

（1）收到商品：

借：库存商品——玉手镯　　40 000
　　应交税费——应交增值税（进项税额）　　6 800
　　贷：应付账款　　46 800

（2）支付货款：

借：应付账款——镇江自行车厂　　46 800
　　贷：银行存款　　46 800

实际工作中，为简化核算手续，在收到商品付款之前，平时可不进行账务处理，待付款后，再按照收到商品与付款在同一时间方式进行核算。

（二）进货退出的核算

进货退出是指商品购进验收入库后，因质量、品种、规格不符，再将商品退回原供货单位。企业发生进货退出业务时，由供货单位开出红字专用发票，然后由零售企业有关部门据以填制“进货退出单”发运商品，并通知财会部门进行进货退出核算。

【例6－26】 承【例6－23】 若崇光公司向海南玉器厂购进玉手镯100只，每只单价400元，货款已付讫。点验商品时，发现10只质量不符要求。经联系后，海南玉器厂同意退货。

（1）收到海南玉器厂退货的红字专用发票，开列退货款4 000元，退增值税额680元，编制会计分录如下：

借：应收账款——海南玉器厂　　4 680
　　贷：库存商品——玉手镯　　4 000
　　　　应交税费——应交增值税（进项税额）　　680

（2）收到对方交来转账支票，退来货款及增值税额4 680元，编制会计分录如下：

借：银行存款　　4 680
　　贷：应收账款——海南玉器厂　　4 680

（三）购进商品退补价的核算

有时，零售企业购进商品由于供货单位工作疏忽而发生单价开错或价格计算错误，需要调整商品价款，因此出现商品退补价情况。当发生商品退补价时，应由供货单位填制更正专用发票交给购货单位，经业务部门审核后，送交财会部门，确认无误后，据以进行退补价的核算。购进商品退、补价，不涉及商品实物数量的变动，只涉及商品价格多计或少计以及货款结算的多退少补。

1. 进货退价的核算。进货退价是指商品的实际进价低于原结算的进价，由供货方退还一部分货款给进货企业。进货退价业务，如在收到供方退价通知同时收回货款，则借记“银行存款”科目，贷记“库存商品”科目；如果只收到供货单位的退价通知，货款尚未收回，则借记“应收账款”科目，贷记“库存商品”科目。如果退价时，商品已经全部或部分售出，并已结转销售成本，还应相应冲减“主营业务成本”科目。进货退价涉及增值税的，还应调整“应交税费——应交增值税（进项税额）”科目。

【例 6－27】 承【例 6－23】 假定崇光公司向海南玉器厂购进的玉手镯货款已付，商品也已验收入库，后接到供货方通知，该批商品进价每只多计 50 元，同时退回多收的货款和增值税，并存入银行。

（1）如退价商品尚未售出，收到退回货款时，作如下会计分录：

借：银行存款　　5 850
　贷：库存商品——玉手镯　　5 000
　　应交税费——应交增值税（进项税额）　　850

（2）如果退价商品已全部售出，并已结转销售成本，则作如下会计分录：

借：银行存款　　5 850
　贷：主营业务成本　　5 000
　　应交税费——应交增值税（进项税额）　　850

2. 进货补价的核算。进货补价是指购进商品的实际进价大于原结算的进价，应由进货企业补付少付的价款。当进货企业接到供方发来补价通知并立即补付货款时，应借记“库存商品”、“应交税费——应交增值税（进项税额）”科目，贷记“银行存款”科目，如接到补价通知尚未付款，则借记“库存商品”、“应交税费——应交增值税（进项税额）”科目，贷记“应付账款”科目。

如果补价的商品已出售，并已结转销售成本，则应将售出商品的补价部分借记“主营业务成本”科目。

（四）商品销售的核算

零售企业经营贵重商品采用数量进价金额核算时，由于购货对象主要是个人消费者，销售商品一般都填制普通发票，增值税额不另行列出而包含在货款中。采用的结算方式主要有现金、转账支票和信用卡，每天营业结束，零售企业根据销货发票编制“销货日报表”，并根据收款情况编制“收款日报表”。然后将这两张报表连同销售商品所收取的款项、票证一并送交财会部门。

财会部门根据“收款日报表”中的现金、转账支票和信用卡结算的金额，分别借记“库存现金”、“银行存款”和“财务费用”等账户；根据“销货日报表”中的金额贷记“主营业务收入”账户。

【例 6－28】 崇光公司财务部收到金银首饰部交来“销货日报表”和“收款日报表”，列明商品销售收入为 56 000 元，其中现金结算为 16 000 元，信用卡结算为 40 000 元，信用卡结算的手续费率为 3‰，该单位为信用卡特约结算单位。信用卡结算凭证已解存银行。根据有关凭证，编制如下会计分录：

借：库存现金　　16 000
　　银行存款　　39 850
　　财务费用　　150
　贷：主营业务收入　　56 000

（五）零售商品销售成本的计算与结转

零售商品销售成本是指已销售商品的原进价（或实际采购成本）。商品销售成本的结转、是将已销售商品的进价（或实采购成本）从“库存商品”科目注销，转入“主营业务成本”科目，反映销售商品的支出，以便同“主营业务收入”科目的金额比较，确定销售成果，并反映库存商品的实际结存金额。正确结转商品销售成本的重要前提之一是选择适当的商品销售进价计算方法。根据《企业会计准则第 1 号——存货》的规定，零售企业确认与计量商品销售成本的方法有个别计价法、加权平均法、移动平均法和先进先出法等。下面举例说明采用数量进价金额核算时，商品销售成本计算与结转的方法。

【例 6－29】 某零售企业贵重商品实行数量进价金额核算。20×1 年 3 月份 A 商品的收入、发出及购进单价成本见表 6－10。

表 6－10　　A 商品的收入、发出及购进单价成本表

日　期	收　入			发　出			库　存		
	数量	单价	金额	数量	单价	金额	数量	单价	金额
3月1日							200	10	2 000
8 日	600	9.5	5 700				800		
12 日				400			400		
16 日	300	10.50	3 150				700		
27 日				200			500		
31 日				240			260		
合　计	900	—	8 850	840	—	—	260	—	—

根据表 6－10 资料，分别采用以下方法计算确定零售商品的销售成本。

1. 个别计价法，是指对商品逐一辨认，分别按各自购入或取得时的成本计价，以确定发出商品和结存商品的实际成本。例如该企业 3 月发出 840 件商品中，12 日发出的 400 件，有 100 件是上期结转下来的，有300件为8日购入的，27日发出的200件中为8日购进的；31日发出的240件16日购进的。

采用个别计价法计算发出商品成本（即销售成本）＝100×10＋300×9.5＋200×9.5＋240×10.5＝8 270（元）

期末结存商品成本＝100×10＋100×9.5＋60×10.5＝2 580（元）

根据计算结果，编制结转销售商品进价成本的会计分录：

借：主营业务成本　　　　8 270

　　贷：库存商品　　　　　　8 270

其他计价方法结转销售商品进价成本的会计分录同上（略）。

个别计价法是一种合理而准确的商品计价方法。但这种方法的前提是需要对发出商品和结存库存商品的批次进行具体认定，以辨别其所属的收入批次，所以计算工作量较大。

2. 加权平均法亦称“月末一次加权平均法”，是指以月初库存商品数量加上当月全部进货数量作为权数，去除当月全部进货成本加上月初库存商品成本，计算出库存商品的加权平均单位成本，以此为基础计算当月发出库存商品的成本和期末库存商品的成本的一种方法。其计算公式如下：

库存商品单位成本＝（月初库存商品的实际成本＋本月各批进货成本之和）÷（月初库存商品数量＋本月各批进货数量之和）

本月发出库存商品的成本＝本月发出库存商品的数量×库存商品单位成本

本月月末库存库存商品成本＝月末库存商品的数量×库存商品单位成本

或＝（月初库存商品的实际成本＋本月各批进货成本之和）－本月发出库存商品的成本

根据表6－10资料，采用加权平均法有关指标计算结果如下：

库存商品单位成本＝（2 000＋5 700＋3 150）÷（200＋600＋300）＝9.86（元）

本月发出库存商品的成本＝840×9.86＝8 282.40（元）

本月月末库存商品成本＝（2 000＋5 700＋3 150）－8 282.40＝2 567.60（元）

采用加权平均法，只在月末计算月份内发出库存商品和结存库存商品的成本，这样可以大大简化库存商品核算工作，但因平时不能确定发出库存商品成本和结存库存商品金额，会影响耗用库存商品成本的计算；也不便于随时取得库存商品储备占用情况的信息，并使该库存商品核算工作过于集中。另外，当市场库存商品价格上涨时，加权平均成本会小于现行成本，反之，当价格下降时，则会超过现行成本。

3. 移动加权平均法，是指每次收到库存商品后，立即根据库存商品总成本和总数量，计算出新的加权平均单位成本，作为对下次进货前计算各次发出库存商品单位成本的依据。这种方法的特点是如果月份内收入库存商品的单价变动一次，就得重新计算一次加权平均成本，发出库存商品时，按照变动后单价确定库存商品发出成本。计算库存商品平均单位成本的公式如下：

库存商品单位成本 =（原有库存商品的实际成本 + 本次进货的实际成本）÷（原有库存库存商品的数量 + 本次进货数量）

本次发出库存商品的成本 = 本次发出库存商品的数量 × 本次发出库存商品前库存商品的单位成本

本月月末库存商品成本 = 月末库存商品的数量 × 本月月末库存商品单位成本

根据表 6－10 资料，采用移动加权平均法计算发出库存商品的成本和库存结余商品成本的结果见表 6－11。

表 6－11　　A 种库存商品明细账（简式）

（按移动加权平均法计算）　　单位：件，元

日　期	收　入			发　出			库　存		
	数量	单价	金额	数量	单价	金额	数量	单价	金额
3月1日							200	10	2 000
8日	600	9.5	5 700				800	9.625	7 700
12日				400	9.625	3 850	400	9.625	3 850
16日	300	10.50	3 150				700	10	7 000
27日				200	10	2 000	500	10	500
31日				120	10	2 400	260	10	2 600
合　计	900	—	8 850	720	—	8 250	260	—	2 600

第一次购货后库存商品单位成本 =（2 000 + 5 700）÷（200 + 600）= 9.625（元）

第一次发出库存商品的成本 = 400 × 9.625 = 3 850（元）

第二次购货后库存商品单位成本 =（3 850 + 3 150）÷（400 + 300）= 10（元）

本月发出库存商品成本 = 3 850 + 2 000 + 2 400 = 8 250（元）

本月月末库存商品成本 = 260 × 10 = 2 600（元）

移动加权平均法，在每次发出库存商品前即可求出移动加权平均单价，弥补月末一次加权平均法的缺点，可以随时确定发出库存商品的实际成本和库存商品的价格。但如果月份内购进次数多、每次购进单价变

化小、采用这种计算方法的工作量较大。

4. 先进先出法，是指依据先购入的库存商品应先发出这样一种库存商品实物流动假设为前提，对发出库存商品进行计价的一种方法。采用这种方法，先购入的库存商品成本在后购入库存商品成本之前转出，据此确定发出库存商品和期末库存商品的成本。

根据表 6－10 资料，按先进先出法计算发出库存商品的成本和结存商品成本的结果见表 6－12。

表 6－12　**A 库存商品明细账**（简式）

（按先进先出法计算）

单位：件，元

日期	收入			发出			库存		
	数量	单价	金额	数量	单价	金额	数量	单价	金额
3月1日							200	10	2 000
8日	600	9.5	5 700				200 600	10 9.5	7 700
12日				200 200	10 9.5	3 900	400	9.5	3 800
16日	300	10.50	3 150				400 300	9.5 10.5	6 950
27日				200	9.5	1 900	200 300	9.5 10.5	5 050
31日				200 40	9.5 10.5	2 320	260	10.5	2 730
合计	900	—	8 850	840	—	8 070	260	—	2 730

先进先出法的优点是使企业不能随意挑选库存商品计价以调整当期利润，缺点是工作量比较繁琐，特别对于库存商品进出比较频繁的企业更是如此。而且当物价上涨时，会高估企业当期利润和库存库存商品价值；反之，会低估企业库存商品价值和当期利润。

第六节　零售企业加工商品和出租商品的核算

为了满足顾客的需要，提高服务质量，获取一定的市场份额，有时零售企业，如珠宝、金银首饰销售企业服装、销售企业等，需要根据顾客的需求加工某些商品，或出租某类商品。

一、加工商品的核算

加工商品分为委托加工和自行加工两种形式。委托加工商品是企业将库存商品作为原材料，委托其他企业加工，并按一定标准付给加工费，到期收回成品的业务。自行加工是企业所属有关部门组织人力和设备自行加工商品的业务。

（一）委托加工商品的核算

企业在商品进行委托加工前，必须与加工企业签订合同，订明加工商品的品种、规格、数量、原材料耗用定额、交货期限、加工费标准及结算方式等，作为双方执行的依据。

企业根据合同规定将商品作为原材料拨付加工时，应由业务部门填制“委托加工商品发料单”一式数联，通知仓库发货。

委托加工业务在会计处理上主要包括拨付加工商品、支付加工费用和税金、收回加工商品和剩余物资等几个环节。

企业应设置“委托加工物资”科目核算企业委托外单位加工的各种商品的实际成本。该科目借方登记企业发给外单位加工的物资或商品、支付的加工费及受托方代收代交的消费税；贷方登记加工完成验收入库的商品和剩余物资的实际成本；期末借方余额，反映企业委托外单位加工但尚未加工完成物资的实际成本和发出加工物资的运杂费等。其明细科目账应按加工合同和受托加工单位设置。

1. 拨付委托加工商品。企业发给外单位加工的商品，应将商品的实际成本由“库存商品”等科目转入“委托加工物资”科目，借记“委托加工物资”科目，贷记“库存商品”科目。

2. 支付加工费、增值税等。企业支付的加工费、应负担的运杂费、增值税等，借记“委托加工商品”、“应交税费——应交增值税（进项税额）”科目，贷记“银行存款”等科目。

3. 交纳的消费税。根据消费税有关规定，需要交纳消费税的委托加工物资，由受托方代收代交的消费税。委托加工的物资收回后直接用于销售的，委托方应将受托方代收代交的消费税计入委托加工物资的成本，借记“委托加工物资”科目，贷记“应付账款”、“银行存款”等科目。

4. 加工完成收回加工物资。加工完成验收入库的商品和剩余的物资核算方法，根据零售企业采用商品核算方法不同而有所不同：

采用售价金额核算的企业，按加工收回商品的售价，借记“库存商品”等科目，按实际成本与售价之间的差异，贷记“商品进销差价”科目，按加工收回物资的实际成本，贷记“委托加工商品”科目。

采用进价金额核算的企业，按加工收回物资的实际成本和剩余物资的实际成本，借记“库存商品”等科目；按加工收回物资的实际成本，贷记“委托加工物资”科目。

【例 6－30】 崇光公司实行售价金额核算法。该企业与儿童服装厂签订加工合同，委托加工童装 350 套，每套用面料 1.5 米，共计 525 米，每米进价 6 元，售价 7.20 元。

编制如下会计分录：

（1）拨付委托加工商品：

借：委托加工物资——儿童服装厂　　3 150
　　商品进销差价——布匹组　　630
　贷：库存商品——布匹组　　3 780

（2）按合同规定，每套服装支付加工费 5 元计 1 750 元，以银行存款付讫：

借：委托加工物资——儿童服装厂——童装　　1 750
　贷：银行存款　　1 750

（3）收回加工童装成品 350 套，应交纳有关加工税金 280.89 元：

借：委托加工物资——儿童服装厂——童装　　280.89
　贷：应交税费　　280.89

（4）计算收回加工童装成品的加工成本：

总成本：3 150 + 1 750 + 280.89 = 5 180.89（元）

单位成本：5 180.89 ÷ 350 = 14.80（元）

（5）每套童装售价 17 元，总售价 5 950 元，收回加工成品交服装组验收：

借：库存商品——服装组　　5 950
　贷：商品进销差价——服装组　　769.11
　　　委托加工物资——儿童服装厂——童装　　5 180.89

（二）自行加工商品的核算

零售企业自行加工商品业务，一般是由企业所属不独立核算单位进行的。自行加工物商品务所发生的支出可通过“库存商品——自行委托加工物资”科目核算，也可单独设置“委托加工物资”科目。发生的委托加工物资支出，如工资及其他加工费用等，能够确认由哪批委托加工物资负担的，直接记入该批委托加工物资的加工成本，借记“库存商品——委托加工物资”科目，贷记“应付职工薪酬”、“银行存款”等科目；不能够直接确认由哪些委托加工物资负担的混合费用，先记入“其他业务成本”科目，借记“其他业务成本”科目，贷记“应付职工薪酬”、“银行存款”等科目。期末，按一定的标准分配转账，属于某批委托加工物资应负担的部分，记入该批委托加工物资的成本，借记库存商品——委托加工物资”或“委托加工物资”科目，贷记“其他业务成本”科目。

二、出租商品的核算

出租商品业务是将商品出租，收取租金以取得租赁收入的业务。出租商品业务一般是零售企业的附带经营业务。企业出租商品时，应与承租企业或个人签订协议，或由承租人签字确认；若有必要还应签订合同，同时收取押金。收回出租商品时，企业要计收租金收入，同时退还押金。对收回的出租商品，业务人员应进行验收，若发现损坏，应由承租人赔偿。

（一）出租商品的核算

企业出租商品，其所有权并未转移。为正确反映出租商品情况，应设置“出租商品”科目核算租出商品的进货原价。出租商品业务不多的企业，出租商品可在“库存商品”科目核算，不设置“出租商品”科目。

企业的库存商品转作出租商品时，借记“出租商品”，贷记“库存商品”；库存商品按售价核算的企业，还应当同时结转商品进销差价。将库存商品转作出租商品时，按商品进价，借记“出租商品”科目；按出租商品售价，贷记“库存商品”科目；按出租商品售价与进价的差额借记“商品进销差价”科目。

【例 6－31】 某百货商场自行车组兼营自行车出租业务，本月由仓库拨出福山牌自行车 10 辆作为出租使用。该车每辆进价 245 元，零售价为 289 元。

财会部门根据“商品内部调拨单”等凭证，编制如下会计分录：

借：出租商品　　　　　　　　　　　　　　　　2 450

　　商品进销差价——自行车组　　　　　　　　　440

贷：库存商品——自行车组　　　　　　　　　　2 890

（二）收取押金的核算

出租商品收取押金时，借记“银行存款”科目，贷记“其他应付款”科目。

【例 6－32】承【例 6－31】根据租赁协议规定，每日押金 5 元，押金总额 500 元，收进存入银行。编制如下会计分录：

借：银行存款　　　　　　　　　　500

　　贷：其他应付款　　　　　　　　　　500

（三）计收出租商品租金的核算

企业出租商品，计收租金收入时，借记“银行存款”或“应收账款”科目，贷记“其他业务收入”科目。

（四）出租商品摊销的核算

将出租商品磨损的价值计入有关成本费用的过程，称为出租商品摊销。出租商品在使用过程中，因磨损价值不断减少。这部分出租商品摊销价值将从当期收入中得到补偿。

出租商品摊销时，借记“其他业务成本”科目，贷记“出租商品”科目。出租商品摊销额的计算方法可采用分期（次）摊销法。即按出租 商品的类别或品种，分别估计其使用期限（或次数）和预计残值，将其原进价与预计残值的差额分期（次）平均摊销的方法。

【例 6－33】承【例 6－31】出租的自行车按 5 个月进行分摊，每月应摊销额为 490 元（2 450 ÷ 5）。

编制如下会计分录：

借：其他业务成本　　　　　　　　　　490

　　贷：出租商品　　　　　　　　　　490

（五）出租商品出售的核算

根据企业经营的需要，可将出租商品售出，出售出租商品所取得的收入和应收取的增值税额，借记“银行存款”科目，按出售收入，贷记“其他业务收入”科目，按应收取的增值税额，贷记“应交税费——应交增值税（销项税额）”科目；核销已售出租商品的账面价值时，按已摊销数，借记“出租商品——出租商品摊销”科目，按账面原价，贷记“出租商品”科目。

第七节　零售企业库存商品的期末清查与计价

零售企业为了保证期末库存商品的完整，做到账实相符，向企业信息需求者提供真是可靠的会计信息，期末不但要做好库存商品的清查工作，更要做好库存商品的期末计价工作。

一、库存商品的清查

在零售企业，各种库存商品的品种繁多，收发频繁，由于库存商品日常收发、计量和计算上的误差，自然损耗和丢失、毁损等原因，往往会造成账实不符的现象，或者由于盲目采购，而使某些库存商品发生超储积压。为了查清上述原因，应定期或不定期地对库存商品进行盘点清查，保证库存商品的完整，做到账实相符。并对清盘过程中发现库存商品管理中的问题，应查明原因，迅速采取措施，及时处理。

（一）库存商品清查的步骤和方法

为保证库存商品清查的质量，充分发挥库存商品清查的作用，必须按照规定的步骤和方法，科学合理地组织清查工作。库存商品清查一般经过准备、实施、终结等阶段并采用恰当的清查方法。

1. 库存商品清查的准备阶段。这一阶段企业应成立由领导、专业干部和有关职工组成的清查小组，制定清查详细计划，安排工作进度，配备清查人员。财会部门要将库存商品有关账簿登记齐全，结出账面余额，便于核对。库存商品使用和保管部门应将被清查的库存商品堆放整齐，便于清点。清查人员还需准备好盘点清册和计量用具。

2. 库存商品清查的实施阶段。准备工作就绪，由清查人员根据各项库存商品的自然属性主要采取实地盘点法（即通过点数、过磅、量尺等方法）和技术推算法对库存商品数量与质量予以清查进行账实核对。

3. 库存商品清查的终结阶段。盘点结束，发现账实不符与霉烂变质的库存商品，应核实盈亏数量，查明原因，分清责任。根据盘点结果，编制“库存商品盘点报告表”将账实不符的各种库存商品记入表内，注明盘亏、盘盈的原因，提出处理意见，上报审批。

（二）盘点结果的账务处理

库存商品盘点结果的账务处理与零售企业售价金额核算法下，库存商品盘点溢余、短缺的核算一致，在此就不再赘述。

二、库存商品期末计价

为了客观地反映期末库存商品的实际价值，企业的库存商品应当按照成本与可变现净值孰低法计量。

成本与可变现净值孰低法，是指对期末库存商品按照成本与可变现净值两者之中较低者计价的一种方法。当成本低于可变现净值时，期末库存商品按成本计价；当可变现净值低于成本时，期末库存商品按可变现净值计价，同时按照成本高于可变现净值的差额计提存货跌价准备，计入当期损益。其中，“成本”是指期末库存商品的实际成本；而“可变现净值”是指企业在正常生产经营过程中，以库存商品的估计售价减去至完工估计将要发生的成本、估计的销售费用以及相关税费后的金额。

零售企业应当定期或者至少于每年年度终了，对库存商品进行全面清查，如由于库存商品遭受毁损、全部或部分陈旧过时或销售价格低于成本等原因，使库存商品可变现净值低于其成本的部分，应当提取库存商品跌价准备。

库存商品跌价准备应按单个库存商品项目的成本与可变现净值孰低计量。对于数量繁多、单价较低的库存商品，可以按库存商品类别合并计量成本与可变现净值。

当存在下列情况之一时，应当计提库存商品跌价准备：（1）该库存商品的市场价格大幅度下跌，并且在可预见的未来无回升的希望；（2）企业所提供的库存商品过时或消费者偏好改变而使市场的需求发生变化，导致市场价格逐渐下跌；（3）其他足以证明库存商品实质上已经发生减值的情形。

库存商品存在下列情形之一的，通常表明其可变现净值为零：

（1）已腐烂变质的库存商品；（2）已过期且无转让价值的库存商品；（3）生产中已不再需要，并且已无使用价值和转让价值的库存商品；（4）其他足以证明已无使用价值和转让价值的库存商品。

企业应设置“存货跌价准备”科目核算库存商品跌价准备的提取和冲回情况。该科目的贷方登记计提的库存商品跌价准备；借方登记冲销的库存商品跌价准备。期末贷方余额，反映企业已提取的库存商品跌价准备。

提取和补提库存商品跌价准备时，借记“资产减值损失——计提的存货跌价准备”科目，贷记“存货跌价准备”科目；如已计提跌价准备的库存商品的价值以后又得以恢复时，应按恢复增加的数额，借记“存货跌价准备”科目，贷记“资产减值损失——计提的存货跌价准备”科目。但是，当已计提跌价准备的库存商品的价值以后又得以恢复，其冲减的跌价准备金额，应以“存货跌价准备”科目的余额冲减至零为限。

【例6－34】 某零售企业采用“成本与可变现净值孰低法”进行期末库存商品计价。2006年年末库存商品的账面成本为50 000元，2006年至2009年可变现净值依次为47 500元、45 000元、48 500元和51 500元。

根据上述资料，各年年末账务处理方法如下：

（1）2006年年末计提库存商品跌价准备：

计提库存商品跌价准备＝50 000－47 500＝2 500（元）

借：资产减值损失——计提的存货跌价准备　　2 500
　　贷：存货跌价准备　　2 500

（2）2007年补提库存商品跌价准备：

补提库存商品跌价准备＝50 000－45 000－2 500＝2 500（元）

借：资产减值损失——计提的存货跌价准备　　2 500
　　贷：存货跌价准备　　2 500

（3）2008年冲减库存商品跌价损失准备：

冲减库存商品跌价损失准备＝50 000－48 500－5 000＝－3 500（元）

借：存货跌价准备　　3 500
　　贷：资产减值损失——计提的存货跌价准备　　3 500

（4）2009年年末将“存货跌价准备”科目余额冲减至为零：

借：存货跌价准备　　1 500
　　资产减值损失——计提的存货跌价准备　　1 500

第七章 7

零售企业非商品物资的核算

零售企业为了保证商品经营的正常进行，除保持一定数量的商品储备外，必须具备必要的固定资产以及其他一些设备和用品，如用于商品包装的包装物、商品经营过程中所耗用的低值易耗品等周转材料以及材料物资等。它们是企业经营管理不可缺少的物质条件，对于保护商品的安全完整，降低商品损耗、提高服务质量以及改善职工劳动条件等方面都发挥着重要的作用。那么，这些非商品物资是如何核算的呢？下面我们就一一道来。

第一节　零售企业材料物资、包装物和低值易耗品的核算

零售企业的材料物资、包装物以及低值易耗品统称为非商品存货，非商品存货核算正确与否直接影响到企业的资产价值和成本费用，下面分别说明材料物资、包装物以及低值易耗品的具体核算。

一、材料物资的核算

（一）材料物资的核算范围

材料物资是用于企业业务经营、设备维修、劳动保护、办公等方面的材料用品，如保管商品用的药剂、维修用的零配件、劳动保护用的服装鞋帽以及办公用品用具。这些材料用品一经领用随即消耗，成为企业的费用支出；有些物品虽使用年限较长，但单价较低，为简化核算，也于领用时作为费用处理。

企业应设置“材料物资”科目或设置“库存商品——材料物资”科目核算企业库存材料物资的实际成本。该科目的借方登记企业增加的材料物资；贷方登记减少的材料物资时；借方余额反映材料物资结存额。其明细账按材料物资的类别、品种、规格等设置。

（二）材料物资收进的核算

材料物资收进主要有购进、从废弃包装物、低值易耗品中作价转入等。

购进材料物资原则上按实际成本（包括进价和运杂费）计价入账。若购进材料物资品种繁多，发生运杂费等共同性支出数额不大，而且也不易划分，可将其直接计入销售费用。

【例7-1】 崇光公司根据批准计划购进维修用油毡30卷，计2 350元，价款以转账支票付讫。另以现金支付运杂费50元。

编制如下会计分录：

借：材料物资——油毡　　2 400

　　贷：库存现金　　50

　　　　银行存款　　2 350

如果购进材料物资经验后直接领用，可不通过“材料物资”科目，而根据领用材料物资的用途直接以“销售费用”、“管理费用”等科目列支。

【例7-2】 承【例7-1】 该企业购进的油毡直接交某维修工程使用。

编制如下会计分录：

借：管理费用　　2 400

　　贷：库存现金　　50

银行存款　2 350

从废弃包装物、低值易耗品中作价入账的废旧材料，也需记入“材料物资”科目。

【例7-3】 崇光公司期末清点包装物，经批准报废旧铁桶15个，账面净值75元，估价残值25元，转入材料物资。

编制如下会计分录：

借：材料物资——废旧材料　25
　　销售费用——包装费　50
　　贷：周转材料——包装物——铁桶　75

（三）材料物资领用的核算

企业因业务经营或维修需要领用材料物资时，应按规定办理领料手续，填制领料单，经批准后，向保管部门领取。保管部门将“领料单”及其附件定期或不定期地送交财会部门据以入账。

【例7-4】 企业各部门领用材料物资如下：仓库领用药剂400元；修缮部门领用木材900元；工程部门领用水泥1 500元。

编制如下会计分录：

借：销售费用　400
　　管理费用——修理费　900
　　在建工程——××工程　1 500
　　贷：材料物资　2 800

（四）材料物资出售的核算

企业多余或不用的材料物资经批准可对外出售。由于出售材料物资不是企业经营的主要业务，因此，其出售收入与销售成本，分别通过“其他业务收入”和“其他业务成本”科目。

【例7-5】 崇光公司将多余或不用的材料物资经批准可对外出售，出售收入3 000元，应收取的增值税510元，该物资进价成本2 460元。价款及税款已收到存入银行。

编制如下会计分录：

（1）出售：

借：银行存款　3 510
　　贷：其他业务收入　3 000
　　　　应交税费——应交增值税（销项税额）　510

（2）结转成本：

借：其他业务成本　　　　　　　　　　　　　　2 460
　　贷：材料物资——×材料物资　　　　　　　　　　2 460

二、包装物的核算

（一）包装物的核算范围

包装物是指为了包装本企业商品而储备的各种包装容器。包括：专为储备商品不随商品流转而转移的酒坛、油罐、糖缸等；专供包扎商品而一次耗用的纸绳、纸袋、纸盒等；随商品购销多次反复周转使用的如麻袋、油桶、木箱等。

为了统一包装物的核算内容，按照规定属于包装物管理与核算范围的必须是随商品流转多次周转使用的自有包装物，包括：①用于包装商品作为商品组成部分的包装物；②随同商品出售而不单独计价的包装物；③随同商品出售而单独计价的包装物；④出租或出借给购买单位使用的包装物。对于各种一次消耗性的包装材料，如纸、绳、铁丝、铁皮等，应作为材料物资核算；用于储存和保管商品而不对外出售的包装物，应按价值大小和使用年限长短，分别在“固定资产”或“周转材料——低值易耗品”科目核算。单独列作企业商品的自制包装物，应作为库存商品处理。

企业应设置“周转材料——包装物”科目核算包装物增减变动情况。该科目的借方登记购进、盘盈等原因增加的包装物；贷方登记领用、出售、摊销、报废、盘亏等原因减少的包装物；期末借方余额，反映企业库存未用包装物的实际成本。其明细账应按包装物的种类设置。

（二）包装物收进的核算

零售企业收进包装物有购进、腾空、自制加工和回收等形式。

1. 包装物购进的核算。企业购进包装物，分为单独购进和随货购进两种方式，随货购进又有单独计价和不单独之分。现分别说明其核算方法：

（1）单独购进包装的核算。单独购进的包装物，应按实际成本计价入账，其实际成本包括进价和运杂费等。如果运杂费额较小，或难按品种划分，可在“销售费用”科目列支。

【例7－6】　崇光公司购进包装用铁桶50个，计3 000元，支付进项税额510元，发生运杂费50元。铁桶已由仓库验收，其价税款及运杂费以银行存款支付。

编制如下会计分录：

借：周转材料——包装物——铁桶　　3 050
　　应交税费——应交增值税（进项税额）　　510
　　贷：银行存款　　3 560

（2）随货购进包装物的核算。随货购进包装物分为单独计价和不单独计价两种情况：

随货购进单独作价包装物，应根据销货单位“发货票”所列的商品价格、包装物成本分别入账。对购进商品和包装物所发生的运杂费，若不易划分归属，可将其作为销售费用列账。

【例7-7】 崇光公司购进商品一批计30 000元，随货购进木箱10个，计500元应支付进项税额5 185元，发生运杂费100元，其中准予扣除的进项税额为45元。商品及包装物一并验收入库，价税及运费以支票付清。

编制如下会计分录：

借：在途物资——××单位——××类商品　　30 000
　　周转材料——包装物——木箱　　500
　　应交税费——应交增值税（进项税额）　　5 230
　　销售费用——进货运杂费　　55
　　贷：银行存款　　35 785

同时，作转账的会计分录如下：

借：库存商品——××商品　　30 000
　　贷：在途物资——××单位——××类商品　　30 000

随货购进不单独作价的包装物，其价款已包含在商品进价中，包装不单独核算，而在“库存商品”科目中反映，如果这些包装在销售商品时不随货出售，待腾空后应分别不同情况处理：凡仍可继续作为包装物使用的，按估价入账，借记：“周转材料——包装物”科目，贷记“其他业务收入”科目；凡不能继续使用，但可改作其他用途（如修理用材料）时，按估价金额，借记“材料物资”科目，贷记“其他业务收入”科目；凡不能使用准备报废出售的，可暂在备查簿中登记，待出售后作其他业务收入处理。

2. 包装物回收的核算。包装物的回收有两种情况，一是企业自行回收复用，其核算方法与包装物单独购进相同；不再举例说明；二是代其他单位回收包装物，回收的包装物不作包装物购进处理。回收时所垫付的价款，以“其他应收款”科目反映，收取的回收手续费作“其他业务收入”处理。

【例7-8】 崇光公司代制糖厂回收糖袋150条，每条回收价3元，计450元，价款以现金付讫。

编制如下会计分录：

借：其他应收款——某制糖厂　　450

　　贷：库存现金　　450

代其他单位回收的包装物，虽不属于本企业所有，也不作为包装物核算，但为了保护包装物的安全，应将其记入备查簿所以在回收糖袋时，应按其价值。借记“代管商品物资——糖袋450”。

将回收的糖袋送交制糖厂，收到糖袋回收款及手续费（假定按回收款5%计算）时，编制如下会计分录：

借：银行存款　　472.50

　　贷：其他业务收入——手续费收入　　22.50

　　　　其他应收款——某制糖厂　　450

同时，将代管商品物资表外科目核销，贷记“代管商品物资——糖袋450”。

（三）包装物发出的核算

包装物发出，有领用、出售等方式。

1. 包装物领用的核算。对领用的包装物应区别下列情况分别处理：随商品出售不单独计价的包装物，在领用时，借记“销售费用——包装费”科目，贷记“周转材料——包装物”科目；随同商品出售单独计价的包装物，在领用时，借记“其他业务成本”科目，贷记“周转材料——包装物”科目；周转用包装物，在领用时，作为移库转户处理，即由“周转材料——包装物——在库包装物”转入“周转材料——包装物——在用包装物”科目；对一经领用即消耗掉的包装物，在领用时，借记“销售费用——包装费”科目，贷记”周转材料——包装物”科目。

2. 包装物出售的核算。包装物出售有单独出售和随货出售两种：

（1）单独出售。零售企业对经营过程中闲置或多余的包装物，为了避免资金积压，经批准，可以单独出售。出售包装物，属于企业的附营业务，其收入通过“其他业务收入”科目核算；而其销售成本则记入“其他业务成本”科目。

【例7-9】 崇光公司经批准出售多余包装物一批，账面净值为500元，取得包装物收入560元，应收增值税95.20元，所收价税款当即存入银行。

根据有关凭证，编制如下会计分录：

借：银行存款　　655.20

贷：其他业务收入——出售包装物　　　　560
　　应交税费——应交增值税（销项税额）　　　　95.20

同时，结转包装物的成本：

借：其他业务成本——出售包装物成本　　　　500
　贷：周转材料——包装物　　　　500

（2）随货出售。包装物随货出售有单独计价和不单独计价两种情况。单独计价随货出售的包装物应在发货票上分别列示商品、包装物的价格以及应收取的增值税，一并向购货的单位进行结算。

【例 7－10】 崇光公司出售商品一批，售价 30 000 元，随货出售包装物的账面净值 420 元，售价为 450 元，应收取的增值税为 5 176.5 元，价税款已向银行办妥托收手续。

根据有关凭证，编制如下会计分录：

借：应收账款——某购货单位　　　　35 626.50
　贷：主营业务收入——××商品类　　　　30 000
　　其他业务收入——出售包装物收入　　　　450
　　应交税费——应交增值税（销项税额）
　　　　5 176.50［（30 000＋450）×17%］

结转包装物成本时，编制如下会计分录：

借：其他业务成本——出售包装物成本　　　　420
　贷：周转材料——包装物（库存）　　　　420

随货出售的包装物如果不单独计价，因其价值已含在商品价值中，故其在出售时，不作账务处理；若随货出售不单独计价的包装物，是从企业库存包装物中发出的，则应在出库时，按其成本，借记“销售费用”科目，贷记“周转材料——包装物”科目。

（四）包装物摊销的核算

包装物在不断周转使用过程中，因磨损而逐渐减少其价值，将这部分减少的价值采用一定的方法计算摊入销售费用，即为包装物摊销。摊销数额计算正确与否，不仅影响包装物的实存数额，也关系到费用是否真实，进而影响当期损益。因此，应根据包装物的具体使用情况，采用适当的摊销方法，计算包装物摊销额。根据《企业会计准则 1 号——存货》的规定企业应当采用一次转销法或五五摊销法对包装物进行摊销，计入相关资产的成本或当期损益。

1. 一次摊销法，是指包装物在领用时就将其全部价值直接计入本期的有关成本费用的摊销方法。在一次摊销法下，由于领用时包装物的价值就从账面上一次性注销，因此，在包装物价值较高时不利于均衡各期的成本费用；与此同时，只要包装物没有报废，就仍有使用价值，但该资产已在账面上注销，这样就会出现账外资产，造成账实不符，不便于进行实务控制和管理。该方法适用于价值量小，使用期限短各期领用比较均衡的包装物核算。

2. 五五摊销法又称五成摊销法。采用该方法，包装物在领用时摊销其价值的一半；在报废时再摊销其价值的一半。在这种方法下，为了反映在用包装物的价值和包装物的摊余价值，应设置“周转材料——包装物（在库）”、“周转材料——包装物（在用）”、“周转材料——包装物（出租或出借）”和“周转材料——包装物（摊销）”等明细科目。这种方法最大的优点是领用的包装物均保留在账面上，便于通过账簿进行实物控制，有利于确保包装物的安全与完整。但是由于五五摊销法分别于领用和报废时摊销其价值的50%，企业成本费用负担不均衡的问题依然存在。此外，包装物的价值是随着实物损失逐渐转移到成本费用中去的，等到报废时，早已没有50%的价值。这样会造成虚增企业资产，也将导致账实不符。

包装物的一次摊销法和五五摊销法的具体核算将结合包装物租借的核算详细说明。

（五）包装物租借的核算

1. 包装物租入、借入的核算。企业向其他单位租入、借入包装物，因包装物所有权不属企业，故不在“周转材料——包装物”科目核算，而采用代管财产的办法记入备查簿。记载时，应按租出、借入单位分户登记租、借包装物的品名和数量，归还后进行注销。

为了保证及时返还和承担妥善保管的经济责任，租入包装物时，一般要交付一定的押金，其押金具有存出保证金性质，归还包装物即可收回，应在“其他应收款——存出保证金”科目中核算。支付租金或折损费，在“销售费用——包装费”中列支。

【例7－11】 崇光公司购进商品一批，同时租入包装箱30只，支付押金800元，支付租金234元，其中增值税34元；以转账支票付讫。

有关会计分录如下：

（1）支付押金：

借：其他应收款——存出保证金　　800

　　贷：银行存款　　800

同时，将包装物记入“代管商品物资”备查簿

（2）支付租金：

借：销售费用——包装费　　200

应交税费——应交增值税（进项税额）　34
贷：银行存款　234

（3）租赁期满归还包装物，并收回押金存入银行：

借：银行存款　800
贷：其他应收款——存出保证金　800

同时，将代管商品物资备查簿中此笔包装物予以注销。

2. 包装物出租、出借的核算。企业出租、出借包装物时按规定应收取出租、出借包装物押金时，借记“银行存款”等科目，贷记“其他应付款——存入保证金”科目。收回出租、出借包装物，退回包装物押金时，借记“其他应付款——存入保证金”科目，贷记“银行存款”等科目。

出租包装物是企业一项非基本经营业务，在包装物出租期间，企业应按规定收取租金，作为企业一项业务收入，记入“其他业务收入”科目。收取出租包装物租金时，借记“银行存款”或“库存现金”科目，贷记“其他业务收入”科目。

摊销出租出借包装物时，可以采用一次摊销法或五五摊销法。

（1）一次摊销法。出租、出借包装物采用一次摊销法，领用时，根据包装物的出库凭证，按其实际成本分别借记“其他业务成本”、“销售费用”科目，贷记“周转材料——包装物”科目。

（2）五五摊销法。出租、出借包装物采用五五摊销法，领用时，根据包装物的出库凭证，按其实际成本借记“周转材料——包装物（出租或出借）”科目，贷记“周转材料——包装物（在库）”科目；当月末应按出租、出借包装物实际成本的50%进行摊销，即借记“其他业务成本”科目（出租）或“销售费用”科目（出借），贷记“周转材料——包装物（摊销）”科目。

【例7-12】 崇光公司向某个体户销售一批商品，商品的售价为4 000元，随商品出租一批新包装物，包装物的实际成本500元，收取押金600元，收到全部款项共计4 600元，已存入银行。

企业应编制如下会计分录：

（1）发出包装物时：

借：周转材料——包装物（出租）　500
贷：周转材料——包装物（在库）　500

（2）收到货款和押金时：

借：银行存款　4 600
贷：主营业务收入　4 000
其他应付款——存入保证金　600

（3）月末，按出租包装物实际成本50%摊销时：

借：其他业务成本　　250
　　贷：周转材料——包装物（摊销）　　250

（4）企业收回出租包装物，假定应收取租金 50 元，从押金中扣除，其余退还给客户，则企业应编制的会计分录为：

借：周转材料——包装物（在库）　　500
　　贷：周转材料——包装物（出租）　　500

同时：

借：其他应付款——存入保证金　　600
　　贷：银行存款　　550
　　　　其他业务收入　　50

（六）包装物修理和报废的核算

1. 包装物修理的核算。包装物在使用过程中如发现损坏，应及时修理，以便继续发挥其使用效能，修理包装物使用的材料以及修理人员的薪酬应计入销售费用或其他业务成本。

【例 7-13】 崇光公司修理一批出租包装物，领用修理材料 150 元，以现金支付修理工薪酬 50 元；修理一批出借包装物，领用修理材料 120 元，以现金支付修理工薪酬 30 元。

应编制的会计分录为：

借：其他业务成本　　200
　　销售费用　　150
　　贷：材料物资　　270
　　　　库存现金　　80

2. 包装物报废的核算。企业对不能继续使用的包装物，应按规定手续申请报废。报废时，由保管部门填制“包装物报废单”填列报废包装物的品名、规格、数量、报废原因、日期以及估计残值等。经批准后，财会部门据以进行注销包装物的账务处理。报废的包装物如有残料，应估价入账，记入“材料物资”科目。包装物的摊余价值减去残料后的差额，即报废包装物的摊销额。出租包装物摊销额应记入“其他业务成本”科目，出借包装的摊销额应记入“销售费用”科目，如果采用五五摊销法，报废时还应注销出租、出借包装物的摊余价值。即借记“周转材料——包装物（摊销）”科目，贷记“周转材料——包装物（出租或出借）”科目。

【例 7-14】 崇光公司将一批出借的包装物报废，包装物实际成本为 1 600 元，已摊销 800 元，报废时残料估价为 40 元。

企业应编制的会计分录为：

(1) 将残料价值估计入账时:

借:材料物资　　40

　　贷:周转材料——包装物(出借)　　40

(2) 报废时摊销包装物成本50%时:

借:销售费用　　760

　　贷:周转材料——包装物(摊销)　　760

同时,将出借包装物的摊销额冲销:

借:周转材料——包装物(摊销)　　1 560

　　贷:周转材料——包装物(出借)　　1 560

三、低值易耗品的核算

(一) 低值易耗品的核算范围

低值易耗品是指单位价值在规定的标准范围,使用年限较短的用具和设备,如柜台、货架、办公桌、仪表、简易设备和玻璃器皿等。为了便于管理,有些物品虽然单位价值较高,使用年限较长,也作为低值易耗品,如苫布、磅秤、各种非机动车辆等。这些物品在有些制度中列表指名作为低值易耗品管理。此外,用于储存和保管商品的包装物,凡符合低值易耗品标准的,也作为低值易耗品管理与核算。

企业应设置"周转材料——低值易耗品"科目核算低值易耗品的实际成本和在用低值易耗品的价值损耗。该科目的借方登记购进、盘盈等原因增加的低值易耗品;贷方登记因摊销、出售、废弃、盘亏等原因减少的低值易耗品;期末借方余额,反映企业库存未用低值易耗品的实际成本。其明细账应按低值易耗品的类别、品种规格设置,并对其数量进行核算。

采用五五摊销法核算低值易耗品的企业,还应设置"周转材料——低值易耗品(在库)"、"周转材料——低值易耗品(在用)"、"周转材料——低值易耗品(摊销)"三个明细科目。

(二) 低值易耗品购进和领用的核算

购进低值易耗品应按购进的实际成本入账,即按购进原价、运杂费和包装费作为低值易耗品的入账价格。若一次购进多种低值易耗品而发生的共同费用数额较小,又不易划分,可将其费用支出不计入低值易耗品的实际成本,而以"销售费用"列支。

【例 7－15】 崇光公司购进低值易耗品 1 560 元，以转账支票付讫；另以现金支付运杂费 80 元。

编制如下会计分录：

借：周转材料——低值易耗品　　1 640
　　贷：银行存款　　1 560
　　　　库存现金　　80

（三）低值易耗品摊销的核算

低值易耗品在企业业务经营过程中，由于不断使用而发生磨损，其价值也随之逐渐减少。这部分减少的价值，应摊入费用，作为商品流通费的组成部分。将低值易耗品因磨损而减少的价值计入企业费用，称为低值易耗品摊销。企业应根据低值易耗品的使用情况，分别计算其摊销额，并在“管理费用”科目下设置“低值易耗品摊销”明细账进行核算。

低值易耗品的摊销方法主要有“一次摊销法”和“五五摊销法”。企业可结合低值易耗品的特点及管理要求，选用适当的摊销方法。

1. 一次摊销法。一次摊销法是在低值易耗品领用时，将其全部价值计入当期成本费用的一种方法。

【例 7－16】 崇光公司购进工作服 10 套，每套 80 元，价款以银行存款支付，所购工作服交付使用，按一次摊销法进行摊销。

编制如下会计分录：

借：周转材料——低值易耗品　　800
　　贷：银行存款　　800

同时：

借：销售费用　　800
　　贷：周转材料——低值易耗品　　800

采用一次摊销法最简便，但不利于实物管理。一般适用于价值低、使用期短的低值易耗品。

2. 五五摊销法。五五摊销法，又称五成摊销法是指将低值易耗品的价值分两次平均摊销，低值易耗品领用时，摊销其价值的 50%，剩余 50% 的价值在低值易耗品报废时再予以摊销。

【例 7－17】 某零售商场购进柜台一批，价值 3 600 元，经验收后交付使用，价款以转账支票付讫。领用时采用五五摊销法摊销。

有关会计分录如下：

（1）购进时，会计分录（略）。

（2）领用时，在有关明细科目中转账：

借：周转材料——低值易耗品（在用）　　3 600

贷：周转材料——低值易耗品（在库）　　3 600

（3）领用的同时（或月份终了）摊销当月领用低值易耗品价值的50%：

借：销售费用　　1 800

贷：周转材料——低值易耗品（摊销）　　1 800

五五摊销法简便易行，且在低值易耗品报废前账面始终保留50%价值，有利于加强对低值易耗品的管理。这种方法适用于低值易耗品品种较多且各期领用报废数额也较均衡的企业。

（四）低值易耗品出售的核算

为了充分提高低值易耗品的使用效率，加速资金的周转，对于企业闲置不用的低值易耗品可作价出售。其核算方法与出售包装物的核算方法相同。

【例7-18】崇光公司将闲置不用的柜台2个作价600元出售。售价款存入银行。柜台账面原值720元已作五成摊销。

编制如下会计分录：

（1）收到柜台售价款存入银行：

借：银行存款　　600

贷：其他业务收入——低值易耗品出售　　600

（2）注销柜台净值：

借：其他业务成本——低值易耗品出售　　360

周转材料——低值易耗品（摊销）　　360

贷：周转材料——低值易耗品（在用）　　720

（五）低值易耗品的修理与废弃的核算

为了延长低值易耗品的使用寿命，充分发挥其效能，应对低值易耗品及时行维修保养。为修理低值易耗品而发生的开支，以“销售费用——修理费”科目列支。

低值易耗品由于磨损而失去使用价值时，应按规定办理报废手续。报废时，财会部门应区别不同摊销方法，分别进行账务处理。

1. 采用一次摊销法摊销低值易耗品的企业，于报废时，该项低值易耗品如有残值，应作为低值易耗品摊销额的减少，冲减销售费用，借记“材料物资”科目，贷记“销售费用——低值易耗品摊销”科目。

2. 采用五五摊销法摊销低值易耗品的企业，于报废时，按收回的残料价值，借记“材料物资”等科目，贷记“周转材料——低值易耗品（在用）”科目；按低值易耗品实际成本的50%减少残料价值后的差额，作为报废低值易耗品的摊销额，借记“销售费用——低值易耗品摊销”科目；同时，将报废低值易耗品的实际成本减去残料价值后的差额与已提摊销相对冲，借记“周转材料——低值易耗品（摊销）”科目，贷记“周转材料——低值易耗品（在用）”科目。

【例7－19】 崇光公司领用低值易耗品一批，实际成本为1 500元，领用时按五五摊销法已摊其成本50%。领用的低值易耗品因不能继续使用，经批准报废，报废时，预计残值100元。

编制如下会计分录：

（1）借：材料物资——废旧物资	100	
贷：周转材料——低值易耗品（在用）		100
（2）借：销售费用——低值易耗品摊销	650	
贷：周转材料——低值易耗品（摊销）		650
（3）借：周转材料——低值易耗品（摊销）	1 400	
贷：周转材料——低值易耗品（在用）		1 400

（六）低值易耗品盘点的核算

低值易耗品应经常进行实的盘点，以保证账实相符，及时发现管理工作中存在的问题。在盘点过程中发现低值易耗品溢余或短缺，应及时进行账务处理。其账务处理方法与库存商品盘盈、盘亏的账务处理方法相同。

第二节　零售企业交易性金融资产的核算

交易性金融资产是指企业为了近期内出售而持有的金融资产。比如，为了充分利用闲置资金，以赚取差价为目的从二级市场购入的股票、债券、基金等。

一、交易性金融资产的核算原则

核算交易性金融资产时应遵循下列核算原则：

1. 交易性金融资产应当按照取得时的公允价值入账。公允价值是指在公平交易中，熟悉情况的交易双方自愿进行资产交换或者债务清偿的金额。

2. 交易性金融资产持有期间实现的现金股利或利息，应记入投资收益；但取得时已经记入应收股利或应收利息的现金股利和利息除外。

3. 在资产负债表日，应按当日各项交易性金融资产的公允价值对其账面价值进行调整。

4. 处置（出售或到期收回等）交易性金融资产时，交易性金融资产的账面价值与实际取得的收入的差额，确认为当期投资损益。

5. 各种交易性金融资产应按其种类和品种，分别“成本”和“公允价值变动”设置明细科目进行明细核算。

二、交易性金融资产的核算

为了反映和监督零售企业交易性金融资产的增减变动情况，企业应设置“交易性金融资产”科目，该科目借方登记企业发生的各种交易性金融资产；贷方登记各种交易性金融资产的收回或转让；期末余额在借方，反映现有交易性金融资产的实际余额。该科目按股票、债券、基金等投资种类，并按其种类和品种，分别“成本”和“公允价值变动”设置明细科目进行明细核算。设置明细科目。

零售企业取得交易性金融资产时，按其公允价值借记“交易性金融资产——成本”科目，按发生的交易费用，借记“投资收益”科目，如取得时包含着已宣告但尚未支付的现金股利或已到期尚未支付的利息，应单独核算，借记“应收股利”或“应收利息”科目；按实际支付的金额贷记“银行存款”或“其他货币资金——存出投资款”等科目。

零售企业在交易性金融资产持有期间被投资单位宣告发放的现金股利，或在资产负债表日按分期付息、一次还本债券投资的票面利率计算的利息，借记“应收股利”或“应收利息”科目；贷记“投资收益”科目。

零售企业资产负债表日，应将交易性金融资产的公允价值与其账余额进行比较，若公允价值高于其账余额，按其差额，借记“交易性金融资产——公允价值变动”科目，贷记“公允价值变动损益”科目；若公允价值低于其账余额，按其差额，借记“公允价值变动损益”科目，贷记“交易性金融资产——公允价值变动”科目。“公允价值变动损益”科目转入“本年利润”科目后无余额。

零售企业处置（出售或到期收回等）交易性金融资产时，按实际收到的金额，借记“银行存款”、“其他货币资金——存出投资款”等科目；按该金融资产的账面余额，贷记“交易性金融资产”科目。同时，将原计入该金融资产公允价值变动转出，借记或贷记“公允价值变动损益”科目，借记或贷记“投资收益”科目。

【例7-20】 崇光公司2007年12月5日从证券市场购入，彭远公司流通在外的普通股10 000股，每股购入价格10.8元，另支付手续费1 500元，并不准备长期持有。2007年年底，因彭远公司股票价格下跌至每股10元。2009年1月10日，崇光公司因急需资金，全部出售购入的彭远公司股票，每股出售价格为9.6元。

根据有关凭证编制如下会计分录：

(1) 2007年12月6日购入股票时：

借：交易性金融资产——彭远股票（成本） 108 000
　　投资收益 1 500
　　贷：银行存款 109 500

(2) 2007年底股票价格下跌时：

借：公允价值变动损益 8 000
　　贷：交易性金融资产——彭远股票（公允价值变动） 8 000

(3) 2007年底假设无其他调整，则崇光公司应：

借：本年利润 8 000
　　贷：公允价值变动损益 8 000

(4) 2009年1月10日出售股票时：

借：银行存款 96 000
　　交易性金融资产——彭远股票（公允价值变动） 8 000
　　投资收益 4 000
　　贷：交易性金融资产——彭远股票（成本） 108 000

同时：

借：公允价值变动损益 8 000
　　贷：投资收益 8 000

第三节 零售企业持有至到期投资的核算

持有至到期投资，是指零售企业购入的到期日固定、回收金额固定或可确定，且企业有明确意图和能力持有至到期的各种债券投资，包括从二级市场上购入的固定利率国债、浮动利率公司债券等。

一、持有至到期投资的特征及分类

作为持有至到期投资应同时具备以下特征：

第一，企业投资的对象应该是具有固定到期日，且回收金额固定或可确定债券。如果企业购入的债券是以公允价值计量或无明确到期日，则不能确认为持有至到期投资。

第二，企业应有明确意图和能力将该项投资持有至到期。企业因持有意图或能力发生改变，应当将其重分类为可出售金融资产核算。

第三，持有至到期投资通常具有长期性质，但期限较短（一年以内）的债券投资，符合持有至到期投资条件的，也可将其划分为持有至到期投资。

零售企业购入的持有至到期投资的债券，按其还本付息方式不同，一般可分为三类：

1. 到期一次还本付息；
2. 到期还本、分期付息；
3. 分期还本付息。

其中，我国发行和流通的债券主要以前两种还本付息方式为主。

零售企业为了反映各项持有至到期投资的取得、收益、出售等业务，应设置“持有至到期投资”科目，并可按持有至到期投资的类别和品种，分别设置“成本”、“利息调整”、“应计利息”等进行明细核算。

二、持有至到期投资初始投资成本的确定

零售企业取得的持有至到期投资，应按实际支付的全部价款（包括手续费、佣金等交易费用）减去已到付息期但尚未领取的债券利息，作为初始投资成本入账。取得债券时实际支付的价款中含有的已到付息期，但尚未领取的债券利息，应作为应收项目单独核算。

零售企业购入债券时，应按照购入债券的面值，借记“持有至到期投资——成本”科目；按照已到付息期但尚未领取的债券利息，借记“应收利息”科目或“持有至到期投资——应计利息”科目；按照实际支付的全部价款，贷记“其他货币资金——存出投资款”、“其他

货币资金——存出投资款”等科目；其差额为债券的溢折价，应借记或贷记“持有至到期投资——利息调整”科目。

【例 7－21】 崇光公司在 2007 年 1 月 1 日购进华北电力股份公司于当日发行的面值为 600 000 元的两年期债券，该债券票面利率为 5%，到期一次还本付息，共支付价款 600 000 元，未发生交易费用。假设企业每年末计提一次债券利息。

根据有关凭证公司编制会计分录如下：

借：持有至到期投资——成本（华北电力债券） 600 000
　贷：其他货币资金——存出投资款 600 000

【例 7－22】 崇光公司在 2007 年 1 月 9 日购进远东股份公司于 20×6年 1 月 1 日发行的面值为 400 000 元的三年期债券，该债券票面利率为 6%，到期一次还本付息。共支付价款 428 000 元。假设企业每年末计提一次债券利息。

根据有关凭证公司编制会计分录如下：

借：持有至到期投资——成本（远东债券） 400 000
　　　　　　　　——应计利息（远东债券） 24 000
　　　　　　　　——利息调整（远东债券） 4 000
　贷：其他货币资金——存出投资款 428 000

要说明的是：本例中零售企业支付的全部价款含有的已到付息期，但尚未领取的债券一年利息，即 400 000×6% =24 000 元，作为应收项目单独核算。

如果购入的债券为分期付息的，则应将支付的已到付息期但尚未领取的债券利息登记在“应收利息”科目。

【例 7－23】 崇光公司在 2007 年 1 月 1 日购进东方股份公司当日发行的面值为 300 000 元的三年期债券。该债券票面利率为 4%，每年年初支付一次利息，到期一次还本。以其他货币资金——存出投资款支付债券买价 291 800 元，未发生交易费用。假设企业每年末计提一次债券利息。

根据有关凭证编制会计分录如下：

借：持有至到期投资——成本（东方债券） 300 000
　贷：持有至到期投资——利息调整（东方债券） 8 200
　　　其他货币资金——存出投资款 291 800

三、持有至到期投资的利息收益核算

利息收益是持有至到期投资的投资收益的主要来源。根据《企业会计准则第22号——金融工具确认和计量》的规定，持有至到期投资在持有期间应当按照摊余成本和实际利率计算确认利息收入，计入投资收益。摊余成本是指初始投资成本在调整了应计利息和溢折价摊销以后的余额。

由于零售企业购入债券的具体情况不同，其核算内容也存在差异。

（一）按面值购入的债券

零售企业按面值购入债券，说明债券的票面利率等于金融市场利率。在不存在交易费用或其金额较小时，由于债券的有效期相对较短，此时债券的实际利率与票面利率差别较小，可以按票面利率计算利息收入确认投资收益。

零售企业于每期期末按照债券面值和票面利率计算当期利息，借记“持有至到期投资——应计利息”科目或“应收利息”科目，贷记“投资收益”科目。

【例7－24】承【例7－21】 崇光公司分别在2007年12月31日和2008年12月31日，根据债券面值和票面利率计算持有该债券的应计利息30 000元（600 000×5%）。

根据有关凭证编制如下会计分录：

借：持有至到期投资——应计利息（华北电力债券）　　30 000

　　贷：投资收益　　30 000

（二）溢价或折价购入的债券

零售企业溢价或折价购入债券时，各期按票面利息率计算的利息并不是真正的投资收益。企业支付的高于债券面值的金额（溢价金额）实质上是为了在日后多获取利息而给予债券发行者的利息返还，而低于债券面值的金额（折价金额）实质上是为了在日后少获取利息而提前收取的利息补偿。因此，只有在各期按票面利息率计算的利息基础上调整了溢价或折价后的金额，才是真正的投资收益。

零售企业应根据购入债券的不同还本付息方式计算实际利率，并据以确定各期投资收益。

1. 到期一次还本付息债券。零售企业如果购入的债券是到期一次还本付息，说明企业在债券到期前将无法收到任何一笔资金。此时，采用实际利率法确认各期投资收益时，应以债券到期时的面值与票面利息之和作为终值，以债券的初始投资成本作为现值，计算该债券的实际利率，并应按照各期摊余成本和实际利率计算确认投资收益。

【例7－25】 承【例7－22】 崇光公司计算该债券的实际利率，具体计算如下（假定计算结果保留整数位）：

债券的到期值＝400 000＋400 000×6%×3＝472 000（元）

债券的初始投资成本＝428 000（元）

假设债券的实际利率为i，则472 000＝428 000×$(1+i)^2$，故，债券的实际利率＝0.050145

①2007年12月31日确认本期投资收益时：

2007年投资收益＝428 000×5.0145%＝21 462（元）

2007年票面利息＝400 000×6%＝24 000（元）

债券溢价摊销额＝24 000－21 462＝2 538（元）

债券摊余成本＝428 000＋24 000－2 538＝449 462（元）

编制会计分录：

借：持有至到期投资——应计利息（远东债券）　　24 000
　　贷：持有至到期投资——利息调整（远东债券）　　2 539
　　　　投资收益　　21 462

②2008年12月31日确认本期投资收益时：

2008年投资收益＝449 462×5.0145%＝22 538（元）

2008年票面利息＝400 000×6%＝24 000（元）

债券溢价摊销额＝24 000－22 538＝1 462（元）

债券摊余成本＝449 462＋24 000－1 462＝472 000（元）

编制会计分录：

借：持有至到期投资——应计利息（远东债券）　　24 000
　　贷：持有至到期投资——利息调整（远东债券）　　1 462
　　　　投资收益　　22 538

零售企业折价购入的到期一次性还本付息的债券，各期投资收益的核算与上例基本相同。

2. 到期还本、分期付息债券。零售企业如果购入的债券是到期还本、分期付息，说明企业可以在债券持有期内分期收回债券的各期票面利息，而债券面值仍需在到期时才能获取。此时，债券实际利率的计算方法与到期一次还本付息债券实际利率计算存在差异。

【例7－26】 承【例7－23】 崇光公司计算该债券的实际利率，具体操作如下（假定计算结果保留两位小数）：

假设债券的实际利率为i，则该债券的各期票面利息、面值与初始投资成的关系表现为：

291 800＝300 000×$(1+i)^{-3}$＋150 000×4%×$\{[1-(1+i)^{-3}]/i\}$，故，

债券的实际利率近似值=0.05

该债券各期投资收益、折价摊销以及会计分录如表7-1所示。

表7-1　　债券折价摊销表（实际利率法）　　单位：元

计息日期	票面利息	折价摊销	投资收益	持有至到期投资摊余成本
	借：应收利息	借：持有至到期投资——利息调整	贷：投资收益	
	①=300 000×4%	②=③-①	③=④×5%	④=上期摊余成本+②
2007/01/01				291 800
2007/12/31	12 000	2 590	14 590	294 390
2008/12/31	12 000	2 719.50	14 719.50	297 109.50
2009/12/31	12 000	2 890.50（注）	14 890.50	300 000
合计	36 000	8 200	44 200	—

（注：含计算尾差。）

企业溢价购入的到期一次性还本付息的债券，各期投资收益的核算与上例基本相同，只不过在溢价摊销过程中持有至到期投资摊余成本应该是逐期递减的。

分期还本付息的债券在我国较为少见，本教材就不对其作具体介绍了。

四、持有至到期投资的到期兑现和处置的核算

持有至到期投资的到期兑现是指零售企业购入的一次还本债券到期时收回本金（和利息）的过程。在债券到期时，一般溢折价金额已经摊销完毕，“持有至到期投资”科目的账面余额应为面值与应计利息之和。此时，按照收回的债券面值计利息金额，借记“其他货币资金——存出投资款”科目，贷记“持有至到期投资”科目。

【例7-27】承【例7-25】 崇光公司2010年1月1日收回本息时，编制会计分录如下：

借：其他货币资金——存出投资款　　472 000
　　贷：持有至到期投资——成本（远东债券）　　400 000
　　　　　　　　　　　——应计利息（远东债券）　　72 000

【例7-28】承【例7-23】 崇光公司2010年1月1日收到长城债券本金时，编制会计分录如下：

借：其他货币资金——存出投资款　　300 000
　　贷：持有至到期投资——成本（东方债券）　　300 000

如果企业直接将持有至到期投资对外出售，应按实际收到金额，借记“其他货币资金——存出投资款”等科目，按其账面余额，贷记“持有至到期投资”科目，按其差额，贷记或借记“投资收益”科目。

五、持有至到期投资的减值

零售企业应当在资产负债表日对持有至到期投资的账面价值进行检查，有客观证据表明该金融资产预计未来的现金流量将有较明显下降，并能可靠计量时，应当将该资产的账面价值减记至预计未来的现金流量现值，按应减记的金额，借记“资产减值损失”科目，贷记“持有至到期投资减值准备”科目。预计未来现金流量现值应当按照初始确认该金融资产是计算的实际利率折现确定，也可采用合同规定的现行实际利率作为折现率。

已计提减值准备的持有至到期投资，如有客观证据表明其价值已恢复，且客观上与确认该损失后发生的事项有关，原确认的减值损失应当予以转回，作上述相反会计分录。但是，该转回后的账面价值不应当超过假定不计提准备情况下该资产在转回日的摊余成本。

第四节　零售企业长期股权投资的核算

长期股权投资是指通过出各种资产取得被投资企业股权且不准备随时出售的投资，其主要目的是为了本单位长远利益而实施的一种权益性投资行为。

一、长期股权投资的概述

长期股权投资包括企业持有的对其子公司、合营企业及联营企业的权益性投资以及企业持有的对投资单位不具有控制、共同控制或重大影响，且在活跃市场中没有报价、公允价值不能可靠计量的权益性投资。

（1）控制，是指有权决定一个企业的财务和经营政策，并能够据以从该企业的经营活动中获取利益。企业能够对被投资单位实施控制的，被投资单位为本企业的子公司。

（2）共同控制，是指按照合同约定对某项经济活动所共有的控制，仅在与该项经济活动相关的重要财务和经营决策需要分享控制权的投资方一致同意时存在。企业与其他方对被投资单位实施共同控制的，被投资单位为本企业的合营企业。

（3）重大影响，是指对一个企业的财务和经营决策有参与决策的权利，但并不能够控制或者与其他方一起共同控制这些政策的制定。企业能够对被投资单位施加重大影响的，被投资单位为本企业的联营企业。

二、长期股权投资的核算方法

长期股权投资在持有期间内的核算方法有两种：成本法和权益法。

（一）长期股权投资采用成本法核算的适用范围

1. 企业能够对被投资单位实施控制时。即被投资单位为企业的子公司。

企业对其子公司的长期股权投资应采用成本法核算，编制合并报表时应按照权益法进行调整。

2. 企业对投资单位不具有控制、共同控制或重大影响，且在活跃市场中没有报价、公允价值不能可靠计量的长期股权投资。

（二）长期股权投资采用权益法核算的适用范围

企业对投资单位具有共同控制或重大影响时，长期股权投资应采用权益法核算。即企业对其合营企业和联营企业的长期股权投资。

为了核算企业的长期股权投资，企业应设置“长期股权投资”、“投资收益”、“长期股权投资减值准备”等科目。

为了反映和监督企业持有的采用成本法和权益法核算长期股权投资的增减变动情况，企业应设置“长期股权投资”科目。“长期股权投资”科目借方登记长期股权投资取得时的成本以及采用权益法核算时按被投资单位实现的净利润等计算的应分享的份额，贷方登记收回长期股权投资的价值或采用权益法核算时被投资单位宣告分派现金股利或利润时企业按持股比例计算应享有的份额，及按被投资单位发生的净亏损等计算的应分担的份额，期末借方余额，表示企业持有的长期股权投资的价值。

三、长期股权投资的成本法核算

（一）初始投资成本的确定

企业除合并形成的长期股权投资外，以现金方式取得的长期股权投资，应按实际支付的价款作为初始投资成本。实际支付的价款中包含的已宣告但尚未发放的现金股利或利润，应作为应收项目处理，不构成长期股权投资的初始投资成本。企业为取得长期股权投资所发生的直接相关费用、税金以及其他必要的支出也应计入长期股权投资的初始投资成本。

（二）长期股权投资的取得

企业除合并形成的长期股权投资外，以现金、非现金资产等方式取得的长期股权投资，应按取得时的初始投资成本，借记“长期股权投资”科目，贷记“银行存款”或“其他货币资金”科目。实际支付的价款中包含的已宣告但尚未发放的现金股利或利润，借记“应收股利”科目，贷记“长期股权投资”科目。

【例 7-29】 崇光公司 2007 年 9 月 1 日以货币资金购买鲁南制药公司已发行的股票 50 000 股准备长期持有，从而拥有鲁南制药公司 5%的股份。该股票每股单价为 14 元，另支付相关税费 10 000 元。

计算初始投资成本：

股票成交金额	700 000（50 000×14）
加：相关税费	10 000
	710 000

崇光公司应编制如下会计分录：

借：长期股权投资　　　　710 000

　　贷：银行存款　　　　　　710 000

【例 7-30】 崇光公司 2007 年 1 月 10 日以货币资金购入了天地置业公司的股票 100 000 股作为长期投资，占该公司已发行股份的 10%，每股买入价为 20 元，每股价格中包含有 0.4 元的已宣告分派的现金股利，另支付有关税费 14 000 元。

计算初始投资成本：

股票成交金额　　　　2 000 000（100 000×20）

加：相关税费　　14 000
减：已宣告分派的现金股利　　40 000（100 000 ×0.4）
　　1 974 000

崇光公司应编制如下会计分录：

借：长期股权投资　　1 974 000
　　应收股利　　40 000
　　贷：银行存款　　2 014 000

（三）长期股权投资持有期间实现的现金股利或利润

采用成本法核算长期股权投资，在持有期间被投资单位宣告发放现金股利或利润时，企业应按享有的部分确认为投资收益，借记“应收股利”科目，贷记“投资收益”科目；实际收到现金股利或利润时，借记“银行存款”等科目，贷记“应收股利”科目。

【例 7 –31】 承【例 7 –29】 鲁南制药公司于2008 年3 月2 日宣告分派 2007 年度现金股利 120 000 元。

根据有关凭证公司编制会计分录如下：

崇光公司可以获得的现金股利 = 120 000 × 5% = 6 000（元）

崇光公司应该获得的投资收益 = 120 000 × 5% = 6 000（元）

借：应收股利　　6 000
　　贷：投资收益　　6 000

【例 7 –32】 承【例 7 –30】 崇光公司于 2007 年 3 月 12 日收到天地置业公司发放的现金股利 40 000 元，存入银行。

根据有关凭证公司编制会计分录如下：

借：银行存款　　40 000
　　贷：应收股利　　40 000

（四）长期股权投资的处置

企业处置长期股权投资时，应按实际取得的价款与长期股权投资账面价值的差额确认为投资损益，并同时结转已计提的长期投资减值准备。处置时按实际收到的金额，借记“银行存款”等科目，按已计提的减值准备借记“长期股权投资减值准备”科目，按长期股权投资的账面余额，贷记“长期股权投资”科目，按尚未领取的现金股利或利润，贷记“应收股利”科目，按其差额，借记或贷记“投资收益”科目。

【例 7－33】 承【例 7－30】 假设崇光公司于 2008 年 6 月 22 日出售了天地置业公司 10% 的股份，取得 1 362 000 元价格转让，并支付了 12 000 元的相关税费，款项已存入银行。假设该投资已计提减值准备 84 000 元。

崇光公司转让的长期股权投资的账面余额＝1 974 000（元）

根据有关凭证公司编制会计分录如下：

借：银行存款　　　　1 350 000（1 362 000－12 000）

　　长期股权投资减值准备　　　　　　84 000

　　投资收益　　　　　　　　　　　540 000

　　贷：长期股权投资　　　　　　　　　1 974 000

四、长期股权投资的权益法核算

（一）长期股权投资的取得

初始投资时，长期股权投资最初以初始投资成本计价，为了更客观地反映所占被投资企业所有者权益的份额，应对初始投资成本按照投资企业享有被投资单位所有者权益份额和被投资企业可辨认净资产公允价值进行调整。

在权益法下进行长期股权投资的核算，应当在“长期股权投资”科目下设置“成本”、“损益调整”、“其他权益变动”科目进行明细核算。

当初始投资成本大于投资时应享有被投资单位可辨认净资产公允价值份额的差额，可能被投资单位存在未入账的商誉，不调整长期股权投资的初始投资成本，借记“长期股权投资——成本”科目，贷记“银行存款”等科目；初始投资成本小于投资时应享有被投资单位可辨认净资产公允价值份额的差额，应将其计入营业外收入，同时调增长期股权投资的成本。即借记“长期股权投资——成本”科目，贷记“银行存款”等科目，按其差额，贷记“营业外收入”科目。

【例 7－34】 崇光公司于 2007 年 1 月 3 日用货币资金 1 974 000 元购入了大洋科技发行股份的 40%，对大洋科技已构成重大影响。投资日，大洋科技可辨认净资产公允价值为 5 500 000 元。那么，崇光公司享有大洋科技可辨认净资产公允价值的份额应为 2 200 000 元（5 500 000×40%）。

根据上述资料编制会计分录如下：

（1）确认初始投资成本

借：长期股权投资——成本　　　　　　1 974 000
　　贷：银行存款　　　　　　　　　　　　1 974 000
（2）调整投资成本
借：长期股权投资——成本
　　　　　　226 000（5 500 000 × 40% − 1 974 000）
　　贷：营业外收入　　　　　　　　　　　　226 000

（二）长期股权投资持有期间投资损益的调整

零售企业作为投资方，在取得合营或联营企业长期股权投资后，应当按照应享有或应分担的被投资单位当年实现的净损益的份额，确认投资收益并调整长期股权投资的账面价值。如果被投资企业当年实现了净利润，投资方应按照其享有的份额，借记“长期股权投资——损益调整”科目，贷记“投资收益”科目。

【例 7－35】承【例 7－34】　假定大洋科技 2007 年度实现的账面净利润为 1 400 000 元，假设不考虑其他因素的影响。

崇光公司按照持股比例确认的投资收益 = 1 400 000 × 40% = 560 000（元）

根据上述资料，编制会计分录：

借：长期股权投资——损益调整　　　　　560 000
　　贷：投资收益　　　　　　　　　　　　　560 000

被投资单位宣告分派现金股利时，投资企业应按持股比例计算应享有的份额，借记“应收股利”科目，贷记“长期股权投资——损益调整”科目；实际分得现金股利时，借记“银行存款”等科目，贷记“应收股利”科目。收到被投资单位宣告发放的股票股利时，不进行账务处理，但应在备查账簿中登记。

【例 7－36】承【例 7－35】　2008 年 2 月 4 日大洋科技宣告发放现金股利 400 000 元。3 月 6 日崇光公司收到所分派的现金股利。

根据有关凭证公司编制会计分录如下：

（1）大洋科技宣告发放现金股利时：

崇光公司可以收到的现金股利 = 400 000 × 40% = 160 000（元）

借：应收股利　　　　　　　　　　　　160 000
　　贷：长期股权投资——损益调整　　　　　160 000
（2）实际收到股利时：
借：银行存款　　　　　　　　　　　　160 000
　　贷：应收股利　　　　　　　　　　　　　160 000

如果被投资企业当年发生了净亏损，投资方按照其分担的份额，借记“投资收益”科目，贷记“长期股权投资——损益调整”科目，但应当以长期股权投资的账面价值（即“长期股权投资”科目下设置“成本”、“损益调整”、“其他权益变动”三个明细科目账面价值的合计数）减记至零为限，投资企业负有承担额外损失义务的除外。如果仍有尚未确认的投资损失，投资企业应将其在备查账簿中登记。

【例7－37】承【例7－35】 2008年被投资单位大洋科技由于经营管理上出现了严重问题，致使全年共发生亏损2 000 000元。

根据有关凭证公司编制会计分录如下：

崇光公司长期股权投资的账面余额＝2 200 000＋560 000－160 000
＝2 600 000（元）

崇光公司应负担的亏损额＝2 000 000×40%＝800 000（元）

由于长期股权投资的账面余额大于公司应负担的亏损额，所以编写会计分录：

借：投资收益　　800 000
　贷：长期股权投资——损益调整　　800 000

若2008年被投资单位大洋科技全年发生亏损额7 000 000元，则崇光公司应负担的亏损额为2 800 000元（7 000 000×40%），此时长期股权投资的账面余额小于公司应负担的亏损额，长期股权投资的账面余额只能减记至零，假定崇光公司不存在其他实质上构成对大洋科技净投资的长期权益。

根据有关凭证公司编制会计分录如下：

借：投资收益　　2 600 000
　贷：长期股权投资——损益调整　　2 600 000

此外，崇光公司还应在备查账簿中登记未入账的长期股权投资损失200 000元。

被投资单位以后期间实现盈利的，投资方扣除未确认的亏损分担额后，应按与上述相反的顺序处理，恢复其他实质上构成对被投资单位净投资的长期权益以及长期股权投资账面价值，同时确认投资收益。

投资企业对于被投资单位除净损益以外所有者权益的其他变动，企业按持股比例计算应享有的份额，当调整长期股权投资的账面价值并记入“资本公积——其他资本公积”，即借记或贷记“长期股权投资——其他权益变动”科目，贷记或借记“资本公积——其他资本公积”科目。

【例7－38】承【例7－35】 2008年被投资单位大洋科技可供出售金融资产公允价值增加1 000 000元。

崇光公司按持股比例应确认的资本公积＝1 200 000×40%＝480 000（元）

根据有关凭证公司编制会计分录如下：

借：长期股权投资——其他权益变动　　480 000

　　贷：资本公积——其他资本公积　　480 000

（三）长期股权投资的处置

企业处置长期股权投资时，应按实际取得的价款与长期股权投资账面价值的差额确认为投资损益，并同时结转已计提的长期投资减值准备。处置时按实际收到的金额，借记"银行存款"等科目，按已计提的减值准备借记"长期股权投资减值准备"科目，按长期股权投资的账面余额，贷记"长期股权投资"科目，按尚未领取的现金股利或利润，贷记"应收股利"科目，按其差额，借记或贷记"投资收益"科目。

同时，还应结转原计入资本公积的相关金额，借记或贷记"资本公积——其他资本公积"科目，贷记或借记"投资收益"科目。

【例 7－39】 承【例 7－34】、【例 7－35】、【例 7－36】、【例 7－38】 2009 年 1 月 10 日崇光公司出售大洋科技全部股份，出售价格为 2 910 000 元，款项已全部收回。

根据有关凭证崇光公司编制会计分录如下：

借：银行存款　　2 910 000

　　贷：长期股权投资——成本　　2 200 000

　　　　　　　　　——损益调整

　　　　　　　　　400 000（560 000－160 000）

　　　　　　　　　——其他权益变动　　480 000

　　　　投资收益　　30 000

同时：

借：资本公积——其他资本公积　　480 000

　　贷：投资收益　　480 000

五、长期股权投资减值

每年年末，零售企业应对长期股权投资的账面价值进行检查。如果企业对子公司、合营企业及联营企业的长期股权投资在资产负债表日存在可能发生减值迹象时，其可收回金额低于账面价值的，应当将该长期股权投资的账面价值减记可收回金额，减记的金额确认为减值损失，计入当期损益，同时计提相应的资产减值准备。企业对被投资单位不具有控制、共同控制或重大影响、且在活跃市场中没有报价、公允价值不能可靠计量的长期股权投资，应当将该长期股权投资在资产负债表日的账面价值，与按照类似金融资产当时市场收益率对未来现金流量折现确定的现值之间的差额，确认为减值损失，计入当期损益。

企业计提长期股权投资减值准备时，应按计提的金额借记“资产减值损失”科目，贷记“长期股权投资减值准备”科目。长期股权投资减值损失一经确认，在以后会计期间内不得转回。

零售企业因减少投资等原因对被投资单位不再具有共同控制或重大影响的，并且在活跃市场中没有报价、公允价值不能可靠计量的长期股权投资，应当改按成本法核算，并以权益法下长期股权投资的账面价值作为按照成本法核算的初始投资成本；因追加投资等原因能够对被投资单位实施共同控制或重大影响但不构成控制的，应当改按权益法核算，并以成本法下长期股权投资的账面价值作为按照权益法核算的初始投资成本。

第五节　零售企业固定资产的核算

《企业会计准则第 4 号——固定资产》规定，固定资产，是指使用期限超过 1 个会计年度的房屋及建筑物、机器设备、运输工具以及其他与生产经营有关的设备、器具、工具等，但不包括投资性房地产的建筑物和生产性生物资产。

固定资产同时满足下列条件的，才能予以确认：

1. 与该固定资产有关的经济利益很可能流入企业；
2. 该固定资产的成本能够可靠地计量。

一、固定资产概述

（一）固定资产的特征

作为固定资产应同时具备以下特征：

1. 企业持有固定资产的目的，是为了生产商品、提供劳务、出租或经营管理的需要，而不像库存商品一样为了对外出售。

2. 企业使用固定资产的期限较长，使用寿命超过一个会计年度。这表明固定资产的收益期超过一个会计年度，所以企业为购建固定资产所发生的支出，属于资本性支出。

3. 固定资产单位价值较高。

4. 固定资产具有实物形态。这是固定资产区别于无形资产的主要标志。

（二）固定资产的分类

零售企业为加强管理、便于组织会计核算，有必要对固定资产进行科学、合理的分类。根据不同的管理要求和核算要求以及不同的分类标准，可以对固定资产进行不同的分类，主要有以下几种分类方法：

1. 按经济用途分类。按固定资产的经济用途分类，可分为生产经营管理用固定资产和非生产经营管理用固定资产。

（1）生产经营管理用固定资产，是指直接服务于零售企业生产经营管理过程的各种固定资产，如经营用房屋、建筑物、机器、设备、器具、工具等。

（2）非生产经营管理用固定资产，是指不直接服务于零售企业生产经营管理过程的各种固定资产，如职工宿舍、食堂等使用的房屋、设备和其他固定资产等。

按照固定资产的经济用途分类，可以归类反映和监督零售企业生产经营管理用固定资产和非生产经营管理用固定资产之间，以及经营管理用各类固定资产之间的组成和变化情况，借以考核和分析固定资产的利用情况，促使零售企业合理地配备固定资产，充分发挥其效用。

2. 按使用情况分类。按固定资产使用情况分类，可分为使用中的固定资产、未使用的固定资产和不需用的固定资产。

（1）使用中的固定资产，是指正在使用中的经营性和非经营性的固定资产。由于季节性经营管理活动或大修理等原因，暂时停止使用的固定资产仍属于零售企业使用中的固定资产；出租给其他单位使用的固定资产和内部替换使用的固定资产，也属于使用中的固定资产。

（2）未使用的固定资产，是指已完工或已购建的尚未交付使用的新增固定资产以及因进行改建、扩建等原因暂停使用的固定资产。

（3）不需要用的固定资产，是指零售企业中多余或不适用，需要调配或待处理的各种固定资产。按照固定资产使用情况分类，有利于反映固定资产的使用情况及其比例关系，便于分析固定资产的利用效率，挖掘固定资产的使用潜力，盘活多余的占用资金，促使零售企业合理地使用固定资产。

3. 按固定资产具体项目内容分类

按固定资产具体项目内容分类，可分为房屋及建筑物、机器设备、交通运输工具、办公家具、电器设备和其他设备。

（1）房屋及建筑物。房屋是指零售企业所拥有的各部门用房以及连同房屋不可分离的附属设备，如：照明设备、暖气设备、卫生设施等。

（2）机器设备，是指用于经营管理服务的产生电力、冷暖气的各种设备等。

（3）交通运输工具，是指用于经营管理服务和企业内部运输的各种车辆，如客运班车、运输货物的卡车、办公用的小轿车等。

（4）办公家具，是指经营服务和经营管理部门的高级沙发、组合家具、办公桌椅等。

（5）电器设备，是指用于零售企业经营管理服务用的电子计算机、电视机、冰柜、通讯设备等。

（6）其他设备，是指不属于以上各类的其他经营管理服务用固定资产。

固定资产的各组成部分具有不同的使用寿命或者以不同方式为企业提供经济利益，用不同折旧率或者旧方法的，应当分别将各组成部分确认为单项固定资产。

（三）固定资产计价

为了正确组织固定资产的核算，需要对固定资产的实物和价值进行计量。固定资产计价是以货币为计量单位对固定资产的价值进行衡量的过程。固定资产的计价应根据不同资产特点和管理选择适当的标准。固定资产一般采用以下四种计价标准：

1. 原始价值又称原值或原价，是指零售企业在购置、建造、安装某项固定资产时所发生的全部实际支出。它一般包括买价、进口关税（如有退税额应冲减固定资产价值）等相关税费，以及为使固定资产达到预定可使用状态所发生的可直接归属于该资产的其他支出。

如果一笔款项购入多项没有单独标价的固定资产，应按各项固定资产的公允价值的比例对总成本进行分配，分别确定各项固定资产的入账价值。

购买固定资产的价款超过正常信用条件延期支付，实质上具有融资性质的，固定资产的成本以购买价款的现值为基础确定。

采用原始价值计价的主要优点是具有客观性和可验证性，它是固定资产的基本计价标准。

2. 重置价值，是指固定资产按照现在购买相同或者相似资产所需支付的现金或现金等价物的金额计价。

3. 净值又称折余价值，是指固定资产原始价值或重置完全价值减去已提折旧后的剩余价值。

固定资产净值可以反映出零售企业实际占用在固定资产上的资金数额，分析企业资金使用的合理性。同时，它可以反映出固定资产的新旧程度，便于企业合理制定固定资产更新计划，适时进行固定资产更换。

4. 现值，是指固定资产按照从其持续使用和最终处置中预计所产生的未来净现金流入量的折现金额计量。采取现值计价标准时，企业应能够对资产所产生的未来净现金流入量作出较为准确的估计，并选择恰当的折现率对其进行折现。

零售企业的固定资产应按照不同的取得方式采取不同方法进行计价，具体内容如下：

购入固定资产，按照买价、相关税费加上支付的使固定资产达到预定可使用状态前所发生的可归属于该项资产的运输费、保险费、包装费、安装调试费和专业服务人员服务费等；

自行建造的固定资产，按照建造该项资产达到预定可使用状态前所发生的全部必要支出计价；

投资者投入的固定资产，按投资合同或协议约定的价值计价（但合同或协议约定的价值不公允的除外）；

在原有固定资产基础上进行改、扩建的固定资产，按照固定资产原价加上改、扩建发生的支出减去改、扩建过程中发生的固定资产变价收入后的余额计价；

接受捐赠的固定资产，按照发票账单所列金额（无发票账单的，按照同类设备市价）加上由企业负担的运输费、保险费、税金、安装调试费等计价；

盘盈的固定资产，按照同类或类似固定资产的市场价值、重置价值或公允价值计价；

融资租入的固定资产，在租赁期开始日承租人应按照租赁资产公允价值与最低租赁付款额现值中较低者计价。

企业购建固定资产交纳的耕地占用税，计入固定资产的价值。如果固定资产在报废时存在弃置义务而且预计弃置费用较高时，应在取得该资产当初将预计弃置费用按照现值计入资产价值。

（四）固定资产核算的会计科目设置

为了组织固定资产的核算，零售企业一般需要设置“固定资产”、“累计折旧”、“在建工程”、“固定资产清理”等科目。

“固定资产”科目核算零售企业所有固定资产的原价。该科目借方登记企业增加的固定资产原价，贷方登记企业减少的固定资产原价，期末借方余额，反映企业期末固定资产的账面原价。企业应设置“固定资产登记簿”和“固定资产卡片”，并结合本企业具体情况，根据管理需要选择适合本单位的固定资产分类标准，制定固定资产目录，进行固定资产明细核算。

“累计折旧”科目属于“固定资产”科目的调整科目，核算零售企业固定资产的累计折旧。该科目贷方登记企业本期计提的固定资产折旧，借方登记减少的固定资产转出的累计已提折旧，期末贷方余额反映企业已提取的固定资产折旧累计数。

“在建工程”科目核算零售企业进行各项固定资产购建工程所发生的实际支出，包括新建固定资产工程，改、扩建固定资产工程，大修理工程以及购入需要安装设备的安装工程等。该科目借方登记企业各项固定资产购建工程所发生的实际支出，贷方登记完工工程转出的实际支出，期末借方余额反映企业尚未完工或虽已完工，但尚未办理竣工决算的工程实际支出。

“固定资产清理”科目核算企业因出售、报废和毁损等原因转入清理的固定资产价值及其在清理过程中所发生的清理费用和清理收入等。该科目借方登记转入清理的固定资产净值、清理过程中发生的费用以及应交的税金，贷方登记清理固定资产的变价收入等，期末余额反映企业尚未清理完毕固定资产的价值以及清理净收入或净损失（清理收入减去清理费用）。该科目应按被清理的固定资产设置明细科目，进行明细核算。

此外，企业如计提固定资产减值准备，还应设置“固定资产减值准备”、“在建工程减值准备”等科目进行核算。

二、固定资产增加的核算

零售企业的固定资产增加渠道很多，有外购固定资产、自行建造固定资产、投资者投入固定资产、融资租入固定资产、接受捐赠固定资产、盘盈固定资产等。

（一）外购固定资产

零售企业外购的固定资产，应按实际支付的买价、进口关税等相关税费，以及为使固定资产达到预定可使用状态所发生的可直接归属于该资产的其他支出，如场地整理费、运输费、装卸费、安装费等，作为固定资产的入账价值。

零售企业如果采用赊购方式购入固定资产，对于由此产生的现金折扣应采用总价法进行核算。即固定资产的购入价格应按未扣除现金折扣前的金额计价，当实际取得现金折扣时，将其作为利息收入冲减财务费用。

此外，如果零售企业同时购进了若干项可独立使用的固定资产，支付的全部价款应按一定的标准在各项固定资产之间进行分配。

若零售企业为一般纳税人，则购进机器设备等固定资产的进行税额不纳入固定资产成本核算，可以在销项税额中抵扣。

具体会计核算如下：

1. 购入不需要安装的固定资产。零售企业购入不需要安装而直接可交付使用的固定资产，应按购入时支付的全部价款，包括实际支付的买价、进口关税等相关税费，以及为使固定资产达到预定可使用状态所发生的可直接归属于该资产的其他支出，作为固定资产的入账价值，借记“固定资产”、“应交税费——应交增值税（进项税额）”科目，贷记“银行存款”等科目。

【例 7-40】 崇光公司购入一台不需要安装的冷藏设备，发票价格 25 000 元，增值税额 4 250 元，发生的运费 1 250 元，款项以银行存款支付。

编制如下会计分录：

借：固定资产	26 250	
应交税费——应交增值税（进项税额）	4 250	
贷：银行存款		30 500

2. 购入需要安装的固定资产。零售企业购入需要经过安装以后才能交付使用的固定资产，应在购入的固定资产取得成本的基础上加上安装调试成本，作为购入固定资产的入账价值。发生购置成本时借记“在建工程”、“应交税费——应交增值税（进项税额）”科目，贷记“银行存款”等科目；发生安装费用时，借记“在建工程”科目，贷记“银行存款”等科目；待安装完毕达到预计可使用状态并办理了竣工决算交付使用时，借记“固定资产”科目，贷记“在建工程”科目。

【例 7-41】 崇光公司 20×1 年 1 月 10 日用银行存款购入一套中央空调设备，买价 2 000 000 元，增值税额 340 000 元，发生运输保险费 18 000 元，设备已运达企业进行安装，支付安装费 42 000 元。

根据有关凭证编制如下会计分录：

（1）购入时：

借：在建工程——安装工程（中央空调）	2 018 000	

应交税费——应交增值税（进项税额）　　340 000
　　贷：银行存款　　2 358 000

（2）用银行存款支付该套设备的专业安装费42 000元：

借：在建工程——安装工程（中央空调）　　42 000
　　贷：银行存款　　42 000

（3）设备安装完毕交付使用，确定固定资产价值为2 060 000元：

借：固定资产——中央空调　　2 060 000
　　贷：在建工程——安装工程（中央空调）　　2 060 000

（二）自建固定资产

零售企业自建固定资产，应按建造该项资产达到预定可使用状态前所发生的必要支出，作为固定资产的入账价值。

自建固定资产应先通过“在建工程”科目核算，工程达到预定可使用状态时，再从“在建工程”科目转入“固定资产”科目。零售企业自建固定资产，主要有自营工程和出包工程两种方式，由于采用的建设方式不同，其会计处理也不同。

1. 自营工程。自营工程是指零售企业自行组织工程物资采购、自行组织施工人员施工的建筑工程和安装工程。购入工程物资时，按购入物资的实际成本，借记“工程物资”科目，贷记“银行存款”等科目；领用工程物资时，按领用物资的实际成本，借记“在建工程”科目，贷记“工程物资”科目；自营工程发生的其他费用，按实际发生额，借记“在建工程”科目，贷记“银行存款”、“应付职工薪酬”、“长期借款”等科目；待安装完毕达到预定可使用状态时，按实际发生的全部支出，借记“固定资产”科目，贷记“在建工程”科目。该期间发生的与固定资产建造有关的税收支出，如耕地占用税等，也应计入固定资产成本。

【例7-42】 崇光公司20×1年1月13日为自行建造广场喷泉工程，购入工程物资35 100元，货款暂欠，材料暂存入库。1月17日，领用上述所购全部物资。建设期间内，从仓库领用小型水泵用于施工，实际成本9 360元。应计工程人员工资2 000元，支付的其他费用1 640元。工程于2月8日完工并达到预定可使用状态。假设不考虑有关税收指出。

根据有关凭证公司编制会计分录如下：

（1）购入工程物资时：

借：工程物资——专用材料　　35 100
　　贷：应付账款　　35 100

（2）领用工程物资时：

借：在建工程——建筑工程（喷泉）　　35 100

　　贷：工程物资——专用材料　　35 100

（3）领用水泵时：

借：在建工程——建筑工程（喷泉）　　9 360

　　贷：库存商品——小型水泵　　9 360

（4）分配工程人员工资：

借：在建工程——建筑工程（喷泉）　　2 000

　　贷：应付职工薪酬　　2 000

（5）支付其他费用时：

借：在建工程——建筑工程（喷泉）　　1 640

　　贷：银行存款　　1 640

（6）工程完工转入固定资产的实际造价为：

35 100 + 9 360 + 2 000 + 1 640 = 48 100（元）

借：固定资产——喷泉　　48 100

　　贷：在建工程——建筑工程（喷泉）　　48 100

2. 出包工程

零售企业以出包方式建造固定资产，是将工程项目发包给承包商由其组织施工，工程的实际支出在承包商（建造商）核算，出包单位不负责工程各项实际支出核算，待工程竣工后出包单位与承包商进行竣工决算。在这种方式下，"在建工程"科目主要是零售企业与承包商办理工程价款的结算科目。零售企业按照合同约定向承包商支付的预付款或进度款时，借记"在建工程"科目，贷记"银行存款"科目；工程完工与承包商进行工程价款结算，补付工程款时，借记"在建工程"科目，贷记"银行存款"科目，并按工程实际成本借记"固定资产"科目，贷记"在建工程"科目。

【例 7 - 43】 崇光公司 20 ×1 年 1 月建造商业用房，公司将工程出包给市第三建筑工程公司，工程总预算为 400 000 元，按合同规定，预交工程款 50%。工程完工后，收到承包商有关工程结算单据，补付工程款 180 000 元。工程经验收合格，崇光公司接收。

根据有关凭证公司编制如下会计分录：

（1）预付工程款：

借：在建工程——商业用房工程款　　200 000

　　贷：银行存款　　200 000

（2）收到结算单据并补付工程款：

借：在建工程——出包工程（商业用房）　　180 000

　　贷：银行存款　　180 000

(3) 工程验收合格：

借：固定资产——商业用房　　　　　　　　　　380 000

　　贷：在建工程——出包工程（商业用房）　　　　380000

零售企业发生的工程借款利息，应区别不同情况处理：属于在固定资产尚未达到预计可使用状态前或尚未办理竣工决算之前发生的，计入工程造价；之后发生的利息，计入当期损益。企业如果用外币借款进行固定资产购建工程，因外币折合汇率变动而发生的汇兑损益也按上述要求进行会计核算。

（三）投资者投入固定资产

零售企业对其他单位投资转入的房屋、机器设备、办公家具等固定资产，应按投资各方确认的价值入账。具体会计核算为：按投资各方确认的价值，借记“固定资产”科目，贷记“实收资本”（或“股本”）、“资本公积”科目。具体实务举例，请参见第三章第一节的“资本公积核算”。

（四）接受捐赠固定资产

零售企业接受捐赠的固定资产时，如果对方提供了固定资产的有关记录凭证，则以凭证的记录为依据入账；如果无凭证记录提供，则应按同类资产的市场价格及有关费用（包装费、运杂费等）作为原价入账。企业接受捐赠的固定资产应作营业外收入处理。在接受捐赠时，借记“固定资产”、“在建工程”科目，贷记“营业外收入”科目。

【例 7 - 44】 崇光公司 20×1 年 1 月 20 日接受捐赠计算机 5 台，由于没有取得相应的凭证，按照同类资产的市场价值确认其原价为 30 000元，直接交付公司管理部门使用。

根据有关凭证公司编制如下会计分录：

借：固定资产——办公用计算机　　　　　　　　30 000

　　贷：营业外收入　　　　　　　　　　　　　　30 000

（五）租入固定资产

企业租入的固定资产，有两种不同的形式：一种是经营租赁形式，另一种是融资租赁形式。企业以经营租赁方式租入的固定资产，其所有权不属于企业，因此不能作为企业的资产计入固定资产科目。融资租入固定资产是由于企业资金不足，或资金周转暂时困难，或者为了减少投资风险，借助于租赁公司等机构的资金而购入的固定资产。采用融资租赁方式取得固定资产，该资产在租赁期间内承租方应将其视为自有固定资产入账，并按期计提折旧。

融资性租赁是指实质上已转移与资产所有权有关的全部风险和报酬的租赁。所有权最终可能转移，也可能不转移。一项租赁是否属于融资租赁，必须符合《企业会计准则第21号——租赁》具体准则中规定的条件。应付融资租赁费是指承租人融资租入固定资产而发生的应付款。对于融资租赁业务，承租人必须按下列原则进行会计核算：

1. 在租赁开始日，承租人应将租赁开始日租赁固定资产原账面价值与最低租赁付款额的现值两者中较低者作为租入固定资产的入账价值，将最低租赁付款额作为长期应付款的入账价值，两者的差额作为未确认融资费用。如果融资租入的固定资产占企业资产总额的比例小于或等于30%时，应按最低租赁付款额作为融资租入固定资产和长期应付款的入账价值，故不确认未确认融资费用。

2. 未确认融资费用应在租赁期内的各个会计期间进行摊销，摊销的金额即为各期利息费用，会计上作为财务费用。摊销的方法可以采用直线法，也可以采用实际利率法、年限总和法等。

3. 租赁期内，承租人对租赁固定资产应采用与自有固定资产一致的折旧政策计提折旧。

4. 最低租赁付款额，是指在租赁期内，承租人应支付或可能被要求支付的各种款项（不包括或有租金和履约成本），加上由承租人或与其有关的第三方担保的资产余值。但是，如果承租人有购买租赁资产的选择权，所订立的购价，预计将远低于行使选择权时租赁资产的公允价值，因而在租赁开始日就可以合理确定承租人将会行使这种选择权，则购买价格也应当包括在内。

5. 承租人在计算最低租赁付款额的现值时，关键是确定适当的折现率。如果承租人知悉出租人的租赁内含报酬率，则该租赁内含报酬率即为折现率；否则，应采用租赁合同规定的利率作为折现率。如果上述两种利率均无法获知，应当采用同期银行贷款利率作为折现率。

【例7-45】 崇光公司于20×1年1月1日，向鸿达租赁公司租入新制冷泵一台用于鲜活产品的保鲜，租赁合同的有关内容如下：

（1）租期10年，不可撤销；

（2）每年末支付租金50 000元；

（3）承租人担保余值为20 000元，未担保余值为5 000元；

（4）租赁开始日，融资租入固定资产的公允价值为315 660元；

（5）承租人无法获悉出租人的租赁内含报酬率，租赁合同规定利率为10%；

（6）租赁期满，租赁资产由出租人收回。

根据上述资料，假定本租赁业务为融资租赁。崇光公司作为承租人的有关会计核算如下：

（1）租赁最低付款额 = 50 000 × 10 + 20 000 = 520 000（元）

（2）租赁最低付款额现值 = 50 000 × 6.145 + 20 000 × 0.386 = 314 970（元）（6.145 为期限为 10，利率为 10% 的年金现值系数；0.386 为期限为 10，利率为 10% 的复利现值系数）

（3）本利中，由于租赁最低付款额现值 314 970 元，低于租赁开始日，融资租入固定资产的账面价值为 315 660 元，故崇光公司融资租入的固定资产的入账价值为 314 970 元。

（4）会计处理，在租赁开始日崇光公司作为承租人编制的“融资租赁摊销表”（如表 7－2 所示），其中未确认融资费用按实际利率法摊销，并据此进行相应的会计处理。

表 7－2　　融资租赁摊销表　　单位：元

摊销期数	租金	偿还的利息	偿还的本金	本金减少数
	①	② = 上期④ × 10%	③ = ① － ②	④ = 上期④ － 本期③
				314 970
1	50 000	31 497	18 503	296 467
2	50 000	29 647	20 353	276 114
3	50 000	27 611	22 389	253 725
4	50 000	25 373	24 627	229 098
5	50 000	22 910	27 090	202 008
6	50 000	20 201	29 799	172 209
7	50 000	17 221	32 779	139 430
8	50 000	13 943	36 057	103 373
9	50 000	10 337	39 663	63 710
10	50 000	6 290	43 710	20 000
合　计	500 000	205 030	294 970	20 000

崇光公司应编制如下会计分录：

①租入固定资产时：

借：固定资产——融资租入固定资产　　314 970

　　未确认融资费用　　205 030

　　贷：长期应付款——应付融资租赁款　　520 000

②每年末支付租金时（以第一年为例）：

借：长期应付款——应付融资租赁款　　50 000

贷：银行存款　　50 000

同时：

借：财务费用　　31 497

　　贷：未确认融资费用　　31 497

以后各年末支付租金的会计分录可参照第一年的会计分录进行。

③租赁期内计提折旧。（假设按直线法计提），崇光公司对该项固定资产每年应计提的折旧额为29 497元［（314 970－20 000）÷10］：

借：主营业务成本　　29 497

　　贷：累计折旧　　29 497

④租赁期满，退回资产时：

借：长期应付款——应付融资租赁款　　20 000

　　累计折旧　　294 970

　　贷：固定资产——融资租入固定资产　　314 970

⑤如果租赁合同规定租期届满，资产归承租人即崇光公司所有。则崇光公司付清最后一笔款项时，将融资租入的固定资产转为自有固定资产，即：

借：长期应付款——应付融资租赁款　　20 000

　　贷：银行存款　　20 000

同时：

借：固定资产——生产经营用固定资产　　314 970

　　贷：固定资产——融资租入固定资产　　314 970

三、固定资产的折旧

固定资产折旧是指在固定资产的使用寿命期内，按照确定的方法对应计折旧额进行系统分摊。零售企业的固定资产由于磨损和损耗而逐渐转移的价值，这部分转移的价值以折旧费的形式计入成本费用，并从企业营业收入中得到补偿，转化为货币资金。应计折旧额是指应当计提折旧的固定资产的原始价值扣除其预计净残值后的余额，如果已对固定资产计提减值准备，还应当扣除已计提的固定资产减值准备累计金额。

（一）影响折旧的因素

影响折旧的因素主要有以下四个方面：

1. 固定资产原价。固定资产原价是指取得固定资产所发生的成本，包括买价、进口关税等税金、运输和保险等相关费用，以及为使固定资产达到预定可使用状态前所必要的支出。

2. 固定资产的预计净残值。固定资产预计净残值是指假定固定资产预计使用寿命已满并处于使用寿命终了时的预期状态，企业目前从该项固定资产处置中获得的扣除预计处置费用后的金额。由于在计算折旧时，对固定资产的残余价值和清理费用只能人为估计，所以净残值的确定有一定的主观性。

3. 固定资产的使用寿命。固定资产使用寿命是指企业使用固定资产的预计期间，或者该固定资产所能生产产品或提供劳务的数量。

由于固定资产的有形损耗和无形损耗很难准确估计，因此，固定资产的使用寿命也只能预计。但在相同环境条件下，对于同样的固定资产的预计使用寿命应具有相同的预期。

4. 固定资产的折旧计算方法。零售企业可选用的折旧计算方法包括平均年限法、工作量法、双倍余额递减法以及年数总和法四种。不同折旧方法计算出的各期固定资产折旧额存在较大差异。

综上所述，零售企业应当根据固定资产的性质和使用情况，合理地确定固定资产的预计使用寿命和预计净残值。有关固定资产预计使用寿命和预计净残值一经确定不得随意调整。同时，企业至少应当于每年年终时，对固定资产的使用寿命和预计净残值进行复核。如果固定资产使用寿命的预期数和预计净残值与原先的估计数有重大差异，则应相应进行调整固定资产。固定资产使用寿命、预计净残值的改变应当作为会计估计变更。

（二）计提折旧的范围

从计提折旧的空间范围讲，除以下情况外，零售企业应对所有的固定资产计提折旧：

第一，已提足折旧仍继续使用的固定资产；

第二，按规定单独计价作为固定资产入账的土地。（这种情况在零售企业中很少出现。）

从计提折旧的时间范围讲，固定资产折旧一般应按月提取，当月增加的固定资产，当月不提折旧，从下月起计提折旧；当月减少的固定资产，当月照提折旧，从下月起不提折旧。固定资产提足折旧后，不论能否继续使用，均不再提取折旧；提前报废的固定资产，也不再补提折旧。所谓提足折旧，是指已经提足该项固定资产应提的折旧总额。

（三）计提折旧的方法

零售企业应当根据固定资产所含经济利益预期实现方式选择折旧方

法。其计提固定资产折旧年限及采用的计提固定资产折旧方法，严格执行2006《企业会计准则第4号——固定资产》中的有关规定。零售企业计提固定资产一般采用平均年限法和工作量法，技术进步较快或使用寿命受工作环境影响较大的机器设备，经财政部批准，可采用双倍余额递减法或年数总和法计提折旧。

除非固定资产包含的经济利益的预期实现方式有重大改变，应当相应改变固定资产折旧方法外，折旧方法一经选定，不得随意调整。如需调整，应根据国家统一的会计制度的相关规定进行会计处理；如果企业随意调整固定资产折旧方法，属于滥用会计政策，应作为重大会计差错予以更正。

零售企业应当定期对固定资产的折旧方法进行复核。如果固定资产包含的经济利益的实现方式有重大改变，则应当相应地改变固定资产折旧方法，并将其作为会计估计变更。

1. 平均年限法。平均年限法又称直线法，是指将固定资产的应计折旧额均衡地分摊到固定资产预计使用寿命内的一种方法。采用这种方法计算的每期折旧额均是相等的。其计算公式为：

年折旧率 =（固定资产原价 - 预计净残值）÷（固定资产原价 × 预计使用年限）×100%

= （1 - 预计净残值率）÷预计使用寿命（年）

月折旧率 = 年折旧率 ÷12

月折旧额 = 固定资产原价 × 月折旧率

【例7-46】 崇光公司对本单位管理办公室的办公家具采取平均年限法计提折旧。办公家具原价为50 000元，预计使用年限为4年，报废时预计残值率为4%。该固定资产的年折旧率和月折旧额的计算如下：

年折旧率 =（1 - 4%）÷4 = 24%

月折旧率 = 24% ÷12 = 2%

月折旧额 = 50 000 ×2% = 1 000（元）

平均年限法的优点是直观、计算简单，并且是以固定资产的使用时间为计算折旧的基础，所以能够较好地反映无形损耗对固定资产的影响。但这种方法忽视了固定资产利用程度对折旧的影响，不能充分反映固定资产的有形损耗。

2. 工作量法。工作量法是指根据实际工作量计提固定资产折旧额的一种方法，其基本计算公式为：

单位工作量折旧额 = 固定资产原价 ×（1 - 预计净残值率）÷预计总工作量

= （固定资产原价 - 预计净残值）÷预计总工

作量

某项固定资产月折旧额 = 该项固定资产当月工作量 × 单位工作量折旧额

【例 7－47】 崇光公司对购货班车采取工作量法计提折旧。班车原价为 200 000 元，预计净残值 6 000 元，预计总行驶里程为 100 000 公里，当月行驶里程为 2 500 公里。该项固定资产的月折旧额计算如下：

单位工作量折旧额 = （200 000 – 6 000） ÷ 100 000 = 1.94（元/公里）

本月折旧额 = 2 500 × 1.94 = 4 850（元）

工作量法的优点是：简单明了、容易计算，且计提的折旧额与固定资产的使用程度相联系，既充分考虑了固定资产有形损耗因素的影响，也符合配比原则。其缺点是：只重视有形损耗对固定资产的影响，而忽视了无形损耗对固定资产的作用。另外，要准确预计固定资产在其使用期间的预计总工作量也比较困难。

3. 双倍余额递减法。双倍余额递减法是指不考虑固定资产残值的情况下，根据每期期初固定资产账面净值（固定资产账面余额减累计折旧）和双倍的直线法折旧率计算固定资产折旧的一种方法。实行双倍余额递减法计算折旧额时，由于每期期初固定资产账面净值没有扣除预计净残值，所以在计算固定资产折旧额时，一般应在其折旧年限到期前两年内，将固定资产账面净值扣除预计净残值后的余额平均摊销。计算公式为：

年折旧率 = 2 ÷ 预计使用年限 × 100%

月折旧率 = 年折旧率 ÷ 12

月折旧额 = 每月月初固定资产年初账面净值 × 月折日率

【例 7－48】 崇光公司经过批准对公司的安全监控设施采取双倍余额递减法计提折旧。该套设施原价 50 000 元，预计使用年限 4 年，预计净残值 2 500 元。采取双倍余额递减法计算该项固定资产的各年折旧额如表 7－3 所示。

固定资产的年折旧率 = 2/4 × 100% = 50%

表 7－3 **折旧计算表** 单位：元

年份	折旧率	每年折旧额	累计折旧	期末固定资产账面余额
1	50%	50 000 × 50% = 25 000	25 000	25 000
2	50%	25 000 × 50% = 12 500	37 500	12 500
3	—	（12 500 – 2 500） ÷ 2 = 5 000	42 500	7 500
4	—	（12 500 – 2 500） ÷ 2 = 5 000	47 500	2 500

4. 年数总和法。年数总和法又称合计年限法，是指将固定资产的原价减去预计净残值后的余额乘以一个逐年递减的分数计算每年的折旧额，这个分数的分子代表固定资产尚可使用寿命，分母代表预计使用寿命逐年数字总和。计算公式如下：

年折旧率 =（预计使用年限 - 已使用年限）÷［预计使用年限 ×（预计使用年限 +1）÷2］×100%

= 尚可使用年限 ÷ 预计使用年限的年数总和 ×100%

月折旧率 = 年折旧率 ÷12

月折旧额 =（固定资产原价 - 预计净残值）×月折旧率

【例 7 -49】 承【例 7 -47】 崇光公司若对公司的安全监控设施采取年数总和法计算该项固定资产的各年折旧额如表 7 -4 所示。

表 7 -4 **折旧计算表** 单位：元

年份	折旧总额	年折旧率	每年折旧额	累计折旧
1	47 500	4/［4×（4+1）÷2］=40%	47 500×4/10=19 000	19 000
2	47 500	3/［4×（4+1）÷2］=30%	47 500×3/10=14 250	33 250
3	47 500	2/［4×（4+1）÷2］=20%	47 500×2/10=9 500	42 750
4	47 500	1/［4×（4+1）÷2］=10%	47 500×1/10=4 750	47 500

零售企业在运用各种方法计算折旧时，可以采用个别折旧率，也可以用分类折旧率和综合折旧率。

个别折旧率是按每一项固定资产计算的折旧率。每项固定资产分别按个别折旧率计算折旧时，折旧的计算也就比较细致，可以获知每项固定资产的折旧情况。

分类折旧率是把同一类（特性、耐用年限相近）的固定资产合起来计算的折旧率。每类固定资产使用同一个分类折旧率计算折旧时，工作量比较小，但折旧的计算较为粗略，不能获知各项固定资产的折旧情况。

综合折旧率是把全部固定资产不分期地合在一起计算的折旧率。全部固定资产使用共同的综合折旧率计算折旧时，工作量更小，但折旧的计算也更粗略。

（四）固定资产折旧的会计处理

零售企业计提固定资产折旧时，应以月初应计提折旧的固定资产账面原值为依据。企业各月计算提取折旧时，可以在上月计提折旧的基础上，对上月固定资产的增减情况进行调整后计算当月应计提的折旧额。

固定资产应当按月计提折旧，并根据用途分别计入相关资产的成本或费用。企业计提的固定资产折旧应通过“累计折旧”科目核算，“累计折旧”科目是“固定资产”科目的备抵科目，当计提固定资产折旧额和增加固定资产而相应增加其已提折旧时，记入“累计折旧”科目的贷方；因出售、报废清理、盘亏等原因减少固定资产而相应转销其所提折旧额时，记入该科目的借方；该科目的余额在贷方，反映现有固定资产的累计折旧额。

零售企业可以通过编制“固定资产折旧计算表”来计提各月折旧并据此进行会计核算，借记“主营业务成本”、“其他业务成本”、“管理费用”、“销售费用”等科目，贷记“累计折旧”科目。

四、固定资产的后续支出

固定资产的后续支出是指固定资产在使用过程中发生的更新改造支出、修理费用等。零售企业的固定资产投入使用后，由于各个组成部分耐用程度不同或者使用的条件不同，因而往往发生固定资产的局部损坏。为了保持固定资产的正常运转和使用，充分发挥其使用效能，就必须对其进行必要的后续支出。

按照《企业会计准则第 4 号——固定资产》中的规定，固定资产后续支出如使可能流入企业的经济利益超过了原先的估计，并能够可靠地计量，则应将其予以资本化，计入固定资产账面价值，但增计后的金额不应超过该固定资产的可收回金额。在其他情况下，后续支出应在发生时直接计入当期损益。

使可能流入企业的经济利益超过了原先的估计的情形有：延长了固定资产的使用寿命、使产品质量实质性提高，或者使产品成本实质性降低等，如：企业通过对房屋进行改建、扩建而使其更加坚固耐用，延长了房屋等固定资产的使用寿命；企业通过对设备的改造，提高了其单位时间的使用效率，从而提高了机器设备等固定资产的效能，等等。在这种情况下，应将该固定资产按照账面价值，借记“在建工程”科目，按已提折旧借记“累计折旧”科目，按固定资产原价，贷记“固定资产”科目；发生固定资产修理支出，应借记“在建工程”科目，贷记“银行存款”、“原材料”等科目；期间发生的变价收入应冲减修理成本，借记“银行存款”、“原材料”等科目，贷记“在建工程”科目；在修理结束时，再由“在建工程”科目贷方转入“固定资产”科目的借方。因改建、扩建而延长固定资产使用年限，应对其原使用年限和折旧率进行调整。在其他情况下，则应按固定资产修理的实际支出金额，借记“其他业务成本”、“管理费用”、“销售费用”等科目，贷记“银行存款”等科目。

【例 7 - 50】 崇光公司于 20×1 年 1 月 5 日将三辆运输卡车送至修理厂进行维修，共支付维修费用 45 000 元。由于这三辆运输卡车一直用于卖场搬运业务，而且维修并未增加固定资产的使用价值。

根据有关凭证公司编制会计分录如下：

借：主营业务成本　　　　45 000

　贷：银行存款　　　　　　45 000

五、固定资产处置

零售企业在经营过程中，可能将不适用或不需用的固定资产对外出售转让，或因磨损、技术进步等原因对固定资产进行报废，或因遭受自然灾害等而对毁损的固定资产进行处理。

固定资产处置的包括固定资产的出售、报废、毁损、对外投资转出、对外捐赠、非货币性资产交换、债务重组等。

（一）固定资产清理

零售企业在经营管理过程中，可能将不使用或不需用的固定资产对外出售转让，或因磨损、技术进步等原因对固定资产进行报废，或因遭受自然灾害等非正常损失而对毁损的固定资产进行清理。对于上述事项在进行会计核算时，应按规定程序办理有关手续，结转固定资产的账面价值，计算有关的清理收入、清理费用及应交税费等内容。固定资产的账面价值是固定资产成本扣减累计折旧和累计减值准备后的金额。

零售企业出售、报废、毁损的固定资产应通过“固定资产清理”科目核算。具体包括以下内容：

1. 固定资产转入清理。零售企业出售、报废和毁损的固定资产转入清理时，应按清理固定资产的账面价值，借记“固定资产清理”科目，按已提折旧，借记“累计折旧”科目，按固定资产原价，贷记“固定资产”科目。

2. 发生的清理费用。固定资产清理过程中发生的清理费用，借记“固定资产清理”科目，贷记“银行存款”等科目。

3. 计算交纳的营业税。零售企业销售房屋、机器设备等不动产，按照税法的有关规定，应按其销售额计算缴纳营业税。计算的营业税应借记“固定资产清理”科目，贷记“应交税费——应交营业税”科目。

4. 出售收入和残料等的处理。收到出售固定资产的价款、报废固定资产的残料价值和变价收入等，应冲减清理支出，按实际收到的金额，借记“银行存款”、“原材料”等科目，贷记“固定资产清理”科目。

5. 保险赔偿的处理。零售企业计算或收到的应由保险公司或过失人赔偿的报废、毁损固定资产的损失，应冲减清理支出，借记“银行存款”或“其他应收款”科目，贷记“固定资产清理”科目。

6. 清理净损益的处理。固定资产清理后的净收益，属于筹建期间的，冲减长期待摊费用，借记“固定资产清理”科目，贷记“长期待摊费用”科目；属于经营管理期间的，计入当期损益，借记“固定资产清理”科目，贷记“营业外收入——处理固定资产净收益”科目。固定资产清理后的净损失，属于筹建期间的，计入长期待摊费用，借记“长期待摊费用”科目，贷记“固定资产清理”科目；属于经营管理期间由于自然灾害等非正常原因造成的损失，借记“营业外支出——非常损失”科目，贷记“固定资产清理”科目；属于经营管理期间正常的处理损失，借记“营业外支出——处理固定资产净损失”科目，贷记“固定资产清理”科目。

【例 7-51】 崇光公司 20×1 年 1 月 15 日对外出售办公家具一批，原价 30 000 元，已提折旧 5 000 元。出售收入 42 500 元，支付清理费用 800 元。有关收入、支出均为现金结算。

根据有关凭证公司编制如下会计分录：

(1) 将报废固定资产转入清理：

借：固定资产清理	25 000	
累计折旧	5 000	
贷：固定资产——办公家具		30 000

(2) 收到出售收入：

借：库存现金	42 500	
贷：固定资产清理		42 500

(3) 支付清理费用：

借：固定资产清理	800	
贷：库存现金		800

(4) 结转出售固定资产发生的净收益：

借：固定资产清理	16 700	
贷：营业外收入——处理固定资产净收益		16 700

【例 7-52】 崇光公司的一辆购物班车，原价 250 000 元，已提折旧 80 000 元，在一次意外交通事故中报废。20×1 年 1 月末进行清理，公司收到过失人赔偿款 40 000 元，经过损失鉴定，保险公司同意支付 90 000 元保险额，车辆残料变价收入 3 000 元。根据有关凭证公司编制

如下会计分录：

（1）将报废固定资产转入清理：

借：固定资产清理　　170 000

　　累计折旧　　80 000

　　贷：固定资产——购物班车　　250 000

（2）收到过失人赔偿款：

借：银行存款　　40 000

　　贷：固定资产清理　　40 000

（3）保险公司应赔偿的损失：

借：其他应收款——保险公司赔偿　　90 000

　　贷：固定资产清理　　90 000

（4）收到残料变价收入：

借：银行存款　　3 000

　　贷：固定资产清理　　3 000

（4）结转固定资产清理的净损失：

借：营业外支出——非常损失　　37 000

　　贷：固定资产清理　　37 000

（二）固定资产对外投资或捐赠

零售企业为了拓宽其经营范围，获得更多的经济利益，可以用自己拥有的固定资产作价投资于其他企业。当投资转出固定资产时，按投资协议确认价或市场评估价，借记“长期股权投资”科目，贷记“固定资产清理”科目。

零售企业如果将固定资产对外捐赠，应按固定资产的账面价值计入当期损益，借记“营业外支出——捐赠支出”科目，贷记“固定资产清理”科目。

六、固定资产清查

零售企业应定期对固定资产进行盘点清查，每年至少实地盘点清查一次，以保证固定资产核算的真实性，充分挖掘现有固定资产的潜力。在固定资产清查过程中，如果发现盘盈、盘亏的固定资产，应填制固定资产盘盈盘亏报告表。清查固定资产的损益，应查明原因，经企业权力机构批准后，在期末结账前处理完毕。

零售企业在财产清查中盘盈的固定资产，应根据重置价值作为前期的差错记入“以前年度损溢调整”科目。

【例7-53】 崇光公司20×1年1月末，固定资产清产过程中，发现未入账的电脑一台，其重置价值为5 600元。

根据有关凭证公司编制会计分录如下：

借：固定资产——办公用计算机 5 600

　　贷：以前年度损溢调整 5 600

零售企业盘亏的固定资产也应先通过“待处理财产损溢”科目核算，报经批准后，再转入“营业外支出”科目。发生固定资产盘亏时，按盘亏固定资产的账面价值，借记“待处理财产损溢”科目，按已提折旧，借记“累计折旧”科目，按固定资产原价，贷记“固定资产”科目。盘亏的固定资产报经批准转销时，借记“营业外支出——固定资产盘亏”科目，贷记“待处理财产损溢”科目。

【例7-54】 崇光公司在20×1年1月末，固定资产清产过程中盘亏一批办公家具，其账面原价为60 000元，已提折旧为47 000元。

根据有关凭证公司编制会计分录如下：

（1）盘亏固定资产时：

借：待处理财产损溢——待处理固定资产损溢 13 000

　　累计折旧 47 000

　　贷：固定资产——办公家具 60 000

（2）报经批准转销时：

借：营业外支出——固定资产盘亏 13 000

　　贷：待处理财产损溢——待处理固定资产损溢 13 000

七、固定资产的期末计价

零售企业应于每年年末对固定资产的账面价值进行检查，尤其是金额较大的固定资产。如果出现下列情况之一，表明固定资产可能出现减值：

1. 固定资产的市价当期大幅度下跌，其跌幅明显高于因时间的推移或者正常使用而预计的下跌；

2. 企业的经营环境以及固定资产所处的市场在当期或者将在近期发生重大变化，从而对企业产生不利影响；

3. 市场利率或者其他市场投资报酬率在当期已经提高，从而影响企业计算固定资产预计未来现金流量现值的折现率，导致固定资产可收回金额大幅度降低；

4. 有证据表明固定资产已经陈旧过时；

5. 固定资产已经或者将被闲置、终止使用或者计划提前处置；

6. 企业内部报告的证据表明固定资产的经济绩效已经低于或者将低于预期；

7. 其他表明固定资产可能以及发生减值的迹象。

此时，零售企业应对固定资产的可收回金额进行估计。如果固定资产的可收回金额低于其账面价值，应当将固定资产的账面价值调至可收回金额，确认该资产的减值损失，同时计提相应的资产减值准备。

固定资产的可收回金额应当根据固定资产的公允价值减去处置费用后的净额与其预计未来现金流量的现值两者之间较高者确定。

【例 7－55】 崇光公司于 2006 年 12 月 26 日购入一组监控器用于公司安保使用，原价为 404 000 元，预计净残值 4 000 元，预计使用年限为 8 年，采用平均年限法计提折旧。2007 年 12 月 31 日，由于该资产目前市场价格出现了较大幅度下降，预计可回收金额为 300 000 元。

（1）计算该设备 2011 年 12 月 31 日账面价值。

该设备 2011 年累计折旧额 =（404 000 － 4 000）/8 = 50 000（元）

该设备 2011 年 12 月 31 日账面价值 = 404 000 － 50 000 = 354 000（元）

（2）计提固定资产减值准备。

固定资产减值损失 = 354 000 － 300 000 = 54 000（元）

编制会计分录：

借：资产减值损失　　　　54 000

　　贷：固定资产减值准备　　　　54 000

需要指出的是，固定资产减值损失确定后，减值的固定资产折旧额应当按照已提取减值准备后的资产账面价值扣除预计净残值的金额计提。固定资产减值损失一经确认，在以后会计期间不得转回。

值得说明的是，对于小型零售企业而言，根据重要性原则，其固定资产的期末计价可以采用账面净值，而不必对固定资产计提减值准备。

第六节　零售企业投资性房地产的核算

目前，许多零售企业存在着将部分闲置的产权建筑物对外出租的现象。根据《企业会计准则第 3 号——投资性房地产》规定，为赚取租金或资本增值或两者兼有而持有的房地产应作为投资性房地产单独计量核算。投资性房地产包括三类：

1. 已出租的土地使用权。

2. 持有并准备增值后转让的土地使用权。

3. 已出租的建筑物。

零售企业的经营方式主要涉及的是第三类投资性房地产——已出租的建筑物。它是指以经营租赁方式出租的、企业拥有产权的建筑物。

如果零售企业是将产权建筑物的部分用于赚取租金或资本增值，而另一部分仍由企业自行经营使用，则能够单独计量和出售的、用于赚取租金或资本增值的部分，应当确认为投资性房地产；否则，仍将其确认为固定资产。

一、投资性房地产的计量

投资性房地产有两种计量模式：成本模式和公允价值模式。一般情况下，零售企业应当采用成本模式。

只有存在确凿证据表明投资性房地产的公允价值能够持续可靠取得，才可以采用公允价值模式计量。采用公允价值模式计量的，应当同时满足下列条件：

1. 投资性房地产所在地有活跃的房地产交易市场；

2. 企业能够从房地产交易市场上取得同类或类似房地产的市场价格及其他相关信息，从而对投资性房地产的公允价值作出合理的估计。

二、投资性房地产的核算

零售企业如果存在已出租的建筑物，应单独设置“投资性房地产”科目进行单独核算。

采用成本模式计量的该资产，在使用过程中应比照固定资产的核算内容，计提累计折旧和资产减值准备。为此，零售企业还应再设置“投资性房地产累计折旧”和“投资性房地产减值准备”两个科目。

零售企业在建筑物出租期间取得的租金收入，应当借记“银行存款”等科目，贷记“其他业务收入”科目；在该期间发生的与租赁该资产有关的费用，根据配比关系，应当记入“其他业务成本”科目。

【例7-56】 崇光公司将一栋原自用写字楼整体对外出租，租赁期为2年。该资产原价3 600 000元，已提折旧1 200 000元，未对该资产计提减值准备。公司采用成本模式计量该资产，根据有关凭证公司编制会计分录如下：

（1）自用建筑物转换为投资性房地产时：

借：投资性房地产　　3 600 000

　　贷：固定资产　　3 600 000

借：累计折旧　　1 200 000

　　贷：投资性房地产累计折旧　　1 200 000

（2）出租期间，按月计提折旧费 16 000 元：

借：其他业务成本　　16 000

　　贷：投资性房地产累计折旧　　16 000

如果零售企业在租赁期满时将该资产以 2 200 000 元价格对外出售，则应编制如下会计分录：

借：银行存款　　2 200 000

　　贷：其他业务收入　　2 200 000

同时，

借：其他业务成本　　2 016 000

　　投资性房地产累计折旧

　　　　1 584 000（1 200 000 +16 000 ×24）

　　贷：投资性房地产　　3 600 000

零售企业已对投资性房地产计提减值准备的，还应同时结转减值准备。

如果在租赁期满时零售企业将该投资性房地产重新转为自用建筑物，则应按照其在转换日的账面原价、累计折旧、减值准备，分别转入"固定资产"、"累计折旧"、"固定资产减值准备"科目。

采用公允价值模式计量的投资性房地产时，零售企业应在"投资性房地产"科目下设"成本"和"公允价值变动"两个明细科目进行相关业务核算。

【例 7－57】 承【例 7－56】 公司采用公允价值模式计量该资产，转换日资产公允价值为 2 600 000 元，根据有关凭证公司编制会计分录如下：

借：投资性房地产——成本　　2 600 000

　　累计折旧　　1 200 000

　　贷：固定资产　　3 600 000

　　　　资本公积——其他资本公积　　200 000

如果投资性房地产转换日公允价值小于原账面价值，其差额应借记"公允价值变动损益"科目。

在投资性房地产使用期间，零售企业不对其计提折旧和减值准备，而是以资产负债表日该资产的公允价值为基础调整其账面价值。如果投资性房地产公允价值高于其账面余额的差额，借记“投资性房地产——公允价值变动”科目，贷记“公允价值变动损益”科目；公允价值低于账面余额的差额作相反会计分录。

租赁期满后，零售企业如果将采用公允价值计量的投资性房地产转换为自用资产时，应当按照转换日的公允价值作为自用资产账面价值，公允价值与投资性房地产账面余额的差额应记在“公允价值变动损益”科目；如果处置采用公允价值计量的投资性房地产，应当将处置收入扣除其账面价值和相关税费后的金额计入当期损益。

【例7－58】 承【例7－57】 崇光公司将该投资性房地产在租赁期满后以2 200 000元价格对外出售，该投资性房地产“公允价值变动”明细科目有贷方余额320 000元。

假设不考虑相关税费，公司根据有关凭证编制会计分录如下：

借：银行存款	2 200 000	
贷：其他业务收入		2 200 000
借：其他业务成本	2 280 000	
投资性房地产——公允价值变动	320 000	
贷：投资性房地产——成本		2 600 000

同时，

借：其他业务收入	320 000	
贷：公允价值变动损益		320 000
借：资本公积——其他资本公积	200 000	
贷：其他业务收入		200 000

第七节　零售企业无形资产及其他长期资产的核算

无形资产是指零售企业拥有或者控制的没有实物形态的可辨认非货币性资产，包括专利权土地使用权特许权、商标权等。

其他资产是指企业流动资产、长期投资、固定资产和无形资产以外的资产，主要包括长期待摊费用和特种储备物资、银行冻结存款、冻结物资以及诉讼中财产等。其他长期资产也是零售企业资产的重要组成部分，除长期待摊费用外，因其不参加零售企业正常生产经营活动，因此，它们要与参加生产经营资产分别核算，并在资产负债表中单独反映。

一、无形资产的核算

（一）无形资产的确认与计量

资产满足下列条件之一的，符合无形资产定义中的可辨认性标准：

1. 能够从企业中分离或者划分出来，并能单独或者与相关合同、资产或负债一起，用于出售、转移、授予许可、租赁或者交换。

2. 源自合同性权利或其他法定权利，无论这些权力是否可以从企业或其他权利和义务中转移或者分离。

无形资产只有在满足以下条件时，才能加以确认：

1. 该资产为企业获得的经济利益很可能流入企业；

2. 该资产的成本能够可靠地计量。

零售企业判断无形资产产生的经济利益是否很可能流入时，应当对无形资产在预计使用寿命内可能存在的各种经济因素做出合理估计，并且应当有明确证据支持。

无形资产按照其经济寿命期限是否确定，可以分为使用寿命有限的无形资产和使用寿命不确定的无形资产。使用寿命有限的无形资产一般在有关合同或法律中规定了其最长有效期限，如专利权、著作权等，无形资产的使用期限确定。使用寿命不确定的无形资产一般不存在合同或法律约定期限，而且其经济寿命难以预先准确估计，如非专利技术。

（二）无形资产的核算

为了核算无形资产的取得、摊销和转让等情况，零售企业应设置“无形资产”科目。该科目借方登记取得无形资产的实际成本，贷方登记无形资产的摊销成本以及出售无形资产转出的无形资产账面余额，期末借方余额反映已入账但尚未摊销的无形资产的摊余价值。该科目应按无形资产类别设置明细科目，进行明细核算。

1. 无形资产取得的核算。零售企业取得无形资产时，应按取得时的实际成本计量。取得无形资产的主要方式有购入、自行开发和投资者投入等。不同的取得方式，其会计处理也各不相同。

（1）外购的无形资产。外购无形资产的成本，包括购买价款、相关税费以及直接归属于使该项资产达到预定用途所发生的其他支出，借记“无形资产”科目，贷记“银行存款”等科目。购买无形资产的价款超过正常信用条件延期支付，实质上具有融资性质的，无形资产的成本以购买价款的现值为基础确定。

【例7-59】 崇光公司购进一项非专利技术，以银行存款支付了买价和相关费用合计30 000元。

根据有关凭证公司编制会计分录如下：

借：无形资产——非专利技术　　30 000

　贷：银行存款　　30 000

（2）自行研发的无形资产。企业内部研究开发项目的支出，应当区分研究阶段支出与开发阶段支出。研究是指为获取并理解新的科学或技术知识而进行的独创性的有计划调查；开发是指在进行商业性生产或使用前，将研究成果或其他知识应用于某项计划或设计，以生产出新的或具有实质性改进的材料、装置、产品等。

研究阶段的支出，应予以费用化并于发生时计入当期损益。即，发生研究支出时借记“研发支出——费用化支出”科目，贷记“银行存款”等科目；期末根据全部研发支出，借记“管理费用”科目，贷记“研发支出——费用化支出”科目。

开发阶段的支出同时满足下列五个方面的条件时，才能确认为无形资产并予以资本化：

第一，从技术上讲，完成该无形资产以使其能够使用或出售具有可行性。

第二，具有完成该无形资产并使用或出售的意图。

第三，无形资产产生经济利益的方式，包括能够证明运用该无形资产的产品存在市场或无形资产自身存在市场，无形资产在内部使用的，应当证明其有用性。

第四，有足够的技术、财物资源和其他资源支持，以完成该无形资产的开发，并有能够使用或出售该无形资产。

第五，归属于该无形资产开发阶段的支出能够可靠计量。

企业开发阶段予以资本化的支出，应借记“研发支出——资本化支出”科目，贷记“银行存款”等科目；在确认无形资产时，根据全部开发支出，借记“无形资产”科目，贷记“研发支出——资本化支出”科目。

此外，企业自创商誉以及内部产生的品牌、报废刊名等不能确认为无形资产。不符合确认条件的，不构成无形资产项目的支出应于发生时直接计入当期损益。

（3）接受投资投入的无形资产。投资者投入的无形资产，应以投资各方确认的价值作为入账价值，但企业为首次发行股票而接受投资者投入的无形资产，应以该无形资产在投资方的账面价值作为入账价值。例题请见第六章第二节投入资本的核算。

2. 无形资产摊销的核算。由于无形资产的使用期限超过了 1 年或一个营业周期，因此为取得无形资产而发生的支出属于资本性支出，零售企业应当于取得无形资产时分析判断其使用寿命，将其成本在该期限内摊入企业的成本费用，这一过程即为无形资产的摊销。

无形资产的使用寿命为有限的，应当估计该使用寿命的年限或者构成使用寿命的产量等类似计量单位数量；无法预见无形资产为企业带来经济利益期限的，应当视为使用寿命不确定的无形资产。

使用寿命为有限的无形资产，其应摊销金额在使用寿命内系统合理摊销，即无形资产摊销的开始月份为取得当月，处置无形资产的当月不再摊销。企业选择的无形资产摊销方法，应当反映与该项无形资产有关的经济利益的预期实现方式。无形资产的摊销方法一般采用直线法。

无形资产的应摊销金额为其成本扣除预计残值后的金额。已计提减值准备的无形资产，还应扣除已计提的无形资产减值准备累计金额。使用寿命有限的无形资产，其残值应当视为零，但下列情况除外：

（1）由第三方承诺在无形资产使用寿命结束时购买该无形资产。

（2）可以根据活跃市场得到预计残值信息，并且该市场在无形资产使用寿命结束时很可能存在。

如预计使用年限超过了相关合同规定的受益年限或法律规定的有效年限，该无形资产的摊销年限按如下原则确定：

（1）合同规定了受益年限但法律没有规定有效年限的，摊销年限不应超过合同规定的受益年限。

（2）合同没有规定受益年限但法律规定了有效年限的，摊销年限不应超过法律规定的有效年限。

（3）合同规定了受益年限，法律也规定了有效年限的，摊销年限不应超过受益年限和有效年限二者之中较短者。

为了分别反映无形资产的原始价值和累计摊销额，应设置“累计摊销”科目，零售企业应当按上述规定的摊销期限平均摊销无形资产的成本。零售企业自用的无形资产，其摊销的无形资产价值应当计入当期管理费用；出租的无形资产（又转让无形资产的使用权），相关的无形资产摊销价值应当计入其他业务成本。即，借记“管理费用”、“其他业务成本”等科目贷记“累计摊销”科目。

【例 7－60】 崇光公司接受投资者投入的一项商标权，入账价值为

240 000 元，合同规定受益年限为 10 年。该企业自取得当月起每月应摊销 2 000 元（240 000 ÷ 10 ÷ 12）。

根据有关凭证公司编制会计分录如下：

借：管理费用——无形资产摊销　　2 000

　　贷：累计摊销　　2 000

使用寿命不确定的无形资产不应摊销。

零售企业至少应当于每年年度终了，对使用寿命有限的无形资产的使用寿命及摊销方法进行复核。无形资产的使用寿命及摊销方法与以前估计不同的，应当改变摊销期限和摊销方法。同时，企业也应当在每个会计期间对使用寿命不确定的无形资产的使用寿命进行复核。如果有证据表明无形资产的使用寿命是有限的，应当估计其使用寿命，并按有关规定进行处理。

3. 无形资产处置和报废的核算。零售企业所拥有的无形资产，可以依法转让。企业转让无形资产的方式有两种：一是转让其所有权，二是转让其使用权。

企业转让无形资产的使用权实际上就是一种出租行为。由此产生的收入应计入"其他业务收入"科目，相关的费用和税金应计入"其他业务成本"科目。

企业转让无形资产所有权即出售无形资产，则应将其出售收入与无形资产账面余额的差额计入营业外收入或营业外支出。也就是说，出售无形资产时，按实际取得的出售收入，借记"银行存款"科目，按累计摊销额，借记"累计摊销"科目，按已计提的减值准备，借记"无形资产减值准备"科目，按无形资产账面余额，贷记"无形资产"科目，按支付的相关税费，贷记"应交税费"等科目，按其差额，贷记"营业外收入——出售无形资产收益"科目或借记"营业外支出——出售无形资产损失"科目。

【例 7－61】 崇光公司将其购入的某项专利权出售给其他企业，该专利权的账面原价为 60 000 元，已摊销 20 000 元，实际取得出售收入 50 000 元，款项已存入银行，出售无形资产的营业税率为 5%（假设不考虑其他税种）。

根据有关凭证公司编制会计分录如下：

借：银行存款　　50 000

　　累计摊销　　20 000

　　贷：无形资产——专利权　　60 000

　　　　应交税费——应交营业税　　2 500

　　　　营业外收入——出售无形资产收益　　7 500

零售企业拥有的无形资产若预期不能为企业带来经济利益的，应当将该无形资产的账面价值予以转销，计入“营业外支出”科目。

二、长期待摊费用的核算

长期待摊费用是指零售企业已经支出、但摊销期限在1年以上（不含1年）的各项费用。零售企业在进行长期待摊费用的核算时，不得随意增加费用项目，不得将应计入当期损益的费用计入长期待摊费用。长期待摊费用应当单独核算，在费用项目的受益期限内平均摊销。

除购置和建造固定资产以外，所有筹建期间发生的费用，应先在长期待摊费用中归集，待零售企业开始生产经营起一次计入开始生产经营当期的损益。

如果长期待摊费用项目不能使以后会计期间受益的，应当将尚未摊销的该项目的摊余价值全部转入当期损益。

为了反映和监控长期待摊费用的发生、摊销和结存等情况，零售企业应设置“长期待摊费用”科目，该科目借方登记所发生的各项长期待摊费用，贷方登记摊销数额，借方余额反映期末尚未摊销的长期待摊费用的余额。长期待摊费用科目下应按费用的种类设置明细科目，进行明细核算。

长期待摊费用的会计处理比较简单，发生长期待摊费用时，借记“长期待摊费用”科目，贷记“银行存款”等科目。摊销时，借记“管理费用”等科目，贷记“长期待摊费用”科目。

第八章 8

零售企业费用和税金及附加的核算

零售企业的费用和税金及附加是指零售企业在生产经营过程中，为取得各项收入而发生的各项费用以及向国家交纳的各种税金及附加。税费核算的正确与否一方面直接影响到企业的成本费用和经营成果，另一方面也影响到国家的税收收入，如果企业没有按照有关规定及时申报和交纳各种税费将可能受到相应的制裁影响企业的发展。那么零售企业生产经营过程中会发生那些税费呢？这些税费如何核算？下面就让我们一起来探索吧！

第一节　零售企业费用的核算

一般来说，费用是指企业在日常活动中发生的、会导致所有者权益减少的、与向所有者分配利润无关的经济利益的总流出。而在不同的企业，费用有不同的表现形式，对于零售企业而言，费用是指企业进行商品收购、运输、保管和销售等经营活动中所发生的经济利益的总流出。

一、零售企业费用的范围和内容

商品流通费是商品流通领域内的必要劳动消耗。凡与组织商品流通活动有密切联系的人力、财力、物力的正常消耗都属于商品流通费开支范围。商品流通费分为销售费用、管理费用和财务费用。

（一）销售费用

销售费用是指企业在销售商品过程中发生的费用，包括在购买商品过程中发生的运输费、装卸费、包装费、保险费、运输途中的合理损耗和入库前的挑选整理费等；为销售商品而发生的展览费、广告费、专设的销售机构（含销售网点、售后服务网点等）的职工工资及福利费、类似工资性质的费用、业务费等销售费用。零售企业在采购商品过程中发生的运输费、装卸费、保险费以及其他可归属于存货采购成本的费用等进货费用，可以计入存货采购成本，也可以先进行归集，期末根据所购商品的存销情况进行分摊。对于已售商品的进货费用，计入当期损益（销售费用）；对于未售商品的进货费用，计入期末存货成本。企业采购商品的进货费用金额较小的，可以在发生时直接计入当期损益（销售费用）。

（二）管理费用

管理费用是指企业为组织和管理企业生产经营所发生的管理费用，包括企业在筹建期间内发生的开办费、董事会和行政管理部门在企业的经营管理中发生的或者应由企业统一负担的公司经费（包括行政管理部门职工薪酬、物料消耗、低值易耗品摊销、办公费和差旅费等）、工会经费、董事会费（包括董事会成员津贴、会议费和差旅费等）、聘请中介机构费、咨询费（含顾问费）、诉讼费、业务招待费、房产税、车船使用税、土地使用税、印花税、技术转让费、矿产资源补偿费、研究费用、排污费以及企业生产车间（部门）和行政管理部门等发生的固定资产修理费等后续支出等。

需要注意的是：如果零售企业管理费用不多的，可不单独核算，可并入销售费用核算。

（三）财务费用

财务费用是指企业为筹集生产经营所需资金等而发生的筹资费用，包括利息支出（减利息收入）、汇兑损益以及相关的手续费以及企业发生的现金折扣或收到的现金折扣以及其他财务费用等。

上述销售费用、管理费用、财务费用属于期间费用，在发生当期就计入当期损益。

二、费用会计科目设置

企业应分别设置“销售费用”、“管理费用”和“财务费用”等科目核算商品流通费的增减变动情况。“销售费用”、“管理费用”和“财务费用”均为损益类科目。发生各项费用时，分别借记以上科目；冲减本期费用和期末将“销售费用”、“管理费用”和“财务费用”的余额结转“本年利润”科目时，分别贷记“销售费用”、“管理费用”“和“财务费用”科目；结转后，“销售费用”、“管理费用”和“财务费用”科目应无余额。

商品流通费用的明细核算，是在“销售费用”、“管理费用”、“财务费用”科目下，按费用项目设置明细账，以反映各项费用的支出详细情况。明细账的账页格式主要有两种：一种是三栏式，另一种为多栏式。多栏式账页就是在账页的“借方”栏内按费用项目设置若干小栏，不设“贷方”栏，如发生贷方金额，可在“借方”栏用红字记载。月末，各小栏蓝字金额合计数与红字金额合计数之差，就是当月的费用净发生额。“销售费用”多栏式明细账账页如表8－1所示。

表8－1 销售费用明细分类账

年		凭证		摘要	借方							合计	累计
月	日	字	号		运杂费	装卸费	整理费	包装费	展览费	工资及福利费	…		

三、费用重点项目的核算

零售企业费用的重点项目，一是指对企业经营管理有较大影响和在费用总额中占有较大比重的费用项目，如商品损耗、保管费、利息等；二是指会计核算内容较为复杂的费用项目，如利息费用、工资支出等。现选择部分项目说明其核算方法：

（一）运杂费用

运杂费在商品流通费中占有较大比重，但其核算方法并不复杂。进行运杂费核算的主要目的在于通过核算，促进商品的合理运输和运杂费用的管理，包括商品的合理流向，运输方式、运输路线和运输工具的合理选择等等。进行运杂费核算时，要做好以下三个方面的工作：

1. 建立严密的内部手续制度和稽核制度，对运杂费用的合法性和合理性进行审核和监督，防止不合理行为，制止违法行为。

2. 要做好运杂费用的分摊工作。特别是运杂费用支出大，月季度之间进销又不平衡的商品，应当按照商品的存销比例分摊运杂费用以便正确计算商品经营盈亏。

3. 要利用核算资料，做好运杂费用的分析和考核工作，及时总结经验，揭露问题，提出建议。

零售企业在销售环节发生的运杂费直接计入销售费用，而在采购商品过程中发生的运输费、装卸费、保险费以及其他可归属于存货采购成本的费用等进货费用，可以计入存货采购成本，也可以先进行归集，期末根据所购商品的存销情况进行分摊。对于已售商品的进货费用，计入当期损益（销售费用）；对于未售商品的进货费用，计入期末存货成本。企业采购商品的进货费用金额较小的，可以在发生时直接计入当期损益（销售费用）。

（二）职工薪酬费用的核算

职工薪酬，是指企业为获得职工提供的服务而给予各种形式的报酬以及相关支出。职工薪酬包括：职工工资、奖金、津贴和补贴；职工福利费；医疗保险费、养老保险、失业保险、工伤保险和生育保险等社会保险；住房公积金；工会经费和职工教育经费；非货币性福利；因解除与职工的劳动关系给予的补偿以及其他与获得职工提供的服务相关的支出。

1. 工资的核算。工资是企业以货币形式支付给职工个人的劳动报酬；是企业对职工的一种负债；是企业对职工付出智力、体力的劳动而给予的经济补偿。在会计上设"应付职工薪酬——工资"科目核算企业应付给职工的工资总额。根据国家统计局发布的《关于职工工资总额组成的规定》中说明，工资总额由计时工资、计件工资、奖金、津贴和补贴、加班加点工资和特殊情况下支付的工资六部分组成。

零售企业按劳动工资制度的规定，根据职工的工资等级、工资标准、考勤记录，编制"工资结算汇总表"，计算实际应发放的工资。具体讲，根据考勤记录登记的每一职工出勤或缺勤日数，按照规定的工资标准计算的工资。工资标准是指单位工作时间各等级职工的标准工资额。按其计算的时间不同，有月薪制、日薪制和小时工资制等。企业劳动关系的职工的计时工资，一般按月薪计算；企业劳务关系的职工的计时工资，一般按日薪计算或按小时工资计算。实行月薪制的企业，计算应付职工工资，其工资标准就是月基础工资。实际工作中，为了便于计算计时工资，一般在月基础工资的基础上计算日工资率，其计算公式为：

日工资率 = 月基础工资/30 天

计时工资一般采用"扣缺勤法"计算，即在月基础工资的基础上扣除缺勤应扣工资，计算出月应付职工薪酬。计算公式如下：

月应付职工薪酬 = （月基础工资 - 旷工、事假应扣工资 - 病假应扣工资）+ 计入工资总额的奖金 + 工资性津贴和补贴 + 加班加点工资 + 其他工资

其中：

旷工、事假应扣工资 = 旷工、事假天数 × 日工资 × 旷工、事假应扣工资百分比

病假应扣工资 = 病假天数 × 日工资 × 病假应扣工资百分比

需要注意的是：在实际工作中，计算计时工资时，旷工、事假应扣工资和病假应扣工资并没有统一的标准，只要不违反我国《劳动法》的有关规定，工资的计算属于企业的商业秘密，一般不对外公布。零售企业工资结算的会计处理主要包括以下几个方面：

（1）发放工资的会计处理。发放工资时，财务部门应根据"工资结算汇总表"所列的实发现金金额开出"工资支付专用凭证"向开户银行提取现金。借记"库存现金"科目，贷记"银行存款"科目；用现金支付工资时，借记"应付职工薪酬——工资"科目，贷记"库存

现金”科目。

如果由银行代发工资的企业，按实发工资总额开出“银行转账支票”连同“工资分配明细表”一并送交银行时，借记“应付职工薪酬——工资”科目，贷记“银行存款”科目。

(2) 代扣款项的会计处理。代扣款项可以分为两种情况：一是企业内部转账的，如代扣职工宿舍的房租、水电费、职工出差的借支等；二是受其他单位委托代扣的，如受社会保险中心委托代扣的由职工个人负担的养老保险金、医疗保险金、失业保险金部分；受房改中心委托代扣职工个人负担的住房公积金部分以及受税务局委托代扣职工个人所得税等。但必须注意的是由于地区价格的差异企业代扣的养老保险金、医疗保险金、失业保险金和住房公积金以企业所在地区的扣除基数与扣除比例为准。

对于企业内部转账的各种代扣款项，代扣时，除借记“应付职工薪酬——工资”科目外，应根据具体情况，贷记“销售费用”（代扣房租、水电费等）、“管理费用”（代扣交通费等）、“其他应收款”（代扣职工出差的借支等）“应付职工薪酬——职工福利”（代扣职工家属医药费等）等科目。

对于受其他单位委托的代扣款项，在扣回时，借记“应付职工薪酬——工资”科目，贷记“其他应付款”（代扣养老保险金、医疗保险金、失业保险金、生育保险和住房公积金等）、“应交税费——应交个人所得税”（代扣个人所得税）等科目。用现金或银行存款支付给代扣单位时，借记“其他应付款”、“应交税费——应交个人所得税”科目，贷记“银行存款”或“库存现金”科目。

此外，职工在规定期限内未领取的工资，由发放工资的单位交回财务部门时，借记“库存现金”科目，贷记“其他应付款”科目。财务部门还应另行编制“待领工资明细表”，予以反映。

(3) 工资分配的会计处理。月份终了，应将本月应付职工薪酬进行分配。按照工资的用途和成本、费用管理的要求，直接从事销售服务人员的工资应记入“销售费用”科目的借方；零售企业管理人员和长期病假人员工资应记入“管理费用”科目的借方；经营性兼营项目人员工资应记入“其他业务成本”科目的借方等。分配的工资总额应记入“应付职工薪酬——工资”科目的贷方。

【例 8-1】 崇光公司 2007 年 1 月份财务部门编制的“工资结算汇总表”如表8-2所示。

表 8－2 **工资结算汇总表**

企业名称：崇光公司 2007 年 1 月 单位：元

部门	标准工资	奖金	各种津贴补贴				扣病事假工资		应付职工薪酬工资总额	非工资津贴		代扣款项			实发工资
			岗位津贴	副食补贴	价格津贴	取暖补贴	事假工资	病假工资		独生子女费	车补	养老保险	医疗保险	个人所得税	
销售人员	48 000	2 400	4 100	1 000	1 800	1 200	500		58 000	1 180	570	46 400	1 160	1 930	52 020
管理人员	13 150	1 060	690	190	425	60		400	15 375	307. 5	350	1 230	307. 5	465	14 030
经营租赁业务人员	9 300	600	400	110	200	40			10 650	190	260	852	213	315	9 720
长期病假人员	500			40	25	10			575			46	24		505
合计	70 950	4 060	5 190	1 340	2 450	1 310	500	200	84 600	1 677. 5	1 180	6 768	1 704. 5	2 710	76 275

根据上述资料崇光公司 2007 年 1 月份有关工资核算业务的会计处理如下：

（1）1 月末根据实发工资总额开出现金支票提取现金，备发工资：

借：库存现金 76 275

　贷：银行存款 76 275

（2）1 月末用现金发放工资（按有关规定随同工资发放的独生子女补助应由福利费开支，交通补贴应计入管理费用）：

借：应付职工薪酬——工资

73 417. 5（84 600 － 6 768 － 1 704. 5 － 2 710）

——职工福利 1 677. 5

管理费用 1 180

　贷：库存现金 76 275

（3）1 月末按规定代扣，并缴纳养老保险、医疗保险和个人所得税等，代扣款项：

借：应付职工薪酬——工资 11 182. 5

　贷：其他应付款——代扣养老保险金 6 768

——代扣医疗保险金 1 704.5

应交税费——应交个人所得税 2 710

借：其他应付款——代扣养老保险金 6 768

——代扣医疗保险金 1 704.5

应交税费——应交个人所得税 2 710

贷：银行存款 11 182.5

（4）1月末维修部经理李玉因病未领工资1 955元，由经理部交回财务部门代保管：

借：库存现金 1 955

贷：其他应付款——职工代领工资（李玉） 1 955

（5）1月末根据“工资结算汇总表”分配本月工资：

借：销售费用 58 000

管理费用 15 950（15 375 +575）

其他业务成本 10 650

贷：应付职工薪酬——工资 84 600

（6）2月5日维修部经理李玉病愈归来，到财务部门领取工资1 955元：

借：其他应付款——职工代领工资（李玉） 1 955

贷：库存现金 1 955

2. 职工福利的核算。职工福利，是指企业职工从事生产经营活动除了获取劳动报酬外，还享受一定的福利补助，如困难职工生活补助费、医疗费、丧葬补助费、独生子女保健费等。为了反映职工福利的支付与分配情况，企业应设置“应付职工薪酬——职工福利”科目进行核算。

企业实际发生福利支出时，应借记“应付职工薪酬——职工福利”科目，贷记“库存现金”等科目。月末，企业应按照用途对实际发生的职工福利费进行分配。如果各月实际发生的职工福利费相差不大，企业可以根据实际发生的福利费金额进行分配；如果各月实际发生的职工福利费相差较大，则企业应根据估计的金额进行分配。企业分配职工福利费时，与工资费用一样也是按用途和发生部门进行归集和分配，借记“销售费用”、“管理费用”、“其他业务成本”等科目，贷记“应付职工薪酬——职工福利”科目。

【例8－2】 崇光公司各月实际发生的职工福利费相差较大，2007年1月份财务部门按工资总额的14%估计职工福利费金额，编制“职工福利费分配表”，如表8－3所示。

表 8－3　　职工福利费分配表

企业名称：崇光公司　　2007 年 1 月　　单位：元

部　　门	工资总额	职工福利费（估计比重为 14%）
销售人员	58 000	8 120
管理人员	15 375	2 152.5
经营性兼营人员	10 650	1 491
长期病假人员	575	80.5
合　　计	84 600	11 844

根据有关凭证公司编制会计分录如下：

（1）1 月末根据“职工福利费分配表”分配本月职工福利费：

借：销售费用　　8 120

　　管理费用　　2 233（2 152.5 + 80.5）

　　其他业务成本　　1 491

　　贷：应付职工薪酬——职工福利　　11 844

（2）1 月末用现金支付职工百灵住院费 5 400 元：

借：应付职工薪酬——职工福利——医疗费支出（百灵）

　　5 400

　　贷：库存现金　　5 400

3. 住房公积金和社会保险费的核算。住房公积金是指按照国家规定由国家、企业和职工共同负担的用于解决职工住房问题的费用。社会保险是指按照国家规定由国家、企业和职工个人共同负担的费用，包括养老保险金、医疗保险金、失业保险金、生育保险等。为了反映住房公积金和社会保险费的计提，分配和缴纳情况，企业应设置“应付职工薪酬——住房公积金”科目和“应付职工薪酬——社会保险费”科目进行明细核算。

应由国家负担的住房公积金和社会保险费，应在实际发生时国家财政转移支付给住房公积金基金科目和社保基金科目；应由企业负担的住房公积金和社会保险费，应在职工为其提供服务的会计期间，根据职工工资总额的一定比例计算，并按照规定的用途进行分配，借记“销售费用”、“管理费用”、“其他业务成本”等科目，贷记“应付职工薪酬——住房公积金”科目和“应付职工薪酬——社会保险费”科目；应由职工个人负担的住房公积金和社会保险费，属于职工工资的组成部分应根据职工工资总额的一定比例计算，并在职工工资中由企业代扣，借记“应付职工薪酬——工资”科目，贷记“其他应付款”科目（见工资的核算）。

企业缴纳住房公积金和社会保险费时，应根据企业负担的部分和职工负担的部分分别借记“应付职工薪酬——住房公积金（社会保险费）”科目和“其他应付款”科目，贷记“银行存款”科目。

此外，职工薪酬中的工会经费以及职工教育经费以及非货币性福利等，如果国家规定了计提基础和计提比例的，应当按照国家规定的标准计提；如果国家没有规定计提基础和计提比例的，企业应当根据历史经验数据和实际情况合理预计，并参照职工福利费的分配计入相关的成本、费用；因解除与职工的劳动关系给予的补偿，实际发生时借记“管理费用”科目，贷记“应付职工薪酬——辞退福利”科目；实际支付时借记“应付职工薪酬——辞退福利”科目，贷记“银行存款”科目。

（四）利息费用的核算

任何企业在生产经营活动中，除了自有资金外，都必然要筹措和使用一定比例的借入资金，因借入资金而付出的代价，称之为利息费用。企业借入资金用途不同，其利息补偿的方式也不同。利息费用有以下两种处理方法：

1. 利息费用费用化，就是将借款费用于发生的当期确认为费用，计入当期损益。也就是将发生的利息费用记入“财务费用”科目。

2. 利息费用资本化，就是将与建造资产直接相关的借款费用，于发生的当期计入有关资产的历史成本中。也就是将发生的利息费用记入“在建工程”或“固定资产”科目。

上述利息费用的核算已在“零售企业资金来源的核算”中做了介绍，此处不再赘述。

第二节　零售企业税金及附加的核算

税金是企业根据税法规定向国家交纳并由企业经营收入负担的各种税款，它是企业实现和创造新价值的组成部分。企业上交的各种税金既构成国家财政收入的主要来源，也形成了企业一项重要支出。依照税法规定及时足额交纳各种税金，对于加强零售企业经济核算，保证国家财政收入，促进国民经济发展有着重要的作用。

零售企业依照法律法规规定应向国家交纳的各种税金及附加费用主

要有：销售商品等应交纳的增值税，销售金银首饰应交纳的消费税，经营管理的营业税、城市维护建设税、企业所得税和教育费附加；自有车船、房产及占用城镇土地应交纳的车船使用税、房产税、城镇土地使用税；签订合同、启用账簿、书立契约、领受证照等应交纳的印花税以及代扣代缴的个人所得税等。

企业应设置“应交税费”、“营业务税金及附加”科目核算税金及附加支出及其交纳情况。

“营业务税金及附加”科目是损益类科目，反映企业应由销售商品负担的税金包括营业税、消费税、城乡维护建设税、出口关税和教育费附加等。该科目的借方登记计算应交纳的各种税金及附加；贷方登记期末结转至“本年利润”科目的金额，结转后该科目无余额。

“应交税费”科目核算企业应交税费的形成及其交纳情况。该科目贷方登记应交纳的各种税金，借方登记实际交纳的税金。期末余额在贷方，表示企业尚未交纳的税金；期末余额在借方，表示多交或尚未抵扣的税金。其明细账应按应交税费的种类设置。

一、增值税的核算

增值税。是指对在我国境内销售货物、进口货物，或提供加工、修理修配劳务的增值额征收的一种流转税。凡从事销售或者进口货物，提供应税劳务的单位和个人均为增值税纳税人。

有关增值税的核算已在本书第六章“零售商品的售价金额核算”中进行了讲解，在此就不再赘述。

二、营业税的核算

营业税的纳税人是在我国境内提供应税劳务、转让无形资产或销售不动产的单位和个人。其中：应税劳务是指属于交通运输业、建筑业、金融保险业、邮电通信业、文化体育业、娱乐业、服务业税目征收范围的劳务，不包括加工、修理修配等劳务；转让无形资产；是指转让无形的所有权或使用权的行为；销售不动产，是指有偿转让不动产的所有权，转让不动产的有限产权或永久使用权，以及单位将不动产无偿赠与他人等视同销售不动产的行为。营业税的计算公式是：

营业税 = 营业额 × 营业税税率

公式中的营业额是指纳税人提供应税劳务、转让无形资产和销售不动产而向对方收取的全部价款和价外费用。营业税税率为3%—20%。

企业按照营业额及其适用的税率，计算应交的营业税时，借记“营业税金及附加”、“其他业务成本”、“固定资产清理”等科目，贷记“应交税费——应交营业税”科目；实际上交时，借记“应交税费——应交营业税”科目，贷记“银行存款”科目。

【例8-3】 崇光公司20×1年1月运营收入为500 000元，适用的营业税税率为3%，该公司应交纳营业税的会计处理方法如下：

应交营业税 = 500 000 × 3% = 15 000（元）

借：营业税金及附加　　15 000

　　贷：应交税费——应交营业税　　15 000

实际交纳时：

借：应交税费——应交营业税　　15 000

　　贷：银行存款　　15 000

企业转让无形资产或销售不动产交纳营业税的会计处理方法，可参见第七章相关内容。

三、消费税的核算

消费税是指在我国境内从事生产、委托加工和进口应税消费品的单位和个人就其应税消费品的销售额或销售数量征收的一种税。是国家为了调节消费结构，正确引导消费方向，在普遍征收增值税的基础上，针对部分消费品而加征的一种流转税。其应税消费品包括烟、酒及酒精、化妆品、护发护肤品、贵重首饰及珠宝玉石、鞭炮和烟火、汽油、柴油、汽车轮胎、摩托车、小汽车等。消费税的征收方法采取从价定率和从量定额两种方法，其中实行从价定率办法的应纳税额为销售额乘以适用的消费税税率（销售额包括向购买方收取的全部价款和价外费用，但不含增值税）；实行从量定额办法的应纳税额为销售数量乘以单位税额。

需要注意的是：消费税一般只在生产和进口环节征收，一旦出了生产环节，进入流通领域不再交纳消费税，因此，零售企业一般不设计消费税的计算与交纳，但是如果销售金银首饰的零售企业按税法规定应交纳消费税。

零售企业按规定计算应交消费税时，借记“营业税金及附加”等科目，贷记“应交税费——应交消费税”科目；实际缴纳时，借记“应交税费——应交消费税”科目，贷记“银行存款”科目。

四、城市维护建设税和教育费附加的核算

城市维护建设税是指国家为了加强城市维护建设，扩大和稳定城市维护建设资金的来源，而开征的一种地方税。根据《中华人民共和国城市维护建设税暂行条例》规定，凡交纳增值税、营业税、消费税的单位和个人，都是城市维护建设税的纳税义务人，以纳税人实际交纳的增值税、营业税、消费税税额之和，按1%至7%的税率计税，与增值税、营业税、消费税同时交纳。

零售企业按规定计算应交城市维护建设税时，借记“营业税金及附加”、“其他业务成本”等科目，贷记“应交税费——应交城市维护建设税”科目；实际交纳时，借记“应交税费——应交城市维护建设税”科目，贷记“银行存款”科目。

应交纳城市维护建设税税额 = [（实际交纳）增值税 + 消费税 + 营业税] ×适用税率

【例8－4】 崇光公司20×1年1月购进商品进项税额350 000元，销项税额950 000元，增值税率17%。假设无其他税费，城市维护建设税7%。

应交增值税 =（950 000－350 000）×17% =102 000（元）

应交城市维护建设税 =102 000×7% =7 140（元）

编制如下会计分录：

（1）计算应交城市维护建设税时：

借：营业税金及附加　　7 140

　　贷：应交税费——应交城市维护建设税　　7 140

（2）上交城市维护建设税时：

借：应交税费——应交城市维护建设税　　7 140

　　贷：银行存款　　7 140

教育费附加是国家为了发展我国的教育事业，提高人民的文化素质；加快发展地方教育事业，扩大地方教育经费的资金来源而征收的一种附加费用。凡交纳增值税、营业税、消费税的单位和个人以其实际交纳的增值税、营业税、消费税税额之和的1%至3%计征，并与增值税、营业税、消费税一并交纳。

零售企业按规定计算应交教育费附加时，借记“营业税金及附加”、“其他业务成本”等科目，贷记“应交税费——应交教育费附加”科目；实际交纳时，借记“应交税费——应交教育费附加”科目，贷记“银行存款”科目。收到教育部门拨来教育费附加返还款时，借记

"银行存款"科目，贷记"营业外收入——返还教育费附加"科目。

【例8-5】承【例8-4】 崇光公司教育费附加率为3%。教育费附加=1 020 000×3%=3 060（元）。编制如下会计分录：

（1）计算应交纳的教育费附加：

借：营业税金及附加 3 060
　　贷：应交税费——应交教育费附加 3 060

（2）实际缴纳教育费附加：

借：应交税费——应交教育费附加 3 060
　　贷：银行存款 3 060

五、房产税、土地使用税、车船使用税和印花税的核算

按现行制度规定企业应交纳的房产税、城镇土地使用税、车船使用税和印花税应计入管理费用。

（一）房产税

房产税是以房屋为课税对象，以房屋的计税余值或租金收入为计税依据，向房屋产权所有人征收的一种财产税。房产税采用比例税率，根据房产税的计税依据分为两种：以房产余值为计税依据的，税率为1.2%；以房产租金收入为计税依据的，税率为12%。房产的余值是指房产的原值一次减除10%—30%后的余额。零售企业房产税的纳税范围主要包括，各种出租房产以及物业产权人提供的无偿使用的办公用房和商业用房。

有纳税义务的零售企业，每年在指定的纳税期限内，向所在地税务机关报送纳税申报表，经由税务机关核定应纳税额进行交纳。核定应交纳税额时，借记"管理费用"科目，贷记"应交税费——应交房产税"科目；实际交纳时，借记"应交税费——应交房产税"科目，贷记"银行存款"科目。

（二）城镇土地使用税

城镇土地使用税是以开征范围的土地为征税对象，以实际占用的土地面积为计税标准，按规定税额对拥有土地使用权的单位和个人征收的一种税。计算公式如下：

应纳税额 = 计税土地面积（平方米）×适用税额

有纳税义务的零售企业，按规定的期限向土地所在地的税务机关申报交纳城镇土地使用税时，借记“管理费用”科目，贷记“应交税费——应交城镇土地使用税”科目；实际交纳时，借记“应交税费——应交城镇土地使用税”科目，贷记“银行存款”科目。

（三）车船使用税

车船使用税是以车船为课税对象，向拥有并使用车船的单位和个人征收的一种税。对拥有但不使用的车船不征税。车船使用税实行定额税率（固定税率），将车船划类分项，以吨位或辆数为计量单位分别规定每年税额，由纳税人所在地税务机关按年征税。

有纳税义务的零售企业，每年在指定的纳税期限内，向所在地税务机关报送纳税申报表，经由税务机关核定应纳税额，进行交纳。核定应交纳税额时，借记“管理费用”科目，贷记“应交税费——应交车船使用税”科目；实际交纳时，借记“应交税费——应交车船使用税”科目，贷记“银行存款”科目。

【例 8-6】 崇光公司有机动客车 5 辆，净吨位为 20 吨的机动货车 3 辆，机动三轮摩托车 1 辆。该企业所在地的省人民政府规定，客车每辆全年税额 90 元，货车每吨全年税额 50 元，三轮摩托车每辆全年税额 35 元。编制如下会计分录：

按规定计算车船使用税：

应纳税额 = $(5 \times 90) + (3 \times 20 \times 50) + 35 = 3\ 485$（元）

借：管理费用——车船使用税	3 485	
贷：应交税费——应交车船使用税		3 485

上交车船使用税：

借：应交税费——应交车船使用税	3 485	
贷：银行存款		3 485

（四）印花税

印花税是对经济活动和经济交往中书立、使用、领受具有法律效力的凭证的单位和个人征收的一种税。因纳税人主要是通过在应税凭证上粘贴印花税票来完成税收义务，故名印花税。凡发生书立、使用、领受应税凭证的行为就必须依照印花税法的有关规定履行纳税义务。应纳税凭证包括：购销、加工承揽、建设工程承包、财产租赁、货物运输、仓储保管、借款、财产保险、技术合同或者具有合同性质的凭证；产权转移书据；营业账簿；权利、许可证照等。纳税人根据应纳税凭证的性质，分别按比例税率或者按件定额计算应纳税额。

有纳税义务的零售企业，按规定购买印花税票并履行完税手续时，借记“管理费用”科目，贷记“库存现金”或“银行存款”科目。

【例 8－7】 崇光公司 20×1 年 1 月与供应商订立商品购销合同两份，所载金额为 150 万元，税率 0.03%；与银行订立借款合同一份，所载金额为 40 万元，税率 0.005%。税款以银行存款付讫。

订立购销合同应纳税额＝1 500 000×0.03%＝450（元）

订立借款合同应纳税额＝400 000×0.005%＝20（元）

编制如下会计分录：

借：管理费用　　　　　　　　　　　　470

　　贷：银行存款　　　　　　　　　　　　470

此外，零售企业代扣代缴的个人所得税的核算已在本章“职工薪酬的核算”中阐述，而企业所得税的核算将在第九章“零售企业经营成果的核算”中说明。

第九章 9

零售企业经营成果的核算

零售企业的经营成果，就是通常所说的企业的利润或亏损，简称为盈亏。进行经营成果核算的一个重要任务，就是正确计算企业在一定会计期间的盈亏。而正确计算盈亏的关键在于正确计算每一个会计期间的收入和费用，然后通过收入与费用的配比来确定该会计期间的盈亏。如何计算零售企业的盈亏呢？下面就让我们结合零售企业的经营特点和具体业务来说明。

第一节　零售企业利润的作用及组成

利润是指企业在一定会计期间的经营成果，即企业经营收支相抵后的差额，收入大于支出的差额为利润，反之则为亏损。企业利润或亏损都是企业经营活动的财务成果，它与企业的商品购销业务活动以及企业管理工作都有密切的联系。零售企业利润的大小或亏损的多少，不仅能综合反映出企业经营活动财务成果的好坏，衡量企业业务经营的经济效果，而且还能在很大程度上；反映企业增产节约的情况和经营管理工作的水平。可见，零售企业的利润指标既是零售企业财务上的一项重要综合性的指标，也是考核和分析现代零售企业经营管理水平高低的一项综合性指标。

一、利润的作用

利润是考核和分析零售企业管理水平高低的一项综合性指标，对于国家、零售企业以及个人来说都具有重大意义。

1. 利润是所得税的基础，是国家财政收入的保障。因此，利润是否正确计量，直接关系到国家的利益；

2. 零售企业作为独立的经济实体，应当以自己的经营收入抵支出，并且为投资者提供一定的投资收益。零售企业盈利的在很大程度上反映了零售企业生产经营的经济利益，表明零售企业在每一会计期间的最终财务成果。利润是反映零售企业经营成果、评价零售企业管理当局效绩的一个重要指标。通过对利润的计量，既可以反映零售企业有效利用资源的程度，又可以考核零售企业管理当局对受托经济责任的履行情况。

3. 利润是相关利害人进行决策的重要依据。对零售企业的现有股东而言，它是否继续持股、是否追加投资等；对零售企业的债权人来说，他是否继续提供信用，对潜在投资者而言，他们要为手中持有的资本寻找一个合理的去向，这些决策的重要依据是取决零售企业的获利能力。

二、利润的组成

正确核算一定会计期间的利润（或亏损），是企业会计核算的一个重要任务。而正确核算利润（或亏损）的关键在于正确核算一个会计期间的收入和费用，然后通过收入与费用的配比来确定该会计期间的利润（或亏损）。企业的收入，广义地讲不仅包括营业收入，还包括投资收益、公允价值变动收益和营业外收入；企业的费用，广义地讲不仅包括为取得营业收入而发生的各种耗费，还包括投资损失、资产减值损失、公允价值变动损失、营业外支出和所得税费用。因此，企业在一定会计期间的利润（或亏损）是由以下几部分构成的，其关系如下：

（一）营业利润

营业利润的公式是：营业利润 = 营业收入（主营业务收入和其他业务收入）－营业成本（主营业务成本和其他业务成本）－营业税金及附加－销售费用－管理费用－财务费用－资产减值损失＋公允价值变动收益（－公允价值变动损失）＋投资收益（－投资损失）

其中：

营业收入是指企业经营业务所确认的收入总额，包括主营业务收入和其他业务收入。

营业成本是指企业经营业务所发生的实际成本总额，包括主营业务成本和其他业务成本。

资产减值损失是指企业计提各项资产减值准备所形成的损失。

公允价值变动收益（损失）是指企业交易性金融资产等公允价值变动形成的应计入当期损益的利得（或损失）。

投资收益（损失）是指企业以各种方式对外投资所取得的收益（或发生的损失）。

（二）利润总额

利润总额 = 营业利润 + 营业外收入 - 营业外支出

其中：

营业外收入是指企业发生的与其日常活动无直接关系的各项利得。

营业外支出是指企业发生的与其日常活动无直接关系的各项损失。

净利润 = 利润总额 - 所得税费用

其中，所得税费用是指企业确认的应当从当期利润总额中扣除的税费。

第二节　零售企业利润总额形成的核算

根据“会计核算应当以权责发生制为基础”和“收入与其相关成本、费用应当相互配比”的原则，零售企业在财务成果核算前应正确确认零售企业在该会计期间的收入与成本、费用。

一、利润核算前的准备工作

为准确核算企业的利润，零售企业在财务成果核算前应做好以下账目清理和账项调整工作：

1. 督促所属报账单位和有关人员报清本期的账目，将本期发生的全部收支业务及时登记入账。

2. 在盘点中发现商品、低值易耗品、包装物等存货的短缺、溢余和残损变质，应及时查明原因，并按规定程序报批处理，调整有关账项。年度决算前，应对本年度的财产损溢和悬账、悬案，作一次总的检查处理。

3. 按照《企业会计准则》等会计规范的要求，对各种应收及预付款项及时清理、催收并定期与对方对账核实，在结算财务成果前，应尽量结清各项债权债务，并按规定办理清结转账；对于期末无法结清的债权债务事项，要核对清楚。

4. 调整和结转本期有关收支账项。主要有：（1）期末尚未结转的商品销售和生产加工成本；（2）应提取各项特定资金，如按规定提取的各种资产减值准备等；（3）提取本期应负担但尚未支付的有关账项，如应付职工薪酬、银行借款利息、税金及附加等；（4）摊销本期应负担的费用，如材料物资、包装物、低值易耗品以及应付债券溢价或折价的摊销等；（5）其他应查对和调整的账项。

二、其他业务收支的核算

其他业务收支是指零售企业除主营业务收支以外的其他销售或其他业务的收入或支出，如材料销售、代购代销、包装物出租等发生的收入或支出。其他业务因在零售企业的营业活动中处于相对次要地位，其核算较为概括。

为了正确核算企业的其他业务收支，企业应设置“其他业务收入”和“其他业务成本”科目。

“其他业务收入”科目，贷方登记企业取得的各项其他业务收入，借方登记期末结转入“本年利润”科目的其他业务收入，结转后该科目应无余额。

“其他业务成本”科目，借方登记企业结转的有关成本或发生的其他业务成本，贷方登记期末结转入“本年利润”科目的其他业务成本，结转后该科目应无余额。

【例 9－1】 崇光公司销售废弃的包装物，不含税价格为 20 000 元，增值税税率 17%，价款和税款已由银行收妥。该批原材料的实际成本为 18 500 元。

编制如下会计分录：

（1）出售原材料：

借：银行存款　　　　　　　　　　　　23 400

贷：其他业务收入　　20 000

应交税费——应交增值税（销项税额）　　3 400

（2）结转包装物销售成本：

借：其他业务成本　　18 500

贷：周转材料——包装物　　18 500

此外，其他有关其他业务收支的内容已在其他相关章节中说明，在此就不一一说明。

三、营业税金及附加的核算

依据国家有关规定，零售企业的营业税金及附加包括营业税、消费税、城市维护建设税和教育费附加。

为了反映和监督零售企业营业税金及附加的计征与实际交纳情况，企业应设置"营业税金及附加"科目，该科目借方登记企业按规定计征的营业税、消费税、城市维护建设税和教育费附加；贷方登记主营业税金及附加的结转数；期末将借方归集的全部税金及附加结转到"本年利润"科目，结转后，期末无余额。零售企业按规定计征营业税金及附加时，借记"营业税金及附加"科目，贷记"应交税费"科目；实际交纳时，借记"应交税费"科目，贷记"银行存款"科目。有关零售企业的营业税、消费税、城市维护建设税和教育费附加的具体核算请参见本书第八章中"零售企业税金及附加的核算"。

四、期间费用的核算

零售企业的期间费用主要包括：销售费用、管理费用和财务费用。会计实务中如果零售企业管理费用不多的话，可以不单独核算，直接合并到销售费用中核算。关于零售企业期间费用的具体核算，本书已在前述相关业务中说明，在此就不再赘述。

五、资产减值损失的核算

资产减值是指资产的可收回金额低于账面价值。资产减值损失是指零售企业的应收账款、存货、持有至到期投资、长期股权投资、固定资产、在建工程、工程物资、投资性房地产、无形资产、商誉等资产发生减值所确认的减值损失。

为了反映和监督零售企业资产减值损失的确认与转回情况，企业应设置“资产减值损失”账户，并按资产减值损失的项目进行明细核算。该账户借方登记企业确认的各项资产减值损失的数额，贷方登记转回的资产减值数额，期末，应将本账户的余额转入“本年利润”账户，结转后本账户无余额。

零售企业的应收账款、存货、持有至到期投资、长期股权投资、固定资产、在建工程、工程物资、无形资产、商誉等资产发生减值的，按应减记的金额，借记“资产减值损失”账户，贷记“坏账准备”、“存货跌价准备”、“持有至到期投资减值准备”、“长期股权投资减值准备”、“固定资产减值准备”、“在建工程——减值准备”、“工程物资——减值准备”、“无形资产减值准备”和“商誉减值准备”账户等。

零售企业计提的坏账准备、存货跌价准备、持有至到期投资减值准备等，相关资产的价值又得以恢复的，应在原已计提的减值准备金额内，按恢复增加的金额，借记“坏账准备”、“存货跌价准备”、“持有至到期投资减值准备”等账户，贷记“资产减值损失”账户。

零售企业计提的长期股权投资减值准备、固定资产减值准备、在建工程减值准备、工程物资减值准备、无形资产减值准备、商誉减值准备，根据《企业会计准则第 8 号——资产减值》的规定，一经计提，不得转回。资产减值损失的具体核算请参看前述有关内容，在此就不再举例说明。

六、公允价值变动损益的核算

公允价值变动损益是指零售企业交易性金融资产、交易性金融负债，以及采用公允价值模式计量的投资性房地产等公允价值变动形成的应计入当期损益的利得或损失。

为了反映和监督零售企业公允价值变动损益，企业应设置“公允价值变动损益”账户。资产负债表日，企业应按交易性金融资产的公允价值高于其账面余额的差额，借记“交易性金融资产——公允价值变动”账户，贷记“公允价值变动损益”账户；公允价值低于账面余额的差额做相反的会计分录。出售交易性金融资产时，应将原计入金融资产的公允价值变动转出，借记或贷记“公允价值变动损益”账户，借记或贷记“投资收益”账户。期末，应将“公允价值变动损益”账户的余额转入“本年利润”账户，结转后本账户无余额。具体核算参看本书第七章中的“交易性金融资产的核算”。

七、投资净收益的核算

投资净收益是指零售企业对外投资活动所获得投资收益减去投资损失后的净额。其中，投资收益包括：分回的股利和利润、债券利息收入、企业转让、出售股票或债券时，售价高于账面价值的差额，收回的其他投资大于原投资额的部分以及按照权益法核算的长期股权投资在投资单位增加的净资产中所拥有的数额等。投资损失包括：企业转让，出售股票或债券时售价低于账面价值的差额，收回的其他投资小于原投资额的部分以及按照权益法核算的长期股权投资在投资单位减少的净资产中所负担的数额等。具体核算见本书第七章中“交易性金融资产的核算”、“持有至到期投资的核算”和“长期股权投资的核算”。

八、营业外收支的核算

营业外收支是指那些与企业生产经营活动无直接关系的收入和支出，营业外收支净额是指营业外收入减去营业外支出后的净额。由于营业外收入和支出也影响企业的盈亏，因而正确地核算营业外收支是正确计算企业实现利润的前提条件之一。

（一）营业外收入的核算

营业外收入是指企业发生的与其日常活动无直接关系的各项利得。营业外收入并不是企业经营资金耗费所产生的，实际上是经济利益的净流入，不需要与有关的费用进行配比。主要包括非流动资产处置利得（处置固定资产、无形资产的利得）、政府补助、盘盈利得、捐赠利得、非货币性资产交换利得以及债务重组利得等。

为了反映和监督零售企业获得的营业外收入的增加和结转情况企业应设置“营业外收入”。该科目贷方登记发生的各项营业外收入，借方登记期末转入“本年利润”科目的营业外收入，结转后该科目应无余额。该科目应按收入项目设置明细科目，进行明细分类核算。

【例9－2】 崇光公司本月有关营业外收支业务如下：

（1）按规定程序批准，将盘盈的现金600元转作营业外收入；

（2）取得的罚款净收入35 000元；

（3）月终将本月营业外收入转入“本年利润”科目。

编制如下会计分录：

(1) 借：待处理财产损溢——待处理流动资产损溢　600
　　　贷：营业外收入　600
(2) 借：银行存款　35 000
　　　贷：营业外收入　35 000
(3) 借：营业外收入　35 600
　　　贷：本年利润　35 600

（二）营业外支出的核算

营业外支出是指企业发生的与其日常活动无直接关系的各项损失。营业外支出包括非流动资产处置损失（处置固定资产、无形资产的损失）、公益性捐赠支出、非常损失、盘亏损失、罚款支出、非货币性资产交换损失以及债务重组损失等。

为了反映和监督零售企业发生的各项营业外支出，企业应设置“营业外支出”科目。该科目借方登记发生的各项营业外支出，贷方登记期末转入“本年利润”科目的营业外支出，结转后该科目应无余额。“营业外支出”科目应按费用项目设置明细科目，进行明细分类核算。

【例9-3】 崇光公司本月，用银行存款支付“希望工程”捐款15 000元。

借：营业外支出——公益性救济性捐赠　15 000
　贷：银行存款　15 000

【例9-4】 崇光公司月末结转本月营业外支出23 000元。

借：本年利润　23 000
　贷：营业外支出　23 000

有关营业外收支的其他核算内容，请参看本书相关章节的内容。

第三节　零售企业所得税费用的核算

所得税是国家依照税法的规定对企业某一经营年度的生产经营所得和其他所得征收的一种税，所得税是在会计税前利润扣除的，属于企业的一项费用，包括当期所得税费用和递延所得税费用。根据对递延所得税费用在当期是否确认，所得税费用的确认方法有应付税款法和资产负债表债务法两种。

一、应付税款法的核算

零售企业所得税费用如果采用应付税款法核算，通常只确认当期所得税费用，不确认递延所得税费用。当期所得税费用是指按照当期应纳税所得额确认的所得税费用，即当期所得税费用的计算公式如下：

当期应交所得税费用 = 应纳税所得额 × 适用税率

应纳税所得额是在企业税前利润的基础上调整确定的。从理论上讲，企业的税前利润就应该是应纳税所得额，但是因会计和税收是经济领域中的两个不同分支，分别遵循不同的核算原则、规范不同的对象。因此，企业会计税前利润与应纳税所得额的计算口径、计算时间也可能不一致，按照财务会计方法计算的税前利润和按照税法规定计算的应纳税所得额，对同一企业在同一期间就会产生差异。故，会计实务中必须按照税法规定的要求对企业的税前利润进行调整，从而计算应纳税所得额。其调整公式为：

应纳税所得额 = 税前利润总额 + 纳税调整增加额 - 纳税调整减少额

纳税调整增加额主要包括税法规定允许扣除的项目中企业已计入当期成本费用，但超过税法规定扣除标准的金额（如超标的计税工资、职工福利费、职工教育经费、工会经费以及业务招待费等）；企业已计入当期成本费用但税法规定不允许扣除项目的金额（如罚款、非公益性捐赠、违约金、税收滞纳金等）。

纳税调整减少额主要包括按税法规定允许弥补的亏损和准予免税的项目，如国债利息收入等。

为了反映和监督企业按规定从本期损益中扣除的所得税，应开设“所得税费用”账户。其借方登记企业应计入本期损益的所得税额；贷方登记期末转入“本年利润”账户的所得税额，结转后该账户应无余额。

在应付税款法下，企业按税法规定计算应交所得税时，借记“所得税费用”账户，贷记“应交税费——应交所得税”账户；实际上交所得税时借记“应交税费——应交所得税”账户，贷记“银行存款”账户；期末结转所得税时借记“本年利润”账户，“所得税费用”账户。

【例 9-5】 崇光公司 20×1 年 12 月累计税前利润 125 000 元，并存在下列调整项目：超标的业务招待费 10 500 元，罚款支出 16 500 元，国债利息收入 20 000 元。所得税税率为 25%，则：

本月应交所得税 = （125 000 + 10 500 + 16 500 − 20 000） × 25% = 33 000（元）

会计处理如下：

借：所得税费用　　33 000

　　贷：应交税费——应交所得税　　33 000

二、资产负债表债务法的核算

零售企业所得税费用如果采用资产负债表债务法核算，通常既要确认当期所得税费用，又要确认递延所得税费用。递延所得税费用是指由于暂时性差异的发生或转回而确认的所得税费用。

（一）暂时性差异的确定

暂时性差异是指资产或负债的账面价值与其计税基础之间的差额。对于某些未作为资产和负债确认的项目，按照税法规定可以确定其计税基础的，该计税基础与其账面价值之间的差额也属于暂时性差异。

企业确认应缴所得税时，首先必须确认应缴所得税的计税基础。因此，企业在取得资产或产生负债时应当确定其计税基础。资产的计税基础是指企业计算可回收资产账面价值的过程中，计算应纳税所得额时按照税法规定可以从应税经济利益中抵扣的金额。负债的计税基础是指负债的账面价值减去未来期间计算应纳税所得额时按照税法规定可以抵扣的金额。

暂时性差异既可能是一种从未来较长时间上看可以转回的时间性差异，也可能是一种无法在未来转回的永久性差异。按照对未来期间应税金额的影响，暂时性差异可分为应纳税暂时性差异和可抵扣暂时性差异。其中，应纳税暂时性差异是指在确定未来回收资产或清偿负债期间的应纳税所得额时，将导致产生应税金额的暂时性差异；可抵扣暂时性差异是指在确定未来回收资产或清偿负债期间的应纳税所得额时，将导致产生可抵扣金额的暂时性差异。

对于暂时性差异《企业会计准则第 18 号——所得税》中规定，企业所得税费用的确认应及会计处理采用资产负债表债务法。其具体步骤为：①确定产生暂时性差异的项目；②确定各年的暂时性差异；③确定该差异对纳税的影响，即确定各年度递延所得税资产或负债在会计期末的账面价值；④根据各年度会计期末递延所得税资产或负债的账面价值确定各年度应提取的递延所得税资产或负债的金额，相应地也就确定了各年度该暂时性差异对所得税的影响；⑤用暂时性差异对所得税的影响来调整无差别计价基数下的会计处理，最终得出综合性的会计处理结果。

（二）递延所得税负债与递延所得税资产的确认与计量

递延所得税负债是指按照应纳税暂时性差异和现行税率计算确定的负债，其性质属于应付税款，在未来期间转为应纳税款。期末递延所得税负债大于期初递延所得税负债的差额，应确认为递延所得税费用，借记“所得税费用”账户，贷记“递延所得税负债”账户；反之，则应冲减递延所得税负债，并作为递延所得税收益处理，借记“递延所得税负债”账户，贷记“所得税费用”账户。

【例 9－6】 崇光公司 2005 年 12 月 15 日购入设备一台，原值为 60 000元，预计净残值为 0，预计使用年限 5 年，崇光公司采用平均年限法计提折旧，而税法规定企业可以采用双倍余额递减法计提折旧。企业未提折旧前的每年会计税前利润为132 000元。假定企业 2006 年初没递延有所得税负债，各年所得税税率为 25%，且无其他差异。崇光公司各年所得税费用相应的计算及会计处理见表 9－1。

递延所得税资产是指按照可抵扣暂时性差异和现行税率计算确定的资产，其性质属于预付税款，在未来期间抵扣应纳税款。期末递延所得税资产大于期初递延所得税资产的差额，应确认为递延所得税收益，冲减所得税费用，借记“递延所得税资产”账户，贷记“所得税费用”账户；反之，则应冲减递延所得税资产并作为递延所得税费用处理，借记“所得税费用”账户，贷记“递延所得税资产”账户。

【例 9－7】 崇光公司 2005 年 12 月 15 日购入设备一台，原值为 60 000元，预计净残值为 0，预计使用年限 5 年，崇光公司采用双倍余额递减法计提折旧，而税法规定企业可以采用平均年限法计提折旧。企业未提折旧前的每年会计税前利润为 132 000 元。假定企业 2006 年初没递延有所得税资产，各年所得税税率为 25%，且无其他差异。崇光公司各年所得税费用相应的计算及会计处理见表 9－2。

表 9－1　　所得税费用计算及会计处理表　　单位：元

时间		2005 年 12 月 31 日	2006 年 12 月 31 日	2007 年 12 月 31 日	2008 年 12 月 31 日	2009 年 12 月 31 日	2010 年 12 月 31 日
账面价值		60 000	48 000	36 000	24 000	12 000	0
计税基础		60 000	36 000	21 600	12 960	6 480	0
期末可抵扣暂时性差异		0	12 000	14 400	11 040	5 520	0
所得税税率		25%	25%	25%	25%	25%	25%
递延所得税负债时点值（余额数）		0	3 000	3 600	2 760	1 380	0
各年度递延所得税负债发生额		0	3 000	600	－840	－1 380	－1 380
暂时性差异分录	借：所得税费用		3 000	600			
	贷：递延所得税负债		3 000	600			
	或						
	借：递延所得税负债				840	1 380	1 380
	贷：所得税费用				840	1 380	1 380
无暂时性差异分录	借：所得税费用		30 000	30 000	30 000	30 000	30 000
	贷：应交税费——应交所得税		30 000	30 000	30 000	30 000	30 000
年末综合分录	借：所得税费用		30 000	30 000			
	贷：应交税费——应交所得税		27 000	29 400			
	递延所得税负债		3 000	600			
	或						
	借：所得税费用				30 000	30 000	30 000
	递延所得税负债				840	1 380	1 380
	贷：应交税费——应交所得税				30 840	31 380	31 380

表 9－2 所得税费用计算及会计处理表 单位：元

时间	2005 年 12 月 31 日	2006 年 12 月 31 日	2007 年 12 月 31 日	2008 年 12 月 31 日	2009 年 12 月 31 日	2010 年 12 月 31 日
账面价值	60 000	36 000	21 600	12 960	6 480	0
计税基础	60 000	48 000	36 000	24 000	12 000	0
期末可抵扣暂时性差异	0	－12 000	－14 400	－11 040	－5 520	0
所得税税率	25%	25%	25%	25%	25%	25%
递延所得税资产时点值（余额数）	0	3 000	3 600	2 760	1 380	0
各年度递延所得税资产发生额	0	3 000	600	－840	－1 380	－1 380
暂时性差异分录 借：递延所得税资产		3 000	600			
贷：所得税费用		3 000	600			
或						
借：所得税费用				840	1 380	1 380
贷：递延所得税资产				840	1 380	1 380
无暂时性差异分录 借：所得税费用		30 000	30 000	30 000	30 000	30 000
贷：应交税费——应交所得税		30 000	30 000	30 000	30 000	30 000
年末综合分录 借：所得税费用		27 000	29 400			
递延所得税资产		3 000	600			
贷：应交税费——应交所得税		30 000	30 000			
或						
借：所得税费用				30 840	31 380	31 380
贷：应交税费——应交所得税				30 000	30 000	30 000
递延所得税资产				840	1 380	1 380

第四节 零售企业净利润形成与分配的核算

净利润是指企业的税前利润（利润总额）扣除所得税费用后的余额。企业实现的净利润，要按照国家有关法规以及企业章程、协议，在政府、企业和投资者之间进行合理分配，若发生亏损，则要合理弥补。利润分配涉及政府、零售企业、投资者和职工个人多方面的经济利益，应当妥善处理好各方面的经济利益关系，以促进企业长期稳定发展。

一、净利润的核算

为了反映和监督企业本年实现的净利润或发生的净亏损，应开设“本年利润”科目。科目贷方登记从各收入科目转入的本期发生的各种收入；借方登记从各费用科目转入的本期发生的各种费用。将收入与费用相抵后，如收入大于费用，即为贷方余额，表示本期实现的净利润，如费用大于收入，即为借方余额，表示本期发生的净亏损。在年度中间，该科目的余额保留在本科目，不予转账，表示截至本年度累计实现的净利润或发生的净亏损。年末，应将该科目余额转入“利润分配——未分配利润”科目，结转后该科目应无余额。

会计实务中，净利润的核算方法一般有账结法和表结法两种。

（一）账结法

账结法就是每月月末均需要编制转账凭证，将在账上结出的各损益类科目的余额转入“本年利润”科目。结转后“本年利润”科目的本月合计数反映当月实现的利润或发生的亏损，“本年利润”科目的本年累计数反映本年累计实现的利润或发生的亏损。账结法在每月均可通过“本年利润”科目提供当月及本年累计的利润（或）亏损额，但会增加会计核算的工作量。

（二）表结法

表结法就是各损益类科目每月月末只需结出本月发生额和月末累计额，不结转到“本年利润”科目，只有在年末时才能将全年累计金额结转到“本年利润”科目。但每月月末要将损益类科目的本月发生额合计数填入利润表的本月数栏内，通过利润表计算反映各期的利润（或亏损）。表结法下年度中间损益类科目余额无需结转到“本年利润”科目，从而减少了会计核算的工作量，同时并不影响利润表的编制及有关损益指标的利用。

【例9-8】 见表9-3。

表9-3　　崇光公司20×1年12月，各损益类科目的余额　　单位：元

科目名称	借方余额	贷方余额
主营业务收入		567 600
其他业务收入		197 400
投资收益		117 000
营业外收入		10 000
主营业务成本	310 760	
营业税金及附加	73 100	
其他业务成本	110 000	
管理费用	59 600	
财务费用	26 800	
营业外支出	6 000	
所得税费用	132 000	
合　计	718 260	892 000

崇光公司采用账结法核算利润，20×1年12月份利润核算如下：

（1）月末，将本月收益类科目余额转入“本年利润”科目的贷方；

借：主营业务收入　　567 600
　　其他业务收入　　197 400
　　投资收益　　117 000
　　营业外收入　　10 000
　　贷：本年利润　　892 000

(2) 月末，将本月费用类科目余额转入“本年利润”科目的借方：

借：本年利润　　　　718 260

　贷：主营业务成本　　　　310 760

　　　营业税金及附加　　　　73 100

　　　其他业务成本　　　　110 000

　　　管理费用　　　　59 600

　　　财务费用　　　　26 800

　　　营业外支出　　　　6 000

　　　所得税费用　　　　132 000

二、净利润的结转

年终，零售企业按上述步骤和方法计算出“本年利润”余额后，不论盈利还是亏损，均应按照国家税收的有关规定，计算交纳所得税，并将所得税费用转入“本年利润”科目的借方，然后才能将“本年利润”科目的最终余额（即净利润）转入“利润分配”科目。若为借方余额，则借记“利润分配——未分配利润”科目，贷记“本年利润”科目；若为贷方余额，则借记“本年利润”科目，贷记“利润分配——未分配利润”科目。结转后，“本年利润”科目应无余额。

三、利润分配的核算

（一）利润分配程序

零售企业实现的利润总额，按照国家规定做相应调整后，依法交纳所得税。交纳所得税后的利润（即税后利润也称净利润），加上年初未分配利润和其他转入后的余额，为可供分配的利润。可供分配的利润除国家另有规定外，按照下列顺序进行分配：

1. 弥补被没收的财产损失；支付各种税收的滞纳金和罚款。

2. 弥补以前年度亏损（超过 5 年补亏期）。

3. 按税后利润扣除前两项后的 10% 提法定盈余公积：法定盈余公积金已达到注册资本 50% 时，可不再提取。

4. 向投资者分配利润。企业以前年度未分配完的利润，可以并入本年度向投资者分配。企业以前年度亏损未弥补完，不得提取盈余公积，企业在未提盈余公积金前，不得向投资者分配利润。

如为股份制企业提取公益金后按下列顺序分配：

1. 支付优先股股利。

2. 提取任意盈余公积金。任意盈余公积金按照公司章程或者股东会议决议提取和使用。

3. 支付普通股股利。

股份制企业当年无利润时，不得分配股利，但在用盈余公积金弥补亏损后，经股东会特别决议可以按照不超过股票面值6%的比例用盈余公积金分配股利，在分配股利后，企业法定盈余公积金不得低于注册资金的25%。

值得注意的是外商投资企业应当按照法律、行政法规的规定按净利润提取储备基金、生产发展基金、职工奖励及福利基金等。中外合作经营企业按规定在合作期内以利润归还投资者的投资，以及国有企业按规定以利润补充的流动资本，也应从可供分配利润中扣除。

（二）利润分配的核算

为了反映和监督零售企业利润的分配情况，核算中应设置“利润分配”科目。

企业进行利润分配，意味着企业实现的“利润”即该项所有者权益的减少，本应借记“本年利润”科目，直接冲减本年实现的净利润。但是，如果这样处理，“本年利润”科目的期末贷方余额只能是未分配利润（实现的利润减去已分配的利润），就不能提供截至本期本年累计实现的净利润。而这项指标恰恰又是管理上需要提供的。基于这种原因，为了使“本年利润”科目既能反映企业实现净利润的原始数据，又能反映企业未分配利润数额，核算中专门开设了“利润分配”科目，用以反映企业的利润分配（或亏损的弥补）和历年分配（或弥补）后的积存余额。科目借方登记实际分配的利润数额，贷方平时一般不作登记，因而在年度中间科目的期末余额为借方余额，表示截至本期企业累计已分配利润数额。平时，将“本年利润”科目的贷方余额，即累计实现的净利润与“利润分配”科目的借方余额，即累计已分配的利润数额相减，可以求得未分配的利润余额。年度终了，企业将全年实现的净利润，自“本年利润”科目借方结转记入“利润分配”科目的贷方，如为净亏损，作相反会计分录。结转后，“利润分配”科目如为贷方余额，表示企业历年结存的未分配利润；如为借方余额，表示历年积存的未弥补亏损。

为了具体地反映和监督企业利润分配的去向和历年分配后的结余金

额，“利润分配”科目一般应设置“盈余公积补亏”、“提取法定盈余公积”、“提取任意盈余公积”、“应付股利或利润”、“未分配利润”等明细科目，进行明细分类核算。年度终了，将“利润分配”科目下的其他明细科目的余额转入“未分配利润”明细科目。结转后，其他各明细科目无余额。具体核算如下：

1. 零售企业在亏损年度按规定用盈余公积弥补亏损时，借记“盈余公积”科目，贷记“利润分配——盈余公积补亏”科目。

2. 零售企业按规定从净利润中提取法定盈余公积，用以防范经营风险，以便弥补亏损，或用于扩大经营规模。零售企业从净利润中提取盈余公积时，应借记“利润分配——提取法定盈余公积”科目，贷记“盈余公积”科目。

3. 零售企业按规定向投资者分配利润时，应借记“利润分配——应付股利或利润”科目，贷记“应付股利”科目。

【例 9－9】 崇光公司 20×1 年度实现净利润 3 020 000 元，上年没有需要弥补的亏损且没有未分配利润。按 10% 的比例提取法定盈余公积金，并决定相投资者分配利润 800 000 元，银行专账支付。

编制如下会计分录：

（1）提取法定盈余公积金：

提取法定盈余公积金 = 3 020 000 × 10% = 302 000（元）

借：利润分配——提取法定盈余公积　　302 000
　　贷：盈余公积——法定盈余公积　　302 000

（2）向投资者分配利润：

借：利润分配——应付股利　　800 000
　　贷：应付股利　　800 000

实际支付时：

借：应付股利　　800 000
　　贷：银行存款　　800 000

（3）年终结转时：

借：本年利润　　3 020 000
　　贷：利润分配——未分配利润　　3 020 000

同时，

借：利润分配——未分配利润　　1 102 000
　　贷：利润分配——提取法定盈余公积　　302 000
　　　　　　　　——应付股利　　800 000

年末，“利润分配——未分配利润”科目的贷方余额（3 020 000 － 1 102 000）1 918 000元，为企业的年末未分配利润。

三、以前年度损益调整

企业在年终决算后，如果发现有遗漏或会计处理不妥的事项，就需要对这些会计事项进行调整。由于此时的会计账簿已经封存，财务报表已上报，不能进行更改，就需要将以前年度的事项在本期进行调整。对于不影响损益的事项的调整与正常会计处理相同；对于影响损益的事项的调整，则直接通过“以前年度损益调整”科目进行。该科目核算企业本年度发生的调整以前年度损益的事项。企业在年度资产负债表日至财务会计报告批准报出日之间发生的需要调整报告年度损益的事项，以及本年度发生的以前年度重大会计差错的调整。

企业调整增加的以前年度利润或调整减少的以前年度亏损，借记有关科目，贷记“以前年度损益调整”科目；企业调整减少的以前年度利润或调整增加的以前年度亏损，借记“以前年度损益调整”科目，贷记有关科目。

企业由于调整增加或减少以前年度利润或亏损而相应增加的所得税，借记“以前年度损益调整”科目，贷记“应交税费——应交所得税”科目；由于调整减少或增加以前年度利润或亏损而相应减少的所得税，作相反会计分录。

经上述调整后，应同时将“以前年度损益调整”科目的余额转入“利润分配——未分配利润”科目。结转后无余额。

企业本年度发生调整以前年度损益的事项，应当调整本年度财务报表相关项目的年初数或上年实际数；企业在年度资产负债表日至财务会计报告批准报出日之间发生的调整报告年度损益的事项，应当调整报告年度财务报表相关项目的数字。

第十章 10

零售企业特殊业务的核算

特殊业务是相对于货币资金、存货、固定资产、无形资产、长期股权投资、收入、所得税费用业务等一般业务而言的，零售企业的特殊业务主要有债务重组业务和非货币性资产交换业务等。那么零售企业发生债务重组和非货币性资产交换业务是如何核算的呢？下面就让我们结合具体业务来一一说明吧！

第一节 零售企业非货币性资产交换的核算

零售企业在经营过程中，有时会出现这种交易，即甲企业需要乙企业拥有的某项机器设备，而乙企业又恰好需要甲企业生产的商品，双方可能通过相互交换上述机器设备和商品达成交易，这就是一种典型的非货币性资产交换行为。通过这种交换，甲、乙双方一方面满足了各自经营管理的需要；另一方面也在某种程度上减少了货币性资产的流出。

一、非货币性资产交换的概念

非货币性资产交换是指交易双方主要以存货、固定资产、无形资产和长期股权投资等非货币性资产进行的交换。该交换不涉及或只涉及少量的货币性资产（即补价）。

企业的资产依据在将来为企业带来的经济利益，即货币金额是否是固定的或可确定的，可以划分为货币性资产和非货币性资产。

（一）货币性资产

货币性资产是指企业持有的货币资金及将以固定或可确定的金额收取的资产，包括现金、银行存款、应收账款、应收票据以及准备持有至到期的债券投资等。

货币性资产是相对于非货币性资产而言，二者区分的主要依据是资产在将来为企业带来的经济利益，即货币金额是否是固定的或可确定的。如果资产在将来为企业带来的经济利益，即货币金额是固定的或可确定，则该资产是货币性资产；反之，如果资产在将来为企业带来的经济利益，即货币金额是不固定的或不确定的，则该资产是非货币性资产。

一般来说，资产负债表列示的项目中属于货币性资产的项目有：货币资金、准备持有至到期的债券投资、应收票据、应收股利、应收利息、应收账款、其他应收款等。

（二）非货币性资产

非货币性资产是指货币性资产以外的资产，包括存贷，固定资产，无形资产，长期股权投资以及不准备持有至到期的债券投资。

非货币性资产有别于货币性资产的最基本特征是，其在将来为企业带来的经济利益，即货币金额是不固定的或不可确认的。例如，企业持有固定资产的主要目的是用于生产经营过程，通过折旧方式将其磨损价值转移到产品成本中，然后通过该产品销售获利，由于产品销售价格的不确定，使固定资产在将来为企业带来的经济利益，即货币金额是不固定的或不可确定，因此，固定资产属于非货币性资产。

一般来说，资产负债表列示的项目中属于非货币性资产的项目有：

预付账款、存货、不准备持有至到期的投资、长期股权投资、固定资产、工程物资、在建工程、无形资产等。

二、非货币性资产交换的界定

（一）货币性资产交换与非货币性资产交换的划分

企业在经营过程中所进行的各类交换，按照交换对象的属性，可分为货币性资产交换和非货币性资产交换，通常情况下，企业发生的各项交换都是货币性交换，其特点在于：以放弃货币性资产的方式换入货币性或非货币性资产。例如，企业以100万元购入交易性金融资产，在这项交换中放弃的是货币性资产，获得的同样是货币性资产；又如，企业以500万元购入及其设备，在这项交换中，企业放弃的是货币性资产，获得的是非货币性资产（固定资产）。而企业在经营过程中发生的某些交换，可能不涉及货币性资产或只涉及少量的货币性资产。例如：企业以其库存商品换入所需要的机器设备，在这项交换中，企业换出的是非货币性资产（如存货），而换入的也是非货币性资产（如固定资产）。

需要注意的是：企业与所有者或所有者以外方面的非货币性资产非互惠转让，如以非货币性资产作为股利发放给股东，或政府无偿提供非货币性资产给企业等，或在企业合并、债务重组中取得的非货币性资产，或企业以发行股票形式取得的非货币性资产等，均不属于《企业会计准则第7号——非货币性资产交换》中非货币性资产交换的范围。

（二）非货币性资产交换的界定

非货币性资产交换并不意味着不涉及货币性资产。在实践中，也有可能在换出非货币性资产的同时，支付一定金额的货币性资产；或者在换入非货币行资产的同时，收到一定金额的货币性资产。此时收到或支付的货币性资产称为补价。根据《企业会计准则第7号——非货币性资产交换》中的规定：如果支付的货币性资产占换入资产公允价值（或占换出资产公允价值与支付的货币性资产之和的比例），或者收到的货币性资产占换出资产公允价值（或占换入资产公允价值和收到的货币性资产之和）的比例低于25%，则称为非货币性资产交换；高于25%（含25%）的，视为以货币性资产取得非货币性资产，应根据货币性资产交换的核算原则进行会计处理。

二、非货币性资产交换的确认与计量

非货币性资产交换的确认与计量主要解决的问题是：如何计量换入资产的入账价值以及如何确认和计量换出资产的损益。

（一）换入资产入账价值的计量

在非货币性资产交换中，无论是一项资产换入一项资产，或者一项资产同时换入多项资产，或者同时以多项资产换入一项资产，或者以多项资产换入多项资产，其取得的换入资产的成本，应区分情况，分别以公允价值和换出资产账面价值为基础的两种计量模式来计量。

1. 以公允价值为基础计量。

（1）以公允价值为基础计量的条件。非货币性资产交换同时满足下列条件的，应当以公允价值和应支付的相关税费作为换入资产的成本，即作为换入资产的入账价值。公允价值与换出资产账面价值的差额计入当期损益：

①该项交换具有商业实质；

②换入资产或换出资产的公允价值能够可靠地计量。换入资产和换出资产公允价值均能够可靠计量的，应当以换出资产的公允价值作为确定换入资产入账价值的基础，但有确凿证据表明换入资产的公允价值更加可靠的除外。企业存在下列情形之一的，换入资产和换出资产的公允价值视为能够可靠计量：

a. 换入资产或换出资产存在活跃市场，对于存在活跃市场的存货、长期股权投资、固定资产、无形资产等非货币性资产，应当以该资产的市场价格为基础确定其公允价值。

b. 换入资产或换出资产不存在活跃市场，但同类或类似资产存在活跃市场。对于同类或类似资产存在活跃市场的存货、长期股权投资、固定资产、无形资产等非货币性资产，应当以同类或类似资产市场价格为基础确定其公允价值。

c. 换入资产或换出资产不存在同类或类似资产可比市场交易，采用估值技术确定公允价值。

（2）商业实质的判断。企业应当遵循实质重于形式的要求判断非货币性资产交换是否具有商业实质。根据换入资产的性质和换入企业经营活动的特征等，换入资产与换入企业其他现有资产相结合能够生产更大的效用，从而导致换入企业受该换入资产影响产生的现金流量与换出资产明显不同，表明该项资产交换具有商业实质。

根据《企业会计准则第7号——非货币性资产交换》准则规定，满足下列条件之一的非货币性资产交换具有商业实质：

①换入资产的未来现金流量在风险、时间和金额方面与换出资产显著不同。

②换入资产与换出资产的预计未来现金流量现值不同，且其差额与换入资产与换出资产的公允价值相比是重大的。

2. 以换出资产账面价值为基础计量。未同时满足上述以公允价值为基础计量条件的，应当以换出资产的账面价值和应支付的相关税费作为换入资产的入账价值，不确认换出资产的损益。

（二）资产处置损益的确认与计量

1. 换入资产以公允价值为基础计量。换入资产以公允价值为基础计量，应确认资产处置损益。确定资产处置损益时，应考虑支付或收到的补价。

（1）支付补价的，换入资产成本与换出资产账面价值加支付的补价、应支付的相关税费之和的差额，应当计入当期损益。

（2）收到补价的，换入资产成本加收到补价之和与换出资产账面价值加应支付的相关税费之和的差额，应当计入当期损益。

2. 换入资产以换出资产账面价值为基础计量。换入资产以换出资产账面价值为基础计量时，不确认资产处置损益。

（1）支付补价的，应当以换出资产的账面价值，加上支付的补价和应支付的相关税费，作为换入资产的成本，不确认损益。

（2）收到补价的，应当以换出资产账面价值，减去收到的补价并加上应支付的相关税费，作为换入资产的成本，不确认损益。

需要注意的是：企业在非货币性资产交换中换出资产公允价值与其账面价值的差额，应分别不同情况处理：

换出资产为存货的，应当作为销售处理，以其公允价值确认收入，同时结转相应的成本。

换出资产为固定资产、无形资产的，换出资产公允价值与其账面价值的差额，计入营业外收入或营业外支出。

换出资产为长期股权投资的，换出资产公允价值与其账面价值的差额，计入投资损益。

三、非货币性资产交换的核算

根据准则规定非货币性资产交换有两种计量模式：即非货币性资产交换具有商业实质、存在公允价值，采用公允价值计量；不符合上述条件的则采用账面价值进行计量。因此，不同的计量模式下非货币性资产交换的会计处理也不同。

（一）以公允价值为基础计量

1. 不涉及补价的情况下。

企业发生非货币性资产交换时，应以换出资产的公允价值加上应支付的相关税费，作为换入资产的入账价值。用公式表示为：

换入资产入账价值 = 换出资产公允价值 + 应支付的相关税费

非货币性资产交换损益 = 换出资产公允价值 – 换出资产账面价值

【例 10 –1】 2011 年 4 月 1 日，崇光公司以 2009 年 5 月初购入的设备一项，换入骐达公司生产的一批空调，作为库存商品用于准备出售。崇光公司设备的账面价值为 3 000 000 元，已计提折旧 1 050 000 元，公允价值 2 808 000 元，未计提固定资产减值准备，公司用银行存款支付清理费 3 000 元；骐达公司空调的账面价值为 2 400 000 元，交换日的市场价格为 2 808 000 元，计税价格等于市场价格，未计提存货跌价准备。假定崇光公司和骐达公司均为一般纳税人企业，此项交易发生在 2009 年 1 月 1 日之后。

崇光公司的账务处理如下：

换出设备的增值税销项税额 = 2 808 000 × 17% = 477 360（元）

非货币性资产交换损益 = 2 808 000 –（3 000 000 – 1 050 000）– 3 000
= 855 000（元）

编制会计分录如下：

借：固定资产清理	1 950 000	
累计折旧	1 050 000	
贷：固定资产		3 000 000
借：固定资产清理	3 000	
贷：银行存款		3 000
借：库存商品——空调	2 808 000	
应交税费——应交增值税（进项税额）	477 360	
贷：固定资产清理		1 953 000

应交税费——应交增值税（销项税额）　　477 360
营业外收入　　855 000

骐达公司的账务处理：

换出商品的增值税销项税额 = 2 808 000 × 17% = 477 360（元）

换入设备的增值税销项税额 = 2 808 000 × 17% = 477 360（元）

会计分录：

借：固定资产　　2 808 000
　　应交税费——应交增值税（进项税额）　　477 360
　　贷：主营业务收入　　2 808 000
　　　　应交税费——应交增值税（销项税额）　　477 360

借：主营业务成本　　2 400 000
　　贷：库存商品——空调　　2 400 000

2. 涉及补价的情况。

（1）支付补价方：非货币性资产交换中，支付补价的，基本原则是以换出资产的公允价值加上支付的补价（或换入资产的公允价值）和应支付的相关税费，作为换入资产的入账价值；换入资产的入账价值与换出资产账面价值加支付的补价、应支付的相关税费之和的差额应当计入当期损益。用公式表示为：

换入资产的入账价值 = 换出资产公允价值 + 支付的补价 + 应支付的相关税费

上述公式中“换出资产公允价值 + 支付的补价”可以用换入资产的公允价值代替。

非货币性资产交换损益 = 换出资产公允价值 - 换出资产账面价值

（2）收到补价方：应当以换入资产的公允价值（或换出资产的公允价值减去补价）和应支付的相关税费作为换入资产的入账价值；换入资产的入账价值加收到的补价之和与换出资产账面价值加应支付的相关税费之和的差额应当计入当期损益。用公式表示为：

换入资产的入账价值 = 换出资产公允价值 - 收到的补价 + 应支付的相关税费

上述公式中“换出资产公允价值 - 收到的补价”也可以用换入资产的公允价值代替。

非货币性资产交换损益 = 换出资产公允价值 - 换出资产账面价值

【例 10 - 2】 2011 年 6 月 1 日，崇光公司经协商以其拥有的一栋办公楼与华盛公司持有的对灵狼公司的长期股权投资进行交换。交换日该办公楼的账面价值为 4 500 000 元，已计提折旧 900 000 元，公允价值 5 062 500元，未计提固定资产减值准备，税务机关核定交换该办公楼崇光公司应交纳的营业税为 253 125 元；华盛公司持有的对灵狼公司的长期股权投资的账面价值为 3 375 000 元，公允价值为 4 500 000 元，未计提资产减值准备，华盛公司向崇光公司支付补价 562 500 元。华盛公司换入的办公楼直接用于经营性出租，并采用成本计量模式。崇光公司换入的对灵狼公司的投资仍作为长期股权投资，并采用成本法核算。假定崇光公司和华盛公司均为一般纳税人企业，此项交易发生在 2009 年 1 月 1 日之后。该项交易未发生其他相关税费。

（1）判断是否属于非货币性资产交换。

崇光公司：收到的补价 562 500 ÷ 换出资产的公允价值 5 062 500 = 11.11% <25%，属于非货币性资产交换。

华盛公司：支付的补价 562 500 ÷ 换入资产的公允价值 5 062 500 = 11.11% <25%，属于非货币性资产交换。

（2）账务处理。

崇光公司：

非货币性资产交换损益 = 5 062 500 －（4 500 000 － 900 000）－ 253 125
= 1 209 375（元）

会计分录：

借：固定资产清理	3 600 000	
累计折旧	900 000	
贷：固定资产		4 500 000
借：固定资产清理	253 125	
贷：应交税费——应交营业税		253 125
借：长期股权投资——灵狼公司	4 500 000	
银行存款	562 500	
贷：固定资产清理		5 062 500
借：固定资产清理	1 209 375	
贷：营业外收入		1 209 375

华盛公司：

非货币性资产交换损益 = 4 500 000 － 3 375 000 = 1 125 000（元）

会计分录：

借：投资性房地产	5 062 500	
贷：银行存款		562 500
长期股权投资——灵狼公司		3 375 000
投资收益		1 125 000

（二）按账面价值进行计量的会计处理

非货币性资产交换不具有商业实质，或者虽然具有商业实质但换入资产和换出资产的公允价值均不能可靠计量的，应当以换出资产的账面价值和应支付的相关税费作为换入资产的成本，无论是否支付补价，均不确认损益。

1. 不涉及补价的情况下。企业发生非货币性资产交换时，应以换出资产的账面价值，加上应支付的相关税费，作为换入资产的入账价值。用公式表示为：

换入资产的入账价值 = 换出资产账面价值 + 应支付的相关税费

【例 10 – 3】 2011 年 7 月 1 日，崇光公司经协商以其持有的对和胜公司的长期股权投资交换长崎公司的专利权。交换日崇光公司持有的对和胜公司的长期股权投资账面余额为 4 250 000 元，已计提长期股权投资减值准备 1 190 000 元，该长期股权投资在市场上没有公开的交易价格，公允价值也不能可靠计量；长崎公司的专利权账面原值为 3 570 000元，累计已摊销 510 000 元，未计提无形资产资产减值准备，税务机关核定交换该专利权长崎公司应交纳的营业税 153 000 元。长崎公司换入的对和胜公司的投资仍作为长期股权投资，并采用成本法核算。假定崇光公司和长崎公司均为一般纳税人企业，此项交易发生在 2009 年 1 月 1 日之后。该项交易未发生其他相关税费。

分析：本例中的资产交换没有设计货币性资产的收付，属于非货币性资产交换中的以长期股权投资交换无形资产。由于换出资产和换入资产的公允价值都无法可靠计量，因此，交换双方换入资产的价值均应当按照换出资产的账面价值确定，不确认损益。

崇光公司账务处理：

借：无形资产——专利权	3 060 000	
长期股权投资减值准备	1 190 000	
贷：长期股权投资——和胜公司		4 250 000

长崎公司账务处理：

借：长期股权投资——和胜公司	3 060 000	
累计摊销	510 000	
贷：无形资产——专利权		3 570 000

2. 涉及补价的情况。发生补价的支付补价方和收到补价方应当分别处理：

（1）支付补价方：应当以换出资产的账面价值，加上支付的补价和应支付的相关税费，作为换入资产的入账价值；不确认损益。用公式表示为：

换入资产的入账价值 = 换出资产账面价值 + 支付的补价 + 应支付的相关税费

（2）收到补价方：应当以换出资产的账面价值，减去收到的补价，加上应支付的相关税费，作为换入资产的入账价值；不确认损益。用公式表示为：

换入资产的入账价值 = 换出资产账面价值 - 收到的补价 + 应支付的相关税费

【例 10-4】 2011 年 7 月 1 日，崇光公司经协商以其拥有的一座远郊配送中心与华为公司持有中发公司的长期股权投资进行交换。交换日该配送中心的账面价值为 8 750 000 元，已计提折旧 5 875 000 元，公允价值也不能可靠计量；未计提固定资产减值准备，税务机关核定交换该配送中心崇光公司应交纳的营业税 143 750 元；华为公司持有中发公司的长期股权投资的账面价值为 2 625 000 元，该长期股权投资在市场上没有公开的交易价格，公允价值也不能可靠计量，未计提资产减值准备。经双方协商以两项资产账面价值的差额为基础，华为公司向崇光公司支付补价 250 000 元。华为公司换入的配送中心直接用于经营性出租，并采用成本计量模式。崇光公司换入的对中发公司的投资仍作为长期股权投资，并采用成本法核算。假定崇光公司和华盛公司均为一般纳税人企业，此项交易发生在 2009 年 1 月 1 日之后。该项交易未发生其他相关税费。

（1）判断是否属于非货币性资产交换。

崇光公司：250 000（收到的补价）÷2 875 000（换出资产的账面价值）=8.70% <25%，属于非货币性资产交换。

华为公司：250 000（支付的补价）÷2 875 000（换入资产的账面）=8.70% <25%，属于非货币性资产交换。

由于双方资产的公允价值均不能可靠计量，因此，交换双方换入资产的入账价值均应当以换出资产的账面价值为基础，不确认损益。

（2）账务处理。

崇光公司：

借：固定资产清理	2 875 000	
累计折旧	5 875 000	
贷：固定资产——配送中心		4 500 000
借：固定资产清理	143 750	
贷：应交税费——应交营业税		143 750
借：长期股权投资——中发公司	2 768 750	
银行存款	250 000	
贷：固定资产清理		3 018 750

华为公司：

借：投资性房地产	2 875 000	
贷：银行存款		250 000
长期股权投资——中发公司		2 625 000

（三）非货币性资产交换中涉及多项资产的会计处理

在非货币性资产交换中，可能会发生企业以一项非货币性资产同时换入另一企业的多项非货币性资产或同时以多项非货币性资产换入另一企业的一项非货币性资产或以多项货币性资产同时换入多项非货币性资产。非货币性资产交换涉及多项资产的交换时，不可能具体区分换出的某一资产是与换入的某一特定资产相交换，根据非货币性资产交换准则的规定，应当分别下列情况处理：

1. 非货币性资产交换具有商业实质，且换入资产的公允价值能够可靠计量的，应当按照换入各项资产的公允价值占换入资产公允价值总额的比例，对换入资产的成本总额进行分配，确定各项换入资产的成本。

【例 10－5】 2011 年 8 月 1 日，崇光公司以一台机床和一条生产线交换利达公司的五台空调和一批电脑。崇光公司机床的账面价值为 400 000 元，在交换日的累计折旧为200 000元，公允价值为 300 000 元；生产线的账面原价为 200 000 元，在交换日的累计折旧为 100 000 元，公元价值为 150 000 元。利达公司空调的账面原价为 600 000 元，在交换日的累计折旧为400 000元，公元价值为 320 000 元；电脑的账面原价为 160 000 元，在交换日的累计折旧为 40 000 元，公允价值为 130 000 元，假定崇光公司和利达公司都没有为固定资产计提减值准备，整个交换过程没有发生相关税费。

假设该非货币性资产交换具有商业实质，且换入资产的公允价值能够可靠计量，应采用换入资产公允价值与换入资产公允价值总额的比例确定各项换入资产的入账价值。

（1）崇光公司的会计处理如下：

①计算确定换入各项资产的公允价值占换入资产公允价值总额的比例：

空调公允价值占换入资产公允价值总额的比例：

320 000/（320 000＋130 000）×100%＝71%

电脑公允价值占换入资产公允价值总额的比例：

130 000/（320 000＋130 000）×100%＝29%

②计算确定换入各项资产的入账价值：

空调的入账价值：（300 000＋150 000）×71%＝319 500（元）

电脑的入账价值：（300 000＋150 000）×29%＝130 500（元）

③编制会计分录：

借：固定资产清理　　300 000

累计折旧　　300 000
贷：固定资产——机床　　400 000
——生产线　　200 000
借：固定资产——空调　　319 500
——电脑　　130 500
贷：固定资产清理　　300 000
营业外收入　　150 000

（2）利达公司的会计处理如下：

①计算确定换入各项资产的公允价值占换入资产公允价值总额的比例：

机床公允价值占换入资产公允价值总额的比例：

300 000/（300 000 + 150 000）×100% = 66.67%

生产线公允价值占换入资产公允价值总额的比例：

150 000/（300 000 + 150 000）×100% = 33.33%

②计算确定换入各项资产的入账价值：

机床的入账价值：（320 000 + 130 000）×66.67% = 300 016（元）

生产线的入账价值：（320 000 + 130 000）×33.33% = 149 984（元）

③编制会计分录：

借：固定资产清理　　320 000
累计折旧　　440 000
贷：固定资产——空调　　600 000
——电脑　　160 000
借：固定资产——机床　　300 016
——生产线　　149 984
贷：固定资产清理　　320 000
营业外收入　　130 000

2. 非货币性资产交换不具有实质，或虽具有商业实质但换入资产的公允价值不能可靠计量的，应当按照换入各项资产的原账面价值占换入资产原账面价值总额的比例，对换入资产的成本总额进行分配，确定各项换入资产的成本。

【例 10－6】 承【例 10－5】 假设该项非货币性资产交换不具有商业实质，则应按照换入各项资产的原账面价值占换入资产原账面价值的总额的比例，来确定各项换入资产的入账价值。

（1）崇光公司的会计处理如下：

①计算确定各项换入资产原账面价值占换入资产原账面价值总额的比例：

空调原账面价值占换入资产原账面价值总额的比例：

600 000/（300 000 + 160 000） ×100% = 78.95%

电脑原账面价值占换入资产原账面价值总额的比例：

160 000/（600 000 + 160 000） ×100% = 21.05%

②计算确定换入各项资产的入账价值：

空调的入账价值：（200 000 + 100 000） ×78.95% = 236 850（元）

电脑的入账价值：（200 000 + 100 000） ×21.05% = 63 150（元）

③编制会计分录：

借：固定资产清理　　300 000
　　累计折旧　　300 000
　　贷：固定资产——机床　　400 000
　　　　　　　　——生产线　　200 000

借：固定资产——空调　　236 850
　　　　　　——电脑　　63 150
　　贷：固定资产清理　　300 000

（2）利达公司的会计处理如下：

①计算确定各项换入资产原账面价值占换入资产原账面价值总额的比例：

机床原账面价值占换入资产原账面价值总额的比例：

生产线原账面价值占换入资产原账面价值总额的比例：

200 000/（200 000 + 100 000） ×100% = 66.67%

100 000/（200 000 + 100 000） ×100% = 33.33%

②计算确定换入各项资产的入账价值：

机床的入账价值：（200 000 + 120 000） ×66.67% = 213 344（元）

生产线的入账价值：（200 000 + 120 000） ×33.33% = 106 656（元）

③编制会计分录：

借：固定资产清理　　320 000
　　累计折旧　　440 000
　　贷：固定资产——空调　　600 000
　　　　　　　　——电脑　　160 000

借：固定资产——机床　　213 344
　　　　　　——生产线　　106 656
　　贷：固定资产清理　　320 000

第二节　零售企业债务重组的核算

债务重组，是指在债务人发生财务困难的情况下，债权人按照其与债务人达成的协议或者法院的裁定作出让步的事项。债务重组涉及债权人与债务人，对债权人而言，为“债权重组”，对债务人而言，为“债务重组”。为便于表述，统称为“债务重组”。

一、债务重组的界定

债务人发生财务困难、债权人作出让步是《企业会计准则第12号——债务重组》所定义的债务重组的基本特征。“债务人发生财务困难”是指因债务人出现资金周转困难、经营陷入困境或者其他原因，导致其无法或者没有能力按原定条件偿还债务。“债权人作出让步”，是指债权人同意发生财务困难的债务人现在或者将来以低于重组债务账面价值的金额或者价值偿还债务。债权人作出让步的情形包括债权人减免债务人部分债务本金或者利息、降低债务人应付债务的利率等。

债务重组概念中强调了债务人处于财务困难的前提条件，并突出了债权人作出让步的实质内容，从而排除了债务人没有处于财务困难条件下的债务重组、处于清算或改组时的债务重组，以及虽修改了债务条件，但实质上债权人并未作出让步的债务重组事项，如在债务人发生财务困难时，债权人同意债务人用等值库存商品抵偿到期债务，但不调整偿还金额，实质上债权人并未作出让步，不属于债务重组准则规范的内容。

（一）债务从组的方式

债务重组的方式主要包括：以资产清偿债务、将债务转为资本、修改其他债务条件以及以上三种方式的组合等。

1. 以资产清偿债务，是指债务人转让其资产给债权人以清偿债务的债务重组方式。债务人用于清偿债务的资产包括现金资产和非现金资产，主要有：现金、存货、各种投资（包括股票投资、债券投资、基金投资、权证投资等)、固定资产、无形资产等。

2. 将债务转为资本，是指债务人将债务转为资本，同时，债权人将债权转为股权的债务重组方式。债务转为资本时，对股份有限公司而言，是将债务转为股本，对其他企业而言，是将债务转为实收资本。其结果是，债务人因此而增加股本（或实收资本)，债权人因此而增加长期股权投资。债务人根据转换协议将应付可转换公司债券转为资本，属于正常情况下的转换，不能作为债务重组处理。

3. 修改其他债务条件，是指不包括上述两种方式在内的修改其他债务条件进行的债务重组方式，如减少债务本金、减少或免去债务利息等。

4. 以上三种方式的组合，是指采用以上三种方式共同清偿债务的债务重组方式。其组合偿债方式可能是：债务的一部分以资产清偿，一部分转为资本，另一部分则修改其他债务条件。

二、债务重组的会计处理

(一) 以资产清偿债务

1. 以现金清偿债务。以现金清偿债务的，债务人应当将重组债务的账面价值与实际支付现金之间的差额，确认为债务重组利得，计入营业外收入。重组债务的账面价值，一般为债务的面值或本金、原值，如应付账款；如有利息的，还应加上应计未付利息，如长期借款等。

债权人应当将重组债权的账面余额与收到的现金之间的差额，确认为债务重组损失，计入营业外支出。债权人已对债权计提减值准备的，应当先将该差额冲减减值准备，冲减后尚有余额的，计入营业外支出，冲减后减值准备仍有余额的，应予转回并抵减当期资产减值损失。来对债权计提减值准备的，应直接将该差额确认为债务重组损失。

【例 10 -7】 崇光公司欠新兴公司购货款 30 000 元。由于崇光公司公司现金流量不足，短期内不能支付货款。经协商，新兴公司同意崇光公司支付 18 000 元货款，余款不再偿还。崇光公司随即支付了30 000 元货款。

根据上述资料，崇光公司和新兴公司应在债务重组日分别编制如下会计分录：

(1) 崇光公司：

借：应付账款——新兴公司　　30 000

　贷：银行存款　　18 000

　　营业外收入——债务重组利得　　12 000

（2）新兴公司：

借：银行存款　　18 000

　　营业外支出——债务重组损失　　120 000

　　贷：应收账款　　300 000

2. 以非现金资产清偿债务。企业以非现金资产清偿债务的，非现金资产类别不同，其会计处理也略有不同。

（1）债务人的处理。以非现金资产清偿债务的，债务人应分清债务重组利得与资产转让损益的界限，并于债务重组当期予以确认。

债务重组利得是指重组债务的账面价值超过非现金资产（即抵债资产）的公允价值之间的差额，应计入营业外收入。

非现金资产的公允价值应当按照下列规定进行计量：

①非现金资产属于企业持有的股票、债券、基金等金融资产，且该金融资产存在活跃市场的，应当以金融资产的市价作为非现金资产的公允价值。

②非现金资产属于金融资产但该金融资产不存在活跃市场的，应当采用《企业会计准则第 22 号——金融工具确认和计量》规定的估值技术等合理的方法确定其公允价值。

③非现金资产属于存货、固定资产、无形资产等其他资产，且存在活跃市场的，应当以其市场价格为基础确定其公允价值；不存在活跃市场但与其类似资产存在活跃市场的，应当以类似资产的市场价格为基础确定其公允价值；在上述两种情况下仍不能确定非现金资产公允价值的，应当采用估值技术等合理的方法确定其公允价值。

资产转让损益，是指抵债的非现金资产的公允价值与其账面价值之间的差额。

非现金资产公允价值与账面价值的差额，应按照准则规定处理：

①非现金资产为存货的，应当作为销售处理。

②非现金资产为固定资产的，应视同固定资产处置。

③非现金资产为无形资产的，视同无形资产处置。

④非现金资产为企业投资的，非现金资产的公允价值扣除投资的账面价值（对投资计提减值准备的，还应将相关的减值准备予以结转）及直接相关费用之后的余额确认为转让资产损益，计入投资收益。

非现金资产的账面价值，一般为非现金资产的账面余额扣除其资产减值准备后的金额。其中，非现金资产的账面余额，是指非现金资产账户在期末的实际金额，即账户未扣除其资产减值准备之前的余额。未计提减值准备的非现金资产，其账面价值就是账面余额。

（2）债权人的处理。对债权人来说，以非现金资产清偿债务的，债权人应当对受让的非现金资产按其公允价值入账，重组债权的账面余额与受让的非现金资产的公允价值之间的差额，确认为债务重组损失，计入营业外支出。重组债权已经计提了减值准备的，分别以下情况进行处理：

债权人对重组债权分别提取了减值准备，那么只需要将上述差额冲减已计提的减值准备，减值准备不足以冲减的部分作为债务重组损失，计入营业外支出，如果减值准备冲完该差额后，仍有余额，应予转回并抵减当期资产减值损失，不再确认债务重组损失。如果债权人对重组债权不是分别提取减值准备，而是采取一揽子提取减值准备的方法，则债权人应将对应于该债务人的损失准备倒算出来，再确认债务重组损失。

【例 10 - 8】 2010 年 10 月 15 日，华为公司销售一批商品给崇光公司，含税价为 351 000 元。因崇光公司发生财务困难，无法按合同规定偿还债务，2011 年 8 月 9 日，与华为公司协，商进行债务重组。双方达成的债务重组协议内容如下：华为公司同意崇光公司用其存货、固定资产抵偿该账款。其中；用于抵债的产品市价为 120 000 元，增值税率为 17%，产品成本为 105 000 元；抵债设备的账面原价为 180 000 元，累计折旧为 45 000 元，评估确认的净值为 127 500 元。抵债资产均已转让完毕。崇光公司发生的资产评估费用为 975 元。假定华为公司已对该项债权计提坏账准备 2 700 元，华为公司在接受抵债资产时，安装设备发生的安装成本为 2 250 元。不考虑其他相关税费。

债务人崇光公司的会计处理如下：

（1）分析：

重组债务应付账款的账面价值与抵债资产公允价值及增值税销项税额之间的差额

= 351 000 - ［120 000（1 + 17%） + 127 500］ = 83 100（元）

差额 83 100 元为债务重组利得，计入营业外收入。

抵债资产公允价值与账面价值之间的差额 = （120 000 - 105 000） + ［127 500 - （180 000 - 45 000）］ = 15 000 - 7 500 = 7 500（元）

差额 7 500 元，扣除转让资产过程中发生的相关税费（本例中为资产评估费用）975 元后的数额为 6 525 元，为资产转让收益；

各种非现金资产的转让损益计算如下：

抵债产品的公允价值 120 000 元与其账面价值 105 000 元（若计提了存货跌价准备，应扣除计提的存货跌价准备）的差额 15 000 元，为转让存货收益，体现在营业利润中。

抵债设备的公允价值 127 500 元与其账面价值 135 000 元（账面原价 - 累计折旧 - 计提的减值准备，即 180 000 - 45 000 - 0）的差额为 -7 500元，扣除 975 元的资产评估费等费用后为 - 8 475 元，为转让固定资产损失，计入营业外支出。

（2）会计分录：

①将固定资产净值转入固定资产清理：

借：固定资产清理——××设备　135 000
　　累计折旧——××设备　45 000
　　贷：固定资产——××设备　180 000

②支付清理费用：

借：固定资产清理——××设备　975
　　贷：银行存款　975

③结转债务重组利得及转让资产损益：

借：应付账款——华为公司　351 000
　　贷：主营业务收入　120 000
　　　　应交税费——应交增值税（销项税额）　20 400
　　　　固定资产清理——××设备　127 500
　　　　营业外收入——债务重组利得　83 100

借：主营业务成本　105 000
　　贷：库存商品　105 000

借：营业外支出——处置非流动资产损失　8 475
　　贷：固定资产清理——××设备　8 475

债权人华为公司的会计处理如下；

（1）分析：

重组债权应收账款的账面余额与受让资产的公允价值及增值税进项税额之间的差额

=351 000－［120 000×（1+17%）+127 500］=83 100（元）

差额 83 100 元扣除计提的减值准备 2 700 元后的余额 80 400 元，作为债务重组损失，计入营业外支出。

（2）会计分录：

①结转债务重组损失：

借：库存商品　120 000
　　应交税费——应交增值税（进项税额）　20 400
　　在建工程——在安装设备　127 500
　　坏账准备　2 700
　　营业外支出——债务重组损失　80 400
　　贷：应收账款——崇光公司　351 000

②支付安装成本：

借：在建工程——在安装设备　2 250
　　贷：银行存款　2 250

③安装完毕达到可使用状态：

借：固定资产——××设备　129 750

贷：在建工程——在安装设备　　　　　　　　129 750

（二）以债务转为资本

对债务人而言，将债务转为资本，应当将债权人放弃债权而享有股份的面值总额（或者股权份额）确认为股本（或者实收资本），股份的公允价值总额与股本（或者实收资本）之间的差额确认为股本溢价（或者资本溢价）计入资本公积。

重组债务账面价值超过股份的公允价值总额（或者股权的公允价值）的差额，确认为债务重组利得，计入当期营业外收入。

对于上市公司，其发行的股票有市价，因此，应以市价作为股份或者股权的公允价值；对于其他企业，债权人因放弃债权而享有的股份或者股权可能没有市价，因此，应当采用恰当的估值技术确定其公允价值。

债务转为资本，债务人可能会发生一些税费，与股票发行直接相关的手续费等，可以作为抵减资本公积处理，其他税费，可以直接计入当期损益，如印花税等。对债权人而言，将债务转为资本，应当将因放弃债权而享有股份的公允价值确认为对债务人的投资，重组债权的账面余额与股份的公允价值之间的差额，确认为债务重组损失，计入营业外支出。债权人已对债权计提减值准备的，应当先将该差额冲减减值准备，减值准备不足以冲减的部分，确认为债务重组损失计入营业外支出。发生的相关税费，分别按照长期股权投资或者金融工具确认和计量等准则的规定进行处理。

【例 10－9】 2011 年 1 月 15 日，黄淮公司销售一批商品给崇光公司，应收账款 500 000 元，合同约定 6 个月后结清款项。6 个月后，由于崇光公司发生财务困难，无法支付货款，与黄淮公司协商进行债务重组。经双方协议，黄淮公司同意崇光公司以其股权抵偿该账款。黄淮公司对该项应收账款计提了坏账准备 25 000 元。假设转账后崇光公司注册资本为 25 000 000 元，净资产的公允价值为 38 000 000 元，抵债股权占崇光公司注册资本的 1%。相关手续已办理完毕。假定不考虑其他相关税费。

债务人崇光公司的会计处理如下：

（1）分析：

重组债务应付账款的账面价值与所转股权的公允价值之间的差额

＝500 000－38 000 000×1%＝120 000（元）

差额 120 000 元作为债务重组利得，所转股份的公允价值 380 000 元与实收资本 250 000 元（25 000 000×1%）的差额 130 000 元作为资本公积。

（2）会计分录：

借：应付账款　　　　　　　　　　　　　　500 000
　　贷：实收资本　　　　　　　　　　　　　　250 000
　　　　资本公积——资本溢价　　　　　　　　130 000
　　　　营业外收入——债务重组利得　　　　　120 000

债权人黄淮公司的会计处理如下：

(1) 分析：

重组债权应收账款的账面余额与所转让股权的公允价值之间的差额
=500 000－38 000 000×1%＝120 000（元）

差额120 000元，扣除坏账准备25 000元，计95 000元，作为债务重组损失，计入营业外支出。

(2) 会计分录：

借：长期股权投资——崇光公司　　　　　　380 000
　　营业外支出——债务重组损失　　　　　　95 000
　　坏账准备　　　　　　　　　　　　　　　25 000
　　贷：应收账款　　　　　　　　　　　　　　500 000

（三）以修改其他债务条件清偿债务

修改其他债务条件清偿债务，是指债务人不以其资产清偿债务，也不将其债务转为资本，而是与债权人达成债务重组协议，以减少未来债务本金、降低利率、减少或免除债务利息等方式清偿债务。企业采用修改其他债务条件进行债务重组的，应当区分是否涉及或有应付（或应收）金额进行会计处理；所谓或有应付（或应收）金额，是指需要根据未来某种事项出现而发生的应付（或应收）金额，而且该未来事项的出现具有不确定性。

1. 不涉及或有应付金额的债务重组。对债务人来说，以修改其他债务条件进行债务重组，如修改后的债务条款中不涉及或有应付金额，则重组债务的账面价值大于重组后债务的入账价值（即修改其他债务条件后债务的公允价值）的差额为债务重组利得，计入营业外收入。

对债权人而言，以修改其他债务条件进行债务重组，如修改后的债务条款中不涉及或有应收金额，则债权人应当将修改其他债务条件后的债权的公允价值作为重组后债权的账面价值，重组债权的账面余额与重组后债权的账面价值之间的差额为债务重组损失，计入营业外支出。如债权人已对该债权计提减值准备的，应当先将该差额冲减减值准备，减值准备不足以冲减的部分，作为债务重组损失，计入营业外支出。

2. 涉及或有应付金额的债务重组。以修改其他债务条件进行的债务重组，修改后的债务条款如涉及或有应付金额，且该或有应付金额符合或有事项准则中有关预计负债确认条件的，债务人应当将该或有应付金额确认为预计负债；重组债务的账面价值与重组后债务的入账价值（即重组后债务的公允价值）和预计负债金额之和的差额，作为债务重组利得，计入营业外收入。

例如，债务重组协议规定，债务人在债务重组后一定时间里，其业绩改善到一定程度或者符合一定要求（如扭亏为盈、摆脱财务困境等），应向债权人额外支付一定款项，当债务人承担的或有应付金额符合预计负债确认条件时，应当将该或有应付金额确认为预计负债。

上述或有应付金额在随后会计期间没有发生的，企业应当冲销已确认的预计负债，同时确认营业外收入。

对债权人而言，以修改其他债务条件进行债务重组，修改后的债务条款中涉及或有应收金额的，不应当确认或有应收金额，不得将其计入重组后债权的账面价值。

根据谨慎性原则，或有应收金额属于或有资产，或有资产不予确认。只有在或有应收金额实际发生时，才计入当期损益。

（四）以组合方式清偿债务

1. 债务人的处理。债务重组以现金、非现金资产、债务转为资本、修改其他债务条件等方式组合进行的，对债务人来说，应当依次以支付的现金、转让的非现金资产公允价值、债权人享有股份的公允价值冲减重组债务的账面价值，修改其他债务条件的，应当将修改其他债务条件后债务的公允价值作为重组后债务的入账价值。重组债务的账面价值与重组后债务的入账价值之间的差额，作为债务重组利得，计入营业外收入。

修改后的债务条款如涉及或有应付金额，且该或有应付金额符合预计负债确认条件的，债务人应当将该或有应付金额确认为预计负债。重组债务的账面价值，与重组后债务的入账价值和预计负债金额之和的差额，计入营业外收入。以上所产生的债务重组利得、资产转让损益等均于债务重组当期确认。

2. 债权人的处理。债务重组采用以现金、非现金资产、债务转为资本、修改其他债务条件等方式组合进行的，对债权人来说，应先以收到的现金、受让非现金资产的公允价值、因放弃债权而享有的股权的公允价值冲减重组债权的账面余额，差额与将来应收金额进行比较，据此计算债务重组损失。债权人已对债权计提减值准备的，应当先将该差额冲减减值准备，减值准备不足以冲减的部分，作为债务重组损失，计入营业外支出。以上产生的债务重组损失应于债务重组当期确认。

第十一章 11

零售企业财务报表的编制

第一节 零售企业财务报表概述

财务报表是以日常核算资料为主要依据编制的，综合反映企业某一特定日期的资产、负债及所有者权益状况，以及某一特定时期的经营成果和现金流量情况的书面文件，是整个会计工作的最终成果。

一、编制财务报表的意义

企业编制财务报表的目的，是为帮助财务报表使用者进行经营决策提供会计信息。由于财务报表使用者千差万别，不同的报表使用者对财务报表所提供信息的要求各有侧重。

（一）投资者（股东）

企业的投资者可以是国家、法人、职工个人、其他经济单位和外商等。投资者主要关心投资报酬和投资风险。因而，企业编制的财务报表应当着重为其提供盈利能力、资本结构等方面的信息。

（二）债权人

企业的债权人主要包括银行和其他金融机构。他们重点关注的是所提供的资金是否能按期如数收回。因而，企业编制的财务报表应当着重为其提供有关的偿债能力的信息。

（三）政府相关机构

政府相关机构有财政、工商、税务等行政管理部门。这些部门依据有关的法律、制度监督对各单位的资金使用情况、成本计算情况、利润形成及分配情况、税金计算和解缴情况等进行监督检查。因而，企业编制的财务报表应当着重为其提供有关企业的资源及其运用、分配方面的情况，为国家的宏观决策提供必要的信息。

（四）企业经营管理者

企业经营管理者最关注的是企业财务状况的好坏、经营业绩的大小以及现金的流动情况。因而，企业编制的财务报表应当着重为其提供企业某一特定日期的资产、负债及所有者权益状况，以及某一特定时期的经营业绩和现金流量方面的信息，为以后进行生产经营决策、改善经营管理提供参考资料。

（五）企业职工群众

企业职工群众最关注的是企业为其所提供的就业机会及其稳定性、劳动报酬高低和职工福利好坏等方面的资料，而上述情况又与企业的盈利能力和资本结构等情况密切相关。因而，企业编制的财务报表除了需要提供以上信息外，还需要提供与职工福利相关的资料。

（六）社会公众

社会公众包括企业潜在的投资者或债权人，其主要关注企业的现行发展情况和未来发展趋势。因而，企业编制的财务报表应当能够提供企业目前状况及其未来发展等有关方面的资料。

二、财务报表的构成

按照《企业会计准则第30号——财务报表列报》中的规定，企业编制的财务报表至少应当包括：

1. 资产负债表；
2. 利润表；
3. 现金流量表；
4. 所有者权益（股东权益）变动表；
5. 附注。

三、编制财务报表的基本要求

为充分发挥财务报表的作用，必须保证财务报表的质量，为此，企业在编制财务报表时，除应做到数字真实、计算准确、内容完整、报送及时等基础工作要求外，还应重点关注企业编制财务报表应符合下列基本要求：

（一）持续经营原则

企业应当以持续经营为基础，以持续经营为基础编制财务报表不再合理的，企业应当采用其他基础编制财务报表，并在附注中披露这一事实。

（二）公允列报原则

企业在列报财务报表时，应严格遵循根据实际发生的交易和事项，按照《企业会计准则——基本准则》和其他各项会计准则的规定进行确认和计量，如实反映企业的交易与其他经济事项，真实而公允地反映企业的财务状况、经营成果以及现金流量。企业不应以附注披露代替确认和计量。

（三）权责发生制原则

企业列报的财务报表，除现金流量表外应该按权责发生制原则编制财务报表。

（四）信息列报的一致性原则

财务报表项目的列报应当在各个会计期间保持一致，除会计准则要求改变财务报表项目的列报或企业经营业务的性质发生重大变化后，变更财务报表项目的列报能够提供更可靠、更相关的会计信息外，不得随意变更。

（五）重要性原则

企业财务报表某项目的省略或错报会影响使用者据此作出经济决策的，该项目具有重要性。重要性应当根据企业所处环境，从项目的性质和金额大小两方面予以判断。性质或功能不同的项目，应当在财务报表中单独列报，但不具有重要性的项目除外。性质或功能类似的项目，其所属类别具有重要性的，应当按其类别在财务报表中单独列报。

（六）抵消原则

企业财务报表中的资产项目和负债项目的金额、收入项目和费用项目的金额不得相互抵消，但其他会计准则另有规定的除外。资产项目按扣除减值准备后的净额列示和非日常活动产生的损益，以收入扣减费用后的净额列示，不属于抵消。

（七）信息列报的可比性原则

企业当期财务报表的列报，至少应当提供所有列报项目上一可比会计期间的比较数据，以及与理解当期财务报表相关的说明，但其他会计准则另有规定的除外。财务报表项目的列报发生变更的，应当对上期比较数据按照当期的列报要求进行调整，并在附注中披露调整的原因和性质，以及调整的各项目金额。对上期比较数据进行调整不切实可行的（是指企业在作出所有合理努力后仍然无法采用某项规定），应当在附注中披露不能调整的原因。

（八）财务报表表首列报要求

企业应当在财务报表的显著位置至少披露：编报企业的名称、资产负债表日或财务报表涵盖的会计期间、人民币金额单位以及财务报表是合并财务报表的，应当予以标明。

（九）报告期间

企业至少应当按年编制财务报表。年度财务报表涵盖的期间短于一年的，应当披露年度财务报表的涵盖期间，以及短于一年的原因。

四、编制财务报表的具体要求

为充分发挥财务报表的作用，达到利用财务报表有效地管理经济的目的，企业编制财务报表时在遵循编制财务报表的基本要求的基础上，还要具体做到“数字真实、计算准确、内容完整、报送及时”。

（一）数字真实

财务报表是评价企业经营情况的依据，报表的数字必须真实可靠，如实反映企业在一定时期内经营活动过程和结果。切忌匡算估计，伪造会计数据，编报不真实的财务报表。虚假的财务报表资料，不仅不能发挥财务报表的作用，相反，还会使财务报表的使用者对企业财务状况和经营业绩作出错误判断；从而导致决策失误。

（二）计算准确

财务报表所列数字的勾稽关系要清楚、正确，各项目明细数字与小计合计、总计数字以及相关数字必须一致相符，防止数字的遗漏和重复计算。

（三）内容完整

编制财务报表要按照规定的格式和内容填制，凡是国家规定的要求提供的财务报表，必须按照规定的要求编报，不得漏编漏报。企业某些重要的会计事项，应当在财务报表附注中进行说明。

（四）报送及时

财务报表的时效性很强，在编制财务报表时，必须遵守规定的报送期限及时编制，并报送给规定的对象，以便有关方面及时掌握企业的财务状况和经营动态。否则，即使最真实可靠和全面完整的财务报表，不能及时传递给报表的使用者，时过境迁，也是没有任何价值的。

五、财务报表的分类

财务报表可以根据需要，按照不同的标准进行分类。

1. 按照财务报表的编报时间，可以分为月报、季报、半年报和年报。

2. 按照财务报表反映财务活动方式的不同，可以分为静态财务报表和动态财务报表。

静态报表是指反映企业一定时点资产、负债和所有者权益情况的财务报表，一般根据各个账户的“期末余额”填列，比如资产负债表等；动态报表是指反映企业一定时期内资金耗费和资金收回情况的报表，一般根据有关账户的“发生额”填列，比如利润表和现金流量表等。

3. 按照财务报表的服务对象，可以分为外部报表和内部报表。

外部报表是指企业定期向外部报表使用者（如政府部门、投资者、债权人）报送的财务报表，这类报表是按会计准则和制度编制的，有统一的格式和指标体系；内部报表则是为了适应企业内部经营管理的需要，自行设计、编制的报表，没有统一规定的格式和指标体系。

4. 按照财务报表编制的范围不同，可以分为个别财务报表和合并财务报表。

个别财务报表是指独立核算的企业用来反映其本身经营活动和财务状况的财务报表；合并财务报表则是指由母公司编制的，包括所有控股子公司财务报表的有关数字，反映整个企业集团经营成果和财务状况的财务报表。

第二节　零售企业资产负债表的编制

零售企业的资产负债表是反映企业某一特定日期（月末、季末或年末）财务状况的财务报表。它是根据资产、负债及所有者权益之间的相互关系，按照一定的分类标准和一定的顺序，把零售企业一定日期的资产、负债及所有者权益项目予以适当排列，并对日常工作中形成的大量数据进行综合、总括整理后编制而成的。

一、资产负债表的作用

零售企业的资产负债表是以“资产 = 负债 + 所有者权益”这一会计基本等式为基础进行编制的，是反映本企业静态财务状况的主要报表。资产负债表既可以全面反映企业在某一特定日期所拥有或控制的经济资源，也能反映企业所承担的义务及所有者对企业净资产的要求权，具有重要的作用。概括地说，主要表现在以下几个方面：

1. 资产负债表可以提供企业某一特定日期资产总额、资产结构和分布情况，表明企业的生产经营规模，反映企业经济资源的分布状况，据此可以分析企业资产结构的合理性、资产的流动性和清偿债务的能力。

2. 资产负债表可以反映企业某一特定日期的负债总额、债务结构，表明企业未来需要多少资产或劳务来清偿债务，据此可以分析企业债务是否适度，结构是否合理。

3. 资产负债表可以反映企业所拥有的所有者权益总额及其构成，标明投资者在企业资产中所占的份额。与负债相对比可以分析企业融资结构的优劣和财务风险大小。

4. 资产负债表还能提供财务分析的基本资料，通过对相同时期不同项目的横向比较和不同时期相同项目的纵向比较，据此可以分析和预测企业未来的财务状况的变动趋势和经营潜力。

二、资产负债表的结构

资产负债表由表首、表身和补充资料三部分组成。表首部分列示报表的名称、编制单位、编制日期和货币计量单位等内容；表身部分以若干个报表项目反映编表日企业资产、负债及所有者权益的具体组成内容及其总额；补充资料部分列示表身中未予提供的、或未予充分揭示的一些重要会计信息，如会计政策的变更等。

资产负债表的格式有科目式和报告式两种。我国零售企业资产负债表按会计制度规定采用科目式，即资产负债表分为左右两方，左方列示资产各项目，右方列示负债及所有者权益各项目，根据会计等式的基本原理，左方的资产总额等于右方的负债和所有者权益总额。同时，资产负债表还提供年初数和期末数得比较资料。账户式资产负债表的基本结构见表 11－2。

三、资产负债表的编制方法

资产负债表各项目均应分别填列年初数和期末数。其中年初数栏内各项数字应根据上年末（12 月 31 日）该表的期末数填列；期末数栏内各项数字大多根据相应的总账科目期末余额填列。由于报表项目与会计科目并不完全一致，零售企业的资产负债表的期末数各项目有下列填列方法：

（1）根据总账科目的期末余额填列。资产负债表中的有些项目，可以直接根据有关总长科目的余额填列，如“交易性金融资产”、“短期借款”、“应付票据”、“应付职工薪酬”等项目；有些项目则需要根据几个总账科目余额计算填列，如“货币资金”项目。

（2）根据有关明细科目的期末余额计算填列。如“应收账款”、“预付账款”、“应付账款”、“预收账款”等项目。

（3）根据总账科目和明细科目科目余额分析、计算填列。如“长期借款”项目，根据“长期借款”总账科目余额扣除“长期借款”科目所属的明细科目中反映的将于一年内到期的长期借款部分分析、计算填列。

（4）根据有关科目余额减去其备抵项目后的净额填列。如“无形资产”项目，按照“无形资产”科目的期末余额，减去“累计摊销”、“无形资产减值准备”科目期末余额后的净额填列。

（5）综合运用上述填列方法分析填列。如："存货"项目，应根据"在途物资"、"原材料"、"库存商品"、"低值易耗品"、"物料用品"、"包装物"等科目的期末借方余额合计数，减去"存货跌价准备"科目的期末余额后的金额填列。

零售企业资产负债表中各项目期末栏数字，具体计算填列方法如下：

1. 资产项目的填列方法。

"货币资金"项目，反映企业库存现金、银行结算户存款、外埠存款、银行汇票存款、银行本票存款和在途资金等货币资金的合计数。本项目应根据"库存现金"、"银行存款"、"其他货币资金"科目的期末余额合计填列。

"交易性金融资产"项目，反映企业持有的以公允价值计量且其变动计入当期损益的为交易目的所持有的债券投资、股票投资、基金投资等金融资产。本项目应根据"交易性金融资产"科目的期末余额填列。

"应收票据"项目，反映企业收到的未到期收款也未向银行贴现的应收票据，包括商业承兑汇票和银行承兑汇票。本项目应根据"应收票据"科目的期末余额，减去"坏账准备"科目中有关应收票据计提的坏账准备期末余额后的金额填列。已向银行贴现的应收票据不包括在本项目内，其中已贴现的商业承兑汇票应在本表下端补充资料内另行反映。

"应收账款"项目，反映企业应收的与企业经营业务有关的各项款项。本项目应根据"应收账款"和"预收账款"两个总账科目所属明细科目的期末借方余额合计数，减去"坏账准备"科目中有关应收账款计提的坏账准备期末余额后的金额填列。"应收账款"所属明细科目期末有贷方余额，应在本表"预收账款"项目内填列。

"预付账款"项目，反映企业按照购货合同规定预付给供应单位的款项。本项目应根据"预付账款"科目的期末余额填列。如"预付账款"科目所属有关明细科目有贷方余额的，应在本表"应付账款"项目内填列。如"应付账款"科目所属明细科目有借方余额的，也应包括在本项目内。

"应收利息"项目，反映企业因债权投资而应收取的现金股利，企业应收其他单位的利润，也包括在本项目内。本项目应根据"应收利息"科目的期末余额减去"坏账准备"科目中有关应收利息计提的坏账准备期末余额后的金额填列。

"应收股利"项目，反映企业因股权投资而应收取的利息，企业购入到期一次还本付息债券的利息不包括在本项目内。本项目应根据"应收股利"科目的期末余额减去"坏账准备"科目中有关应收股利计提的坏账准备期末余额后的金额填列。

“其他应收款”项目，反映企业对其他单位和个人的应收和暂付的款项。本项目应根据“其他应收款”科目的期末余额减去“坏账准备”科目中有关其他应收款计提的坏账准备期末余额后的金额填列。

“存货”项目，反映企业期末在库、在用、在途、在建和在加工中的各项存货的可变现净值。本项目应根据“在途物资”、“库存商品”、“商品进销差价”、“周转材料”、等科目的期末借方余额合计数，减去“存货跌价准备”科目的期末余额后的金额填列。

“一年内到期的非流动资产”项目，反映企业将于一年内到期的非流动资产项目金额。本项目根据有关科目的期末余额填列。

“其他流动资产”项目，反映企业除以上流动资产项目外的其他流动资产的实际成本，应根据有关科目的期末余额填列。

“流动资产合计”项目，将以上各项流动资产项目相加计算出的数额填入本项目。

“可供出售金融资产”项目，反映企业持有的以公允价值计量可供出售的债券投资、股票投资、基金投资等金融资产。本项目应根据“可供出售金融资产”科目的期末余额，减去“可供出售金融资产减值准备”科目的期末余额后的金额填列。

“持有至到期投资”项目，反映企业持有的以摊余成本计量的持有至到期投资。本项目应根据“持有至到期投资”科目的期末余额，减去“持有至到期投资减值准备”科目的期末余额后的金额填列。

“长期应收款”项目，反映企业融资租赁产生的应收款项、采用递延方式具有融资性质的销售商品和提供劳务等产生的长期应收款项。本项目根据“长期应收款”科目期末余额，减去相应的“未实现融资收益”科目和“坏账准备”科目所属相关明细科目余额后的金额填列。

“长期股权投资”项目，反映企业持有的对子公司、联营企业和合营企业长期股权投资。本项目应根据“长期股权投资”科目的期末余额，减去“长期股权投资减值准备”科目末余额后的金额填列。

“投资性房地产”项目，反映企业持有的投资性房地产。企业采用成本模式计量投资性房地产的，本项目根据“投资性房地产”科目的期末余额，减去“投资性房地产累计摊销”和“投资性房地产减值准备”科目期末余额后的金额填列。

“固定资产”项目，反映企业的各种固定资产原价减去累计折旧和累计减值准备后的净额。本项目应根据“固定资产”科目期末余额减去“累计折旧”和“固定资产减值准备”科目期末余额后的金额填列。

“在建工程”项目，反映企业期末各项未完工程的实际支出，包括交付安装的设备价值，未完建筑安装工程成本，已经建筑安装完毕但尚未交付使用的建筑安装工程成本等。本项目应根据“在建工程”科目的期末余额，减去“在建工程减值准备”科目期末余额后的金额填列。

“工程物资”项目，反映企业各项工程尚未使用的工程物资的实际成本。本项目应根据“工程物资”科目的期末余额填列。

“固定资产清理”项目，反映企业因出售、毁损、报废等原因转入清理但尚未清理完毕的固定资产净值，以及固定资产清理过程中所发生的清理费用和变价收入等各项金额的差额，本项目应根据“固定资产清理”科目的期末借方余额填列；如为贷方余额应以“-”号填列。

“无形资产”项目，反映企业各项无形资产的原价扣除摊销后的净额。本项目应根据“无形资产”科目的期末余额，减去“累计摊销”和“无形资产减值准备”科目余额填列。

“开发支出”项目，反映企业开发无形资产过程中能够资本化形成无形资产成本的支出部分。本项目应根据“研发支出”科目中所属的“资本化支出”明细科目期末余额填列。

“商誉”项目，反映企业合并中形成的商誉的价值。本项目应根据“商誉”科目期末余额，减去相应减值准备后的金额填列。

“长期待摊费用”项目，反映企业已经支出，但摊销期限在1年以上（不含1年）的各项费用。本项目应根据“长期待摊费用”科目的期末余额减去1年内（含1年）摊销的数额后的金额填列。

“递延所得税资产”项目，反映企业确认的可抵扣暂时性差异产生的递延所得税资产。本项目应根据“递延所得税资产”科目的期末余额填列。

“其他非流动资产”项目，反映除以上资产以外的其他非流动资产。本项目应根据有关科目的期末余额填列。

“非流动资产合计”项目，将将以上各项非流动资产项目相加计算出的数额填入本项目。

“资产总计”项目，将“流动资产合计”和“非流动资产合计”两个项目的合计数填入本项目。

2. 负债项目的填列方法。

“短期借款”项目，反映企业借入尚未归还的1年期以下（含1年）的借款。本项目应根据“短期借款”科目的期末余额填列。

“应付票据”项目，反映企业为了抵付货款等而开出、承兑的尚未到期付款的应付票据，包括银行承兑汇票和商业承兑汇票。本项目应根据“应付票据”科目的期末余额填列。

“应付账款”项目，反映企业由于购买材料、接受劳务供应等应付给供应单位的款项。本项目应根据“应付账款”和“预付账款”两个总账科目所属明细科目的贷方余额之和填列。

“预收账款”项目，反映企业按合同规定向有关单位和个人预收的款项。本项目应根据“预收账款”科目的期末余额填列。如“预收账款”科目所属有关明细科目有借方余额的，应在本表“应收账款”项目内填列；如“应收账款”科目所属明细科目有贷方余额的，也应包括在本项目内。

“应付职工薪酬”项目，反映企业应付未付的各种职工薪酬，本项目应根据“应付职工薪酬”科目期末贷方余额填列。“应付职工薪酬”科目期末如为借方余额，本项目以“－”号表示。

“应交税费”项目，反映企业应交未交的各种税费。本项目应根据“应交税费”科目的期末贷方余额填列，借方余额以“－”号填列。

“应付利息”项目，反映企业期末应付未付各种利息。本项目应根据“应付利息”科目的期末余额填列。

“应付股利”项目，反映企业期末应付未付给投资者的现金股利或利润。本项目应根据“应付股利”科目的期末余额填列。

“其他应付款”项目，反映企业应付、暂收其他单位或个人的款项，如向业主收取的入住前装修保证金等。本项目应根据“其他应付款”科目的期末贷方余额填列。

“一年内到期的非流动负债”项目，反映企业非流动负债中将于资产负债表日后一年内到期部分的金额，如将于一年内偿还的长期借款。本项目应根据有关科目余额填列。

“其他流动负债”项目，反映企业除以上流动负债以外的其他流动负债，如“代收款项”。本项目应根据有关科目的期末余额填列。

“流动负债合计”项目，将以上各流动负债项目的数额相加以合计数填入本项目。

“长期借款”项目，反映企业借入尚未归还的1年期以上的各种借款。本项目应根据“长期借款”科目的期末余额填列，减去1年内到期的部分填列。

“应付债券”项目，反映企业发行的尚未偿还的各种债券的本息。本项目应根据“应付债券”科目的期末余额填列，减去1年内到期的部分填列。

“长期应付款”项目，反映企业期末除长期借款和应付债券以外的其他各种长期应付款。本项目应根据“长期应付款”科目的期末余额填列。

“预计负债”项目，反映企业预计负债的期末余额。本项目应根据“预计负债”科目的期末余额填列。

“递延所得税负债”项目，反映企业确认的可抵扣暂时性差异产生的递延所得税负债。本项目应根据“递延所得税负债”科目的期末余额填列。

“其他非流动负债”项目，反映除以上非流动负债项目以外的其他非流动负债。本项目应根据有关科目的期末余额填列。

上述非流动负债各项目中将于1年内到期的非流动负债，应在本表“一年内到期的非流动负债”项目内另行反映。上述非流动负债各项目均应根据有关科目期末余额扣除将于1年内到期偿还数后的余额填列。

“非流动负债合计”项目，将“长期借款”、“应付债券”、“长期应付款”和“代管基金”等非流动负债项目的数额之和填入本项目。

“负债合计”项目，将“流动负债合计”项目与“非流动负债合计”项目的合计数填入本项目。

3. 所有者权益项目的填列方法。

“实收资本”项目，反映企业实际收到的资本总额。本项目应根据“实收资本”科目的期末余额填列。

“资本公积”项目，反映企业资本公积的期末余额。本项目应根据“资本公积”科目的期末余额填列。

“盈余公积”项目，反映企业盈余公积的期末余额。本项目应根据“盈余公积”科目的期末余额填列。

“未分配利润”项目，反映企业已实现而尚未分配的利润数额。1—11月，本项目应根据“本年利润”科目的余额和“利润分配”科目的余额计算填列，如果以上两个科目均为贷方余额，则将二者之和填入本项目；如果“本年利润”科目为贷方余额，“利润分配”科目为借方余额，则以二者的差额填入本项目；贷方余额大于借方余额之差，用“+”填列，贷方余额小于借方余额之差，用“-”填列；年末，则根据“利润分配”科目的年末贷方余额直接填列本项目，该科目年末如为借方余额，则以“-”填列。

“所有者权益合计”项目，将“实收资本”、“资本公积”、“盈余公积”和“未分配利润”四个项目的合计数填入本项目。

“负债和所有者权益总计”项目，将“负债合计”和“所有者权益合计”二个项目的合计数填入本项目。

此外，资产负债表的补充资料部分应根据有关的明细科目簿记录资料或备查簿的记录资料填列。

四、资产负债表编制举例

【例 11－1】 崇光公司 2010 年 12 月 31 日资产、负债及所有者权益科目发生额及余额见表 11－1。

表 11－1　　　　发生额及余额表　　　　单位：元

会计科目	期初余额		本期发生额		期末余额	
	借方	贷方	借方	贷方	借方	贷方
库存现金	10 760		10 000	10 100	10 660	
银行存款	73 280		2 213 368	105 690	2 180 958	
应收账款	24 000		23 400		47 400	
周转材料	79 400		7 100	6 300	80 200	
库存商品	159 729		20 900	12 000	168 629	
固定资产	4 500 000		280 000		4 780 000	
累计折旧		82 160		10 200		92 360
短期借款		28 000		400 000		428 000
应付账款		37 592	4 680	4 680		37 592
应付股利		14 600		359.4		14 959.4
应付职工薪酬		16 400	10 000	10 000		16 400
应交税费		34 721.22	1 190	7 175.5		40 706.72
长期借款				1 200 000		1 200 000
实收资本		4 440 000		800 000		5 240 000
盈余公积		160 154.36		1 123.13		161 277.49
本年利润		39 387.06	27 107.5	31 600		43 879.56
利润分配	5 845.64		1 482.53		7 328.17	
合　计	4 853 014.64	4 853 014.64	2 599 228.03	2 599 228.03	7 275 175.17	7 275 175.17

根据表 11－1 所给资料，编制崇光公司 2010 年 12 月份资产负债表（见表 11－2）。表 11－2 中的“年初数”栏中的数字，是根据该企业上年度 12 月份资产负债表中的“期末数”栏的数字直接填列的。

表 11－2

北京崇光商贸有限责任公司

资产负债表

北京市海淀区税务档案号
01021153

企会 01 表

编制单位：北京崇光商贸有限责任公司　2010 年 12 月 31 日　单位：元

资　产	年初数	期末数	负债和所有者权益（股东权益）	年初数	期末数
流动资产：			流动负债：		
货币资金	84 040	2 191 618	短期借款	28 000	428 000
交易性金融资产			应付票据		
应收票据			应付账款	37 592	37 592
应收账款	24 000	47 400	预收账款		
预付款项			应付职工薪酬	16 400	16 400
应收利息			应交税费	34 721. 22	40 706. 72
应收股利			应付利息		
其他应收款			应付股利	14 600	14 959. 4
存货	239 129	248 829	其他应付款		
一年内到期的非流动资产			一年内到期的非流动负债		
其他流动资产			其他流动负债		
流动资产合计	347 169	2 487 847	流动负债合计	131 313. 22	537 658. 12
可出售金融资产			长期借款		1 200 000
持有至到期投资			应付债券		
长期应收款			长期应付款		
长期股权投资			预计负债		
投资性房地产			递延所得税负债		
固定资产	4 417 840	4 687 640	其他非流动负债		
工程物资			非流动负债合计		1 200 000
在建工程			负债合计		1 737 658. 12

续表

资　　产	年初数	期末数	负债和所有者权益（股东权益）	年初数	期末数
固定资产清理			所有者权益（或股东权益）		
无形资产			实收资本（或股本）	4 440 000	5 240 000
商誉			资本公积		
长期待摊费用			减：库存股		
递延所得税资产			盈余公积	160 154.36	161 277.49
其他非流动资产			未分配利润	33 541.42	36 551.39
非流动资产合计	4 417 840	4 687 640	所有者权益（股东权益）合计	4 633 695.78	5 437 828.88
资产总计	4 765 009	7 175 487	负债和所有者权益（股东权益）总计	4 765 009	7 175 487

补充资料：略

单位负责人 王国全 王国全印　　财会负责人 刘亦强 刘亦强章　　复核 华宏艳 华宏艳印　　制表 王一梅 王一梅印

第三节　零售企业利润表的编制

利润表是反映零售企业一定期间经营成果的财务报表，它总括反映了企业在某一定期间内利润（或亏损）实际形成情况，是月报表、主要报表之一。

一、利润表的作用

利润表可以提供的信息有：

1. 企业在一定期间内取得的全部收入，包括营业收入、投资收益和营业外收入。

2. 企业在一定期间内发生的全部费用，包括从事经营业务发生的成本、销售费用、管理费用、财务费用、营业外支出和所得税费用。

3. 全部收入与费用相抵计算出的企业一定期间内实现的净利润（或净亏损）总额。

通过利润表报表使用者可以了解企业利润（或亏损）的形成情况，据以分析、考核企业利润计划的执行结果，分析企业利润增减变动的原因；通过利润表和其他报表有关资料，可以分析、评价企业的获利能力，预测企业在未来期间的盈利趋势和企业内部融资的能力。

二、利润表的结构

利润表由表首、表身和补充资料三部分组成。表首部分列示报表的名称、编制单位、货币计量单位和该表反映的年度、月份等内容；表身部分以若干个相互联系的报表项目反映编表期间企业收入、费用和利润的组成内容及其总额；补充资料部分列示说明表内有关项目的必要补充项目。

根据《企业会计准则第 30 号——财务报表列报》的规定，企业的利润表主表采用多步式格式。按照这一要求，企业净利润的计算分为三步进行：

第一步：计算出营业利润

营业利润 = 营业收入 - 营业成本 - 营业税金及附加 - 销售费用 - 管理费用 - 财务费用 - 资产减值损失 + 公允价值变动收益（- 公允价值变动损失）+ 投资收益（- 投资损失）

第二步：计算出利润总额

利润总额 = 营业利润 + 营业外收入 - 营业外支出

第三步：计算出净利润

净利润 = 利润总额 - 所得税

利润表的格式见表 11 - 3。

表 11 - 3 利　润　表 会企 02 表

编报单位：　年　月　单位：元

项　目	本月数	本年累计数
一、营业收入		
减：营业成本		
营业税金及附加		
销售费用		
管理费用		
财务费用		

续表

项　　目	本月数	本年累计数
资产减值损失		
加：公允价值变动收益（损失以“－”填列）		
投资收益（损失以“－”填列）		
其中：对联营企业和合营企业的投资收益		
二、营业利润（亏损以“－”填列）		
加：营业外收入		
减：营业外支出		
其中：非流动资产处置损失		
三、利润总额（亏损总额以“－”填列）		
减：所得税费用		
四、净利润（净亏损以“－”填列）		
五、每股收益		
（一）基本每股收益		
（二）稀释每股收益		

为了清楚地反映各项指标的报告期数及从年初截止到报告期的累计数，在利润表中分别设置“本月数”和“本年累计数”两栏。

三、利润表的编制方法

利润表中的各个项目，都是根据有关收入和费用科目记录的本期实际发生数和累计发生数分别填列的。

“营业收入”项目，反映企业经营主要业务和其他业务所确认的收入总额等。本项目应根据“主营业务收入”科目和“其他业务收入”的发生额分析填列。

“营业成本”项目，反映指企业经营主要业务和其他业务所发生的总成本。本项目应根据“主营业务成本”科目和“其他业务成本”的发生额分析填列。

“营业税金及附加”项目，反映企业应负担的营业税、城市维护建设税和教育费附加等。本项目应根据“营业税金及附加”科目的发生额分析填列。

“销售费用”项目，反映企业在销售商品过程中发生的包装费、广告费等各项费用和为销售本企业商品而专设的销售机构的职工薪酬、业务费等。本项目应根据“销售费用”科目的发生额分析填列。

“管理费用”项目，反映企业为组织和管理生产经营活动而发生的各项费用。本项目应根据“管理费用”科目的发生额分析填列。

“财务费用”项目，反映企业在筹集资金过程中所发生的财务费用。本项目应根据“财务费用”科目的发生额分析填列。

“资产减值损失”项目，反映企业各项资产发生的减值损失。本项目应根据“资产减值损失”科目的发生额分析填列。

“公允价值变动收益”项目，反映企业应当计入当期损益的资产或负债公允价值变动收益。本项目应根据“公允价值变动收益”科目的发生额分析填列，如为净损失则用“-”数填列。

“投资收益”项目，反映企业实现的营业利润。如为亏损则用“-”数填列。

“营业利润”项目，反映企业以各种方式对外投资所获得的收益。本项目应根据“投资收益”科目的发生额分析填列，如为投资损失则用“-”数填列。

“营业外收入”项目，反映企业所取得的与其生产经营无直接关系的各种收入。本项目应根据“营业外收入”科目的发生额分析填列。

“营业外支出”项目，反映企业所支付的与其生产经营无直接关系的各种支出。本项目应根据“营业外支出”科目的发生额分析填列。

“利润总额”项目，反映企业在报告期内实现的利润总数。如为亏损额则用“-”数填列。

“所得税费用”项目，反映企业在报告期内，按规定从本期损益中减去的所得税费用。本项目根据“所得税费用”科目的发生额分析填列。

“净利润”项目，反映企业报告期内实现的净利润，是根据利润总数减所得税而得。如为净亏损，以“-”数填列。

以上各项目的“本月数”根据各有关会计科目的本月发生额直接填列；“本年累计数”栏反映各项目自年初起到本报告期止的累计发生额，应根据上月“利润表”的累计数加上本月“利润表”的本月数之和填列。

年度“利润表”的“本月数”栏改为“上年实际数”栏，应根据上年末“利润表”的数字填列。如果上年末“利润表”与本年“利润表”的项目名称和内容不相一致，应对上年的报表项目名称和数字按本年度的规定进行调整，然后填入“上年实际数”栏。

四、利润表编制举例

【例11－2】 崇光公司2010年12月损益类科目本月发生额及本年累计发生额见表11－4。假定企业的所得税税率为25%，且无税前调整项目，编制利润表（见表11－5）。

表11－4 **损益类科目发生额汇总表** 单位：元

会计科目	本期发生额		本年累计发生额	
	借方	贷方	借方	贷方
主营业务收入	30 000	30 000	134 600	134 600
主营业务成本	12 000	12 000	63 000	63 000
销售费用	1 000	1 000	2 000	2 000
营业税金及附加	510	510	1 560	1 560
管理费用	5 300	5 300	12 670	12 670
财务费用	500	500	2 400	2 400
营业外收入	1 200	1 200	10 500	10 500
营业外支出	6 000	6 000	7 500	7 500
其他业务收入	400	400	3 800	3 800
其他业务成本	300	300	1 600	1 600
合　计	57 210	57 210	239 630	239 630

表11－5 **利　润　表** 会企02表

编制单位：北京崇光商贸有限责任公司　　2010年12月　　单位：元

项　目	本月数	本年累计数
一、营业收入	30 400	138 400
减：营业成本	12 300	64 600
营业税金及附加	510	1 560
销售费用	1 000	2 000
管理费用	5 300	12 670
财务费用	500	2 400

续表

项　目	本月数	本年累计数
资产减值损失		
加：公允价值变动收益（损失以“－”填列）		
投资收益（损失以“－”填列）		
其中：对联营企业和合营企业的投资收益		
二、营业利润（亏损以“－”填列）	10 790	55 170
加：营业外收入	1 200	10 500
减：营业外支出	6 000	7 500
其中：非流动资产处置损失		
三、利润总额（亏损总额以“－”填列）	5 990	58 170
减：所得税费用	1 497.5	14 542.50
四、净利润（净亏损以“－”填列）	4 492.5	43 627.50
五、每股收益		
（一）基本每股收益	略	略
（二）稀释每股收益	略	略

补充资料：略

单位负责人 王国全 [王国全印]　财会负责人 刘亦强 [刘亦强章]　复核 华宏艳 [华宏艳印]　制表 王一梅 [王一梅印]

第四节　零售企业现金流量表的编制

现金流量表是反映零售企业在一定会计期间现金收入和支出情况的财务报表，是以现金为基础编制并按收付实现制原则编制的财务状况变动表，是年报表、主要报表之一。

一、现金流量表的作用

前述资产负债表和利润表在提供会计信息方面都起了十分重要的作

用，但是也都存在一定局限性。利润表反映了企业在一定会计期间内实现的利润，但不能保证有足够的赖以生存的现金，因为利润并非现金。资产负债表说明了某一特定日期资产和权益变动的结果，并显示了企业的偿债能力，但并不能反映其变动的过程和变动的原因。而现金流量表的编制可以弥补这两种财务报表的不足。它不仅综合地反映了企业净利润与现金净流量的关系，而且通过对不同经营管理业务活动引发的现金流量的披露揭示了企业财务状况变动的原因。

此外，现金流量表能够分析企业未来获取现金的能力。企业的投资人和债权人最为关注的是企业经过一段时间经营后是否有足够的现金来支付未来期间的利息和利润，清偿各种到期债务以及扩大生产经营规模、现金获取的途径等。现金流量表恰好反映这些信息。

二、现金流量表的编制基础

现金流量表时以现金为基础编制的，这里的现金是指企业库存现金、可以随时用于支付的存款以及现金等价物。具体包括：

1. 库存现金。库存现金是指企业持有可随时用于支付的现金限额，即与会计核算中“库存现金”科目所包括的内容一致。

2. 银行存款。银行存款是指企业存在金融企业随时可以用于支付的存款，即与会计核算中“银行存款”科目所包括的内容基本一致，区别在于：如果存在金融企业的款项中有不能随时用于支付的存款，如不能随时支取的定期存款，不作为现金流量表中的现金。

3. 其他货币资金。其他货币资金是指企业存在金融企业有特定用途的资金，如银行汇票存款、信用卡存款等。

（四）现金等价物。现金等价物是指企业持有的期限短、流动性强、易于转换为已知金额的现金、价值变动风险很小的投资。现金等价物虽然不是现金，但其支付能力与现金的差别不大，可视为现金。现金等价物通常是指在3个月或更短时间内即到期或即可转换为现金的短期债权性投资，现金等价物的范围一经确定，不得随意变更。

三、现金流量的分类

按照企业的经营管理业务性质的不同可以将现金流量分为三类：

1. 经营活动产生的现金流量。经营活动是指企业投资活动和筹资活动以外的交易和事项。主要包括销售商品或提供劳务、购买商品、接受劳务、支付工资和交纳税款等流入和流出的现金和现金等价物。

2. 投资活动产生的现金流量。投资活动是指企业长期资产的购建和不包括在现金等价物范围内的投资及其处置活动。主要包括购建固定资产、处置子公司及其他营业单位等流入和流出的现金和现金等价物。

3. 筹资活动产生的现金流量。筹资活动是指导致企业资本及债务规模和构成发生变化的活动。包括吸收投资、发行股票、分配利润、发行债券、偿还债务等流入和流出的现金和现金等价物。偿还应付账款、应付票据等应付款项属于经营活动，不属于筹资活动。

对于企业日常活动之外的，不经常发生的特殊项目，如自然灾害损失、保险赔款、捐赠等，应当在现金流量表中归并相关类别中，并单独反映。

四、现金流量的结构

根据《企业会计准则第 31 号——现金流量表》的规定，我国现金流量表采用报告式结构，分类反映经营活动产生的现金流量、投资活动产生的现金流量和筹资活动产生的现金流量，最后汇总反映企业某一期间现金及现金等价物的净增加额。我国现金流量的基本格式见表11－6。同时企业应采用间接法在现金流量表附注中披露将净利润调节经营活动现金流量的信息，现金流量表附注的格式见表 11－7。

表 11－6 **现 金 流 量 表** 会企 03 表

编报单位： 年 月 单位：元

项 目	本期金额	上期金额
一、经营活动产生的现金流量：		
销售商品、提供劳务收到的现金		
收到的税费返还		
收到的其他与经营活动有关的现金		
经营活动金流入小计		
购买商品、接受劳务支付的现金		
支付给职工以及为职工支付的现金		
支付的各项税费		
支付的其他与经营活动有关的现金		

续表

项　　目	本期金额	上期金额
经营活动现金流出小计		
经营活动产生的现金流量净额		
二、投资活动产生的现金流量：		
收回投资所收到的现金		
取得投资收益所收到的现金		
处置固定资产、无形资产和其他长期资产所收到的现金净额		
处置子公司和其他营业单位收到的现金净额		
收到的其他与投资活动有关的现金		
投资活动现金流入小计		
购建固定资产、无形资产和其他长期资产所支付的现金		
投资所支付的现金		
取得子公司和其他营业单位支付的现金净额		
支付的其他与投资活动有关的现金		
投资活动现金流出小计		
投资活动产生的现金流量净额		
三、筹资活动产生的现金流量：		
吸收投资所收到的现金		
取得借款收到的现金		
收到的其他与筹资活动有关的现金		
筹资活动现金流入小计		
偿还债务所支付的现金		
分配股利、利润和偿付利息所支付的现金		
支付的其他与筹资活动有关的现金		
筹资活动现金流出小计		
筹资活动产生的现金流量净额		
四、汇率变动对现金及现金等价物的影响		
五、现金及现金等价物净增加额		
加：期初现金及现金等价物余额		
六、期末现金及现金等价物余额		

表 11－7

补 充 资 料	本期金额	上期金额
1. 将净利润调节为经营活动现金流量：		
净利润		
加：计提的资产损失准备		
固定资产折旧		
无形资产摊销		
长期待摊费用摊销		
处置固定资产、无形资产和其他长期资产的损失（收益以“－”填列）		
固定资产报废损失（收益以“－”填列）		
公允价值变动损失（收益以“－”填列）		
财务费用（收益以“－”填列）		
投资损失（收益以“－”填列）		
递延所得税资产减少（增加以“－”填列）		
递延所得税负债增加（减少以“－”填列）		
存货的减少（增加以“－”填列）		
经营性应收项目的减少（增加以“－”填列）		
经营性应付项目的增加（减少以“－”填列）		
其他		
经营活动产生的现金流量净额		
2. 不涉及现金收支的重大投资和筹资活动：		
债务转为资本		
一年内到期的可转换公司债券		
融资租入固定资产		
3. 现金及现金等价物净变动情况：		
现金的期末金额		
减：现金的期初金额		
加：现金等价物期末金额		
减：现金等价物期初金额		
现金及现金等价物净增加额		

五、现金流量的编制方法

（一）经营活动产生的现金流量的编制方法

1. 直接法和间接法。经营活动产生的现金流量是一项重要的指标，它可以说明企业再不动用外部筹资的情况下，通过自身的经营管理活动所产生的现金流量是否足以偿还负债、支付利润和对外投资。经营活动产生的现金流量通常可以采用直接法和间接法两种方法反映。

直接法是通过现金收入和现金支出的主要类别反应来自经营管理活动的现金流量。采用直接法编制经营活动产生的现金流量时，一般以利润表中的营业收入为起算点，调整与经营管理活动有关的项目的增减变动，然后计算出经营活动产生的现金流量。

间接法是以本期净利润为起算点，调整不涉及现金的收入、费用、营业外收支等有关项目的增减变动，据此计算出经营管理活动的现金流量。采用间接法提供的信息有助于评价企业未来现金流量。

我国《企业会计准则第 31 号——现金流量表》中规定，现金流量表以直接法编制，但在现金流量表的补充资料中还单独按照间接法反映经营活动产生的现金流量的情况。

2. 经营活动现金流量各项目的填列。“销售商品、提供劳务收到的现金”项目，反映企业销售商品、提供劳务实际收到的现金（含销售收入和应向购买者收取的增值税额），包括本期销售商品、提供劳务收到的现金，以及前期销售和前期提供劳务本期收到的现金和本期预收的账款，扣除本期退回本期销售的商品和前期销售本期退回的商品支付的现金。企业销售材料等其他业务活动所收到的现金，也在本项目中反映。

“收到的税费返还”项目，反映企业收到返还的各项税费，如收到的增值税、营业税、所得税、教育费附加返还等。

“收到的其他与经营活动有关的现金”项目，反映企业除了上述各项目外，收到的其他与经营活动有关的现金流入，如罚款收入等。其他现金流入如价值较大，应单列项目反映。

“购买商品，接受劳务支付的现金”项目，反映企业购买商品、接受劳务实际支付的现金，包括本期购入商品、接受劳务支付的现金（包括增值税进项税额），以及本期支付前期购入商品、接受劳务的未付款项和本期预付款项。

“支付给职工以及为职工支付的现金”项目，反映企业实际支付给职工以及为职工支付的现金，包括本期实际支付给职工的工资、奖金、各种津贴和补贴等，以及为职工支付的养老保险、待业保险、补充养老保险、住房公积金、支付给职工的住房困难补助等。不包括支付给离退休人员的各项费用和支付给在建工程人员的工资及相关费用。企业支付给离退休人员的各项费用，包括支付的统筹退休金以及未参加统筹的退休人员的费用，在“支付的其他与经营活动有关的现金”项目中反映；支付给在建工程人员的工资及相关费用在“购建固定资产、无形资产和其他长期资产所支付的现金”项目中反映。

“支付的各项税费”项目，反映企业当期实际上缴税务部门的各种税金，以及支付的教育费附加、印花税、车船使用税等。不包括计入固定资产价值、实际支付的耕地占用税等。

“支付的其他与经营活动有关的现金”项目，反映企业除了上述各项目外，支付的其他与经营活动有关的现金支出，如罚款支出、业务招待费支出、支付差旅费、支付保险费等。其他现金流出如价值较大，应单列项目反映。

（二）投资活动产生的现金流量的编制方法

现金流量表中的投资活动比通常所指的长、短期投资的范围要广，还包括购买与处置固定资产、无形资产和其他长期资产。

“收回投资所收到的现金”项目，反映企业出售、转让或到期收回除现金等价物以外的短期投资、长期股权投资而收到的现金，以及收回长期债权投资本金而收到的现金。不包括长期债权投资收的利息，以及收回的非现金资产。

“取得投资收益所收到的现金”项目，反映企业因各种投资而分得的现金股利、利润、利息等。

“处置固定资产、无形资产和其他长期资产收到的现金净额”项目，反映企业处置固定资产、无形资产和其他长期资产收回的现金，扣除为处置这些资产而支付的有关费用后的净额。由于自然灾害所造成的固定资产等长期资产损失而收到的保险赔偿收入，也在本项目中反映。

“收到的其他与投资活动有关的现金”项目，反映企业除了上述各项以外，收到的其他与投资活动有关的现金流入。收到购买股票和债券时支付的已宣告但尚未领取的现金股利或已到付息期但尚未领取的债券利息，应在本项目中反映。

其他现金流入如价值较大，应单列项目反映。

“购建固定资产、无形资产和其他长期资产所支付的现金”项目，反映企业购买、建造固定资产，取得无形资产和其他长期资产支付的现金，不包括为购建固定资产而发生的借款利息资本化的部分，以及融资租入固定资产支付的租赁费，借款利息和融资租入固定资产支付的租赁费，在筹资活动中产生的现金流量中单独反映。以分期付款方式购建的固定资产，其首次付款支付的现金作为投资活动的现金流出，以后各期支付的现金作为筹资活动的现金流出。

"投资所支付的现金"项目，反映企业进行各种性质的投资所支付的现金。包括企业取得的出现金等价物以外的短期股票投资、长期股权投资支付的现金、长期债券投资支付的现金，以及支付的佣金、手续费等附加费用。

"支付的其他与投资活动有关的现金"项目，反映企业除了上述各项以外，支付的其他与投资活动有关的现金流出。企业购买股票和债券时，实际支付的价款中包含的已宣告但尚未领取的现金股利或已到付息期但尚未领取的债券利息，应在本项目中反映。其他现金流出如价值较大，应单列项目反映。

（三）筹资活动产生的现金流量的编制方法

现金流量表需要单独反映筹资活动产生的现金流量，通过现金流量中反映的筹资活动的现金流量，可以帮助投资者和债权人预计对企业未来现金流量的要求权，以及获得前期现金流入而付出的代价。

"吸收投资所收到的现金"项目，反映企业收到的投资者投入的现金，包括以发行股票方式筹集的资金实际收到的股款净额（发行收入减去支付的佣金等发行费用后的净额）、发行债券实际收到的现金净额等。以发行股票方式筹集资金而由企业直接支付的审计、咨询等费用，以及发行债券支付的发行费用在"支付的其他筹资活动有关的现金"项目反映。

"借款所收到的现金"项目，反映企业向银行或其他金融机构等举借的各种短期、长期借款所收到的现金。

"收到的其他与筹资活动有关的现金"项目，反映企业除上述各项目外，收到的其他与筹资活动有关的现金流入，如接受现金捐赠等。其他现金流入如价值较大，应单列项目反映。

"偿还债务所支付的现金"项目，反映企业以现金偿还债务的本金，包括偿还银行或其他金融机构等的本金、偿还债券本金等。企业偿还的借款利息、债券利息，在"偿付利息所支付的现金"项目中反映，不包括在本项目中。

"分配股利、利润和偿付利息所支付的现金"项目，反映企业实际支付的现金股利、利润，以及支付给其他投资的利息。

“支付的其他筹资活动有关的现金”项目，反映企业除了上述各项外，支付的其他与筹资活动有关的现金流出，如捐赠现金支出等。其他现金流出如价值较大，应单列项目反映。

（四）补充资料项目的填列

补充资料中的“将净利润调解为经营活动的现金流量”，实际上是以间接法编制的经营活动的现金流量。间接法是以净利润为出发点，净利润是利润表上反映的数字，是按照权责发生制确定的，其中有些收入、费用项目并没有实际发生现金流入和流出，通过对这些项目的调整，即可将净利润调解为经营活动现金流量。采用间接法将净利润调解为经营活动的现金流量时，需要调整的项目可分为四大类：

（1）实际没有支付现金的费用；

（2）实际没有收到现金的收益；

（3）不属于经营活动的损益；

（4）经营性应收应付项目的增减变动。

六、现金流量表编制举例

在具体编制现金流量表时，可以利用工作底稿或T形科目进行编制，也可以直接根据有关科目记录即日记账分析填列。

【例11－3】 崇光公司2010年12月普通日记账资料如表11－8。

根据表11－8编制现金流量表（见表11－9）。

表 11－8 普通日记账

日期	凭证编号	摘要	总账科目	明细科目	借方金额	贷方金额	现金流量分类
2010－12－4	1	接受投资	银行存款		600 000.00		吸收投资所收到的现金
2010－12－4	1	接受投资	实收资本	大华公司		600 000.00	
2010－12－4	2	接受投资	固定资产	机器设备	200 000.00		
2010－12－4	2	接受投资	实收资本	越港公司		200 000.00	
2010－12－4	3	向银行借款	银行存款	广发银行	400 000.00		取得借款收到的现金
2010－12－4	3	向银行借款	短期借款	流动资金借款		400 000.00	
2010－12－5	4	向银行借款	银行存款	建设银行	1 200 000.00		取得借款收到的现金
2010－12－5	4	向银行借款	长期借款	改扩建借款		1 200 000.00	
2010－12－5	5	购入设备	固定资产	机器设备	80 000.00		
2010－12－5	5	购入设备	银行存款			80 000.00	购建固定资产、无形资产和其他长期资产所支付的现金
2010－12－6	6	采购商品	在途物资	A 商品	3 000.00		
2010－12－6	6	采购商品	应交税费	应交增值税（进项税额）	510.00		
2010－12－6	6	采购商品	银行存款			3 510.00	购买商品、接受劳务支付的现金
2010－12－6	7	采购商品	在途物资	A 商品	100.00		
2010－12－6	7	采购商品	库存现金			100.00	购买商品、接受劳务支付的现金
2010－12－7	8	采购商品	在途物资	B 商品	4 000.00		
2010－12－7	8	采购商品	应交税费	应交增值税（进项税额）	6 800.00		
2010－12－7	8	采购商品	应付账款	华泰公司		4 680.00	
2010－12－7	9	商品验收入库	库存商品	A 商品	3 100.00		
2010－12－7	9	商品验收入库	物资采购	A 商品		3 100.00	
2010－12－7	9	商品验收入库	库存商品	B 商品	4 000.00		

续表

日期	凭证编号	摘要	总账科目	明细科目	借方金额	贷方金额	现金流量分类
2010－12－7	9	商品验收入库	物资采购	B商品		4 000.00	
2010－12－8	10	偿还购料款	应付账款	华泰公司	4 680.00		
2010－12－8	10	偿还购料款	银行存款			4 680.00	购买商品、接受劳务支付的现金
2010－12－8	11	领用材料	生产成本	甲产品	4 000.00		
2010－12－8	11	领用材料	制造费用		1 600.00		
2010－12－8	11	领用材料	管理费用		400.00		
2010－12－8	11	领用材料	原材料	A商品		6 000.00	
2010－12－10	12	提取现金	库存现金		10 000.00		
2010－12－10	12	提取现金	银行存款			10 000.00	
2010－12－10	13	发放工资	应付职工薪酬	工资	10 000.00		
2010－12－10	13	发放工资	库存现金			10 000.00	支付给职工以及为职工支付的现金
2010－12－15	14	销售产品	银行存款		11 700.00		销售商品、提供劳务收到的现金
2010－12－15	14	销售产品	主营业务收入	甲产品		10 000.00	
2010－12－15	14	销售产品	应交税费	应交增值税（销项税额）		1 700.00	
2010－12－20	15	销售产品	应收账款	广夏公司	23 400.00		
2010－12－20	15	销售产品	主营业务收入	甲产品		20 000.00	
2010－12－20	15	销售产品	应交税费	应交增值税（销项税额）		3 400.00	
2010－12－25	16	支付广告费	销售费用	广告费	1 000.00		
2010－12－25	16	支付广告费	银行存款			1 000.00	支付的其他与经营活动有关的现金
2010－12－26	17	销售多余材料	银行存款		468.00		销售商品、提供劳务收到的现金
2010－12－26	17	销售多余材料	其他业务收入			400.00	
2010－12－26	17	销售多余材料	应交税费	应交增值税（销项税额）		68.00	
2010－12－28	18	收到违约金	银行存款		1 200.00		收到的其他与经营活动有关的现金
2010－12－28	18	收到违约金	营业外收入	违约金		1 200.00	
2010－12－31	19	计算分配工资	生产成本	甲产品	6 000.00		

续表

日期	凭证编号	摘要	总账科目	明细科目	借方金额	贷方金额	现金流量分类
2010－12－31	19	计算分配工资	制造费用		2 000.00		
2010－12－31	19	计算分配工资	管理费用		2 000.00		
2010－12－31	19	计算分配工资	应付职工薪酬	工资		10 000.00	
2010－12－31	20	支付银行借款手续费	财务费用		500.00		
2010－12－31	20	支付银行借款手续费	银行存款			500.00	分配股利、利润和偿付利息所支付的现金
2010－12－31	21	计提折旧	制造费用		7 300.00		
2010－12－31	21	计提折旧	管理费用		2 900.00		
2010－12－31	21	计提折旧	累计折旧			10 200.00	
2010－12－31	22	结转制造费用	生产成本	甲产品	10 900.00		
2010－12－31	22	结转制造费用	制造费用			10 900.00	
2010－12－31	23	结转完工入库产品	库存商品	甲产品	20 900.00		
2010－12－31	23	结转完工入库产品	生产成本	甲产品		20 900.00	
2010－12－31	24	计算城建税、教育费附加	营业税金及附加		510.00		
2010－12－31	24	计算城建税、教育费附加	应交税费	城建税		357.00	
2010－12－31	24	计算城建税、教育费附加	应交税费	教育费附加		153.00	
2010－12－31	25	结转已售产品成本	主营业务成本		12 000.00		
2010－12－31	25	结转已售产品成本	库存商品	甲产品		12 000.00	
2010－12－31	26	结转已售材料成本	其他业务成本		300.00		

续表

日期	凭证编号	摘要	总账科目	明细科目	借方金额	贷方金额	现金流量分类
2010-12-31	26	结转已售材料成本	原材料	B商品		300.00	
2010-12-31	27	支付赈灾款	营业外支出	捐赠支出	6 000.00		
2010-12-31	27	支付赈灾款	银行存款			6 000.00	支付的其他与经营活动有关的现金
2010-12-31	28	结转本月各项收入	主营业务收入		30 000.00		
2010-12-31	28	结转本月各项收入	其他业务收入		400.00		
2010-12-31	28	结转本月各项收入	营业外收入		1 200.00		
2010-12-31	28	结转本月各项收入	本年利润			31 600.00	
2010-12-31	29	结转本月各项费用	本年利润		25 610.00		
2010-12-31	29	结转本月各项费用	主营业务成本			12 000.00	
2010-12-31	29	结转本月各项费用	营业税金及附加			510.00	
2010-12-31	29	结转本月各项费用	其他业务成本			300.00	
2010-12-31	29	结转本月各项费用	管理费用			5 300.00	
2010-12-31	29	结转本月各项费用	财务费用			500.00	
2010-12-31	29	结转本月各项费用	销售费用			1 000.00	
2010-12-31	29	结转本月各项费用	营业外支出			6 000.00	
2010-12-31	30	计算所得税费用	所得税费用		1 497.50		
2010-12-31	30	计算所得税费用	应交税费	所得税		1 497.50	
2010-12-31	31	结转所得税费用	本年利润		1 497.50		
2010-12-31	31	结转所得税费用	所得税费用			1 497.50	
2010-12-31	32	提取盈余公积	利润分配	提取法定盈余公积	1 123.13		
2010-12-31	32	提取盈余公积	盈余公积	法定盈余公积		1 123.13	
2010-12-31	33	向投资者分配利润	利润分配	应付股利	359.40		
2010-12-31	33	向投资者分配利润	应付股利			359.40	

表 11－9

北京崇光商贸有限责任公司

现 金 流 量 表

北京市海淀区税务档案号
01021153

会企 03 表

编制单位：北京崇光商贸有限责任公司　　2010 年 12 月　　单位：元

项　　目	本期金额	上期金额
一、经营活动产生的现金流量：		
销售商品、提供劳务收到的现金	12 168.00	
收到的税费返还	0.00	
收到的其他与经营活动有关的现金	1 200.00	
经营活动金流入小计	13 368.00	
购买商品、接受劳务支付的现金	8 290.00	
支付给职工以及为职工支付的现金	10 000.00	
支付的各项税费	0.00	
支付的其他与经营活动有关的现金	7 000.00	
经营活动现金流出小计	25 290.00	
经营活动产生的现金流量净额	－11 922.00	
二、投资活动产生的现金流量：		
收回投资所收到的现金	0.00	
取得投资收益所收到的现金	0.00	
处置固定资产、无形资产和其他长期资产所收到的现金净额	0.00	
处置子公司和其他营业单位收到的现金净额	0.00	
收到的其他与投资活动有关的现金	0.00	
投资活动现金流入小计	0.00	
购建固定资产、无形资产和其他长期资产所支付的现金	80 000.00	
投资所支付的现金	0.00	
取得子公司和其他营业单位支付的现金净额	0.00	

续表

项　目	本期金额	上期金额
支付的其他与投资活动有关的现金	0.00	
投资活动现金流出小计	80 000.00	
投资活动产生的现金流量净额	-80 000.00	
三、筹资活动产生的现金流量：		
吸收投资所收到的现金	600 000.00	
取得借款收到的现金	1 600 000.00	
收到的其他与筹资活动有关的现金	0.00	
筹资活动现金流入小计	2 200 000.00	
偿还债务所支付的现金	0.00	
分配股利、利润和偿付利息所支付的现金	500.00	
支付的其他与筹资活动有关的现金	0.00	
筹资活动现金流出小计	500.00	
筹资活动产生的现金流量净额	2 199 500.00	
四、汇率变动对现金及现金等价物的影响	0.00	
五、现金及现金等价物净增加额	2 107 578.00	
加：期初现金及现金等价物余额	84 040.00	
六、期末现金及现金等价物余额	2 191 618.00	

补充资料：略

单位负责人 王国全 王国全印　　财会负责人 刘亦强 刘亦强章　　复核 华宏艳 华宏艳印　　制表 王一梅 王一梅印

由于零售企业的业务相对集中，涉及现金流量表补充资料项目并不多，本书就不再对这些项目逐一阐述其填列方法。

第五节　零售企业所有者权益变动表的编制及附注

零售企业的所有者权益变动表是反映本单位在一定期间内构成所有

者权益的各组成部分当期增减变动情况的会计报表，是年报表、主要报表之一。它是一张动态报表反映了企业通过一段期间经营后产生的对所有者权益价值的影响。

一、所有者权益变动表的作用

所有者权益变动表可以提供的信息有：

1. 企业在一定期间内所产生的综合收益引起的所有者权益的变动，包括经营收益和直接计入所有者权益的利得和损失。

2. 企业在一定期间内发生的资本的变动业务，如所有者投入资本和向所有者分配利润等。

3. 企业在一定期间内进行的所有者权益内部结构的调整变动，如提取盈余公积。

二、所有者权益变动表的编制

根据《企业会计准则第 30 号——财务报表列报》规定，企业编制所有者权益变动表至少应当单独列示反映下列信息的项目：

（1）净利润；

（2）直接计入所有者权益的利得和损失项目及其金额；

（3）会计政策变更和差错更正的累积影响金额；

（4）所有者投入资本和向所有者分配利润等；

（5）按照规定提取的盈余公积；

（6）实收资本（或股本）、资本公积、盈余公积、未分配利润的期初和期末余额及其调节情况。

零售企业编制的所有者权益变动表以上年所有者权的期末余额为基础，根据本期引起所有者权益增减变动情况进行调整，最终形成本年年末所有者权益余额，其具体格式如表 11－10 所示。本表各项目应当根据当期净利润、直接计入所有者权益的利得和损失项目、所有者投入资本和向所有者分配利润、提取盈余公积等情况分析填列。

表 11－10

所有者权益变动表

编制单位：　　　　年度　　　　企会 04 表
单位：元

项　目	本年金额						上年金额（略）					
	实收资本（或股本）	资本公积	减：库存股	盈余公积	未分配利润	所有者权益合计	实收资本（或股本）	资本公积	减：库存股	盈余公积	未来分配利润	所有者权益合计
一、上年年末余额												
加：会计政策变更												
前期差错更正												
二、本年年初余额												
三、本年增减变动金额（减少以“－”号填列）												
（一）净利润												
（二）直接计入所有者权益的利得和损失												
1. 可供出售的金融资产公允价值变动净额												
2. 权益法下被投资单位其他所有者权益变动的影响												
3. 与计入所有者权益项目相关的所得税影响												
4. 其他												
上述（一）和（二）小计												

续表

项目	本年金额						上年金额（略）					
	实收资本（或股本）	资本公积	减：库存股	盈余公积	未分配利润	所有者权益合计	实收资本（或股本）	资本公积	减：库存股	盈余公积	未来分配利润	所有者权益合计
（三）所有者投入和减少资本												
1. 所有者投入资本												
2. 股份支付计入所有者权益的金额												
3. 其他												
（四）利润分配												
1. 提取盈余公积												
2. 对所有者（或股东）的分配												
（五）所有者权益内部结转												
1. 资本公积转增资本												
2. 盈余公积转增资本												
3. 盈余公积弥补亏损												
4. 其他												
四、本年年末余额												

三、附注

附注是财务报表的重要组成部分，是对在资产负债表、利润表、现金流量表和所有者权益变动表等报表中列示项目的文字描述或明细资料，以及对未能在这些报表中列示项目的说明等。

企业应当按照规定披露附注信息，其主要内容包括：

（1）企业的基本情况；

（2）财务报表的编制基础；

（3）遵循企业会计准则的声明；

（4）重要会计政策和会计估计；

（5）会计政策和会计估计变更以及差错更正的说明；

（6）报表重要项目的说明；

（7）或有事项；

（8）资产负债表日后事项；

（9）关联方关系及其交易。

零售企业通过编制和报送会计报表，为信息使用者了解企业发展状况、实施经营管理和决策提供了丰富的会计信息。但是由于会计报表的格式的固定性和编制方法的局限性，使得报表中所提供的会计信息并不能直接满足相关信息使用者的需求，因此企业应当根据信息使用者的需求、结合本行业的特点，选择适当的报表分析方法和财务指标对会计报表进行分析。

第十二章 12

零售企业内部会计控制

我国加入世界贸易组织后，企业的经济活动逐步与国际接轨，会计的确认、计量、记录和报告的程序与方法逐步与国际趋同。企业内部会计控制作为企业内部管理的重要手段和方法越来越受到社会各方面的关注和重视，对确保资产的安全完整和会计信息的真实准确发挥了重要作用。企业怎样结合自身的经营和管理特点制定企业内部会计控制制度呢？制定企业内部会计控制制度应考虑那些因素呢？下面我们就一一道来。

第一节 零售企业内部会计控制的目标与原则

会计作为一种管理活动，为了达到提供经济信息的目的，除了要有科学的程序与方法外，还要实施有效的内部会计控制。“内部会计控制是指单位为了提高会计信息质量，保护资产的安全、完整，确保有关法律、法规和规章制度的贯彻执行等而制定和实施的一系列控制方法、措施和程序。”有效的内部会计控制可以提高会计信息质量、保护财产安全与完整，确保法律法规、规章制度的贯彻执行。

一、内部会计控制的目标

内部会计控制目标是指内部会计控制对象应达到的目标或欲达到的效果。实施内部会计控制离不开正确的控制目标。内部会计控制目标包括：

1. 规范单位会计行为，保证会计资料真实、完整。准确可靠的财务会计信息是会计信息使用者进行有效决策的重要依据，也是企业评价过去、控制现在、把握未来的重要条件。因此，内部会计控制的首要目标是通过制定和执行恰当的业务程序，采用科学、合理地控制方法使会计活动得到有效的控制，避免差错和弊端的发生，保证会计资料真实、完整，提高财务会计信息的质量水平。

2. 堵塞漏洞、消除隐患，防止并及时发现、纠正错误及舞弊行为，保护单位资产的安全、完整。内部会计控制通过实施严格的控制措施，尤其是不相容职务的分离，形成一种内部相互牵制制约机制。同时，实行限制接近财产和内部定期盘点核对等制度，使财产得到严密的控制，从而可以有效地防止和减少财产物资的损失浪费以及贪污盗窃等问题的发生，保护单位资产的安全与完整。

3. 确保国家有关法律、法规和单位内部规章制度的贯彻执行。国家有关法律、法规和单位内部规章制度是企业必须履行的法定义务。而健全、有效的内部会计控制制度则是完成这一义务的重要保证。内部会计控制目标之一就是通过内部会计控制所形成的相互协调与相互制约机制，能够及时地反映、监督、检查和纠正经营管理中的违法违规行为，从而有效地保证国家有关法律、法规和单位内部规章制度的贯彻执行。

二、内部会计控制的原则

为了更好地发挥内部会计控制作用，企业应当遵循一定的会计控制原则。内部会计控制原则包括：

1. 合法性原则，即内部会计控制应当符合国家有关法律法规和内部会计控制规范，以及单位的实际情况。

2. 有效性原则，即内部会计控制应当约束单位内部涉及会计工作的所有人员，任何个人都不得拥有超越内部会计控制的权力。

3. 全面性原则，即内部会计控制应当涵盖单位内部涉及会计工作的各项经济业务及相关岗位，并针对业务处理过程中的关键控制点，落实到决策、执行、监督、反馈等各个环节。

4. 不相容职务相分离原则，即内部会计控制应当保证单位内部涉及会计工作的机构、岗位的合理设置及其职责权限的合理划分，坚持不相容职务相互分离，确保不同机构和岗位之间权责分明、相互制约、相互监督。

5. 成本效益原则，即内部会计控制应当遵循成本效益原则，以合理的控制成本达到最佳的控制效果。

6. 适时性原则，即内部会计控制应随着外部环境的变化、单位业务职能的调整和管理要求的提高，不断修订和完善。

第二节　零售企业内部会计控制的内容

内部会计控制内容是内部会计控制的主体和核心，其内容既丰富，又广泛。《内部会计控制—基本规范》针对各单位经济活动中最薄弱的环节，明确了内部会计控制内容主要包括：货币资金、实物资产、对外投资、工程项目、采购与付款、筹资、销售与收款、成本费用、担保等经济业务的会计控制。零售企业具有企业经济活动的一般特征，又有其特殊性，本书着重阐述零售企业内部会计控制的内容。

一、货币资金会计控制

（一）货币资金会计控制目标

对货币资金的控制，最主要的目标是保证货币资金的安全性、完整性、合法性和效益性。

1. 保证货币资金余额的真实、准确。为了实现这一目标。企业应建立严格的内部控制制度，发挥“内部牵制”功效，从岗位设置、人员职责分工入手，严格限制未经授权的人员对货币资金的直接接触，采取定期盘点、财产记录、账实核对，做到“账实、账表”核对一致。

2. 检查货币资金的取得、使用是否符合国家财经法规，使其发挥最大效益。为此，一要保证货币资金按规定的用途使用，同时还要满足生产经营活动对货币资金的需要；二要加强对货币资金支出的控制，严格审批、控制每一笔支出，防止侵占、挪用货币资金行为的发生。

（二）货币资金控制的内容

主要是对货币资金收入、保管、支付等全过程中的关键控制点作出严格控制。

1. 货币资金的完整性控制。是指对单位特定会计期间发生的货币资金收支业务是否均已按规定计入有关账户。通过检查销售，采购业务或应收账款、应付账款的收回和归还情况，或余额截止日后入账的收入和支出，查找未入账的货币资金。具体包括：银行对账单控制、发票与收据控制、业务量控制以及往来账项核对控制等。

2. 货币资金安全性控制。是指企业通过岗位分离控制、账实盘点控制、库存现金限额控制、实物隔离控制等手段，对企业的库存现金、银行存款、其他货币资金以及变现能力强的应收、应付票据的控制。

3. 货币资金合法性控制，主要是指针对货币资金的收入与支付合法性控制。一般都采用加大内部监督检查力度的方法，如加大对货币资金收付复核的力度、实行严格的授权审批制度、重点控制大笔金额货币资金支付等。必要时企业也可以利用政府职能部门、社会力量（会计师事务所审计）来加强货币资金的监督和检查。

4. 货币资金效益性控制，是指服从企业财富最大化的财务管理目标，通过运用各种筹资、投资等手段，合理、高效地持有和使用货币资金的控制方法。企业可制定货币资金收支的计划，在合理预测一定时期货币资金存量的情况下，通过实施推迟付款或提前收回货款等方法解决货币资金的缺口，充分利用闲置资金，使其发挥最大效益。

二、实物资产的控制

实物资产会计控制，主要从实物的取得、保管、领用、发出、盘点、处理等环节找出关键控制点，采用授权批准、会计记录与实物保管相互分离和制约、非实物保管人员无权领发货物等一系列控制方法，防止各种实物资产的被盗、偷拿、毁损和流失。

（一）商品资金控制内容

1. 商品资金控制目标：保证商品业务会计核算资料准确可靠；保证库存商品安全完整；保证商品购销业务合法合规。

2. 商品资金控制内容。

（1）对库存商品不相容职务实行分离控制，适当的职责分离是内部会计控制的重要方式之一。对库存商品不相容职务实行分离控制主要表现在库存商品的计划、验收、保管、发货、盘点、记账，不能由一个人包办。具体讲：库存商品计划的编制者应与其复核及审批人员分离；库存在途物资人员应与验收、保管人员分离；库存商品保管的人不能同时负责其会计记录；库存商品盘点应由保管员、记账人员以及独立于这些职务的其他人员共同进行。

（2）商品存储的控制，为了保证商品安全及方便销售，企业应建立商品存储管理责任制。对各种商品的收、发、存都安排专人负责，严格各项手续制度。商品入库，须由存储部门先行点验和检查，然后签收。签收后，根据实际入库货物的数量，填制入库单，并及时通知会计部门。库存商品保管部门对入库商品标明它们的存放地点、仓号和仓位。商品的实物应由专职保管员控制，应设置分离且封闭的仓库区域，只有经授权批准的人才能进入，应严格限制接触商品。商品保管部门应经常对存放的商品进行检查，查看有无损坏、变质或呆滞等情况。

（3）商品实物收发控制，零售企业商品保管员收到验收部门送交的商品和验收单后，应填制入库通知单，并据以登记存货实物收发存明细账簿，入库通知单应由交接各方签字留存。商品由有关柜组、实物负责人领出后，应根据商品出库单等凭证及时登记商品收发存明细账簿，并将其及时送交会计部门。

（4）商品盘点控制，定期对商品实物计点数量，账实核对。不仅检查盘点数和账面数之间相符情况，还要定期对商品质量进行分析，查看有无损坏、变质或长期不流动的情况，检查结果应予记录。仓库应建立最低库存量的报警系统，或者指定专人逐日对各种商品库存量进行追踪。

（二）固定资产控制内容

固定资产是零售企业重要的资产项目。固定资产的安全、完整对企业的商品经营活动影响极大，固定资产管理一旦失控，所造成的损失远远超过一般的流动资产。因此，企业应高度重视对固定资产的内部控制。良好的固定资产的内部控制主要包括以下几个方面。

1. 职责分工制度。对固定资产的取得、记录、保管、使用、维修、处置等，均应明确划分责任，由专门部门和专人负责。明确的职责分工制度，有利于防止舞弊，有利于固定资产的维护和保养。

2. 授权批准制度。完善的授权批准制度包括：企业资本性预算只有经过董事会等上级部门批准方可生效；所有固定资产的取得和处置均需经企业管理当局的书面认可。

3. 账簿记录制度。除固定资产总账外，企业还须设置固定资产明细分类账和固定资产登记卡，按固定资产类别、使用部门对各项固定资产进行明细分类核算，固定资产的增减变化均应有充分的原始凭证。

4. 维护保养制度与处置制度。固定资产应有严密的维护保养制度，以防止其因各种自然和人为的因素而遭受损失，并应建立日常维护和定期检修制度，以延长其使用寿命固定资产的处置，包括投资转出、报废、出售等，这些都要有一定的申请报批程序。

5. 定期盘点制度。对固定资产定期实地盘点，可以验证账册所列各项资产是否真实存在，了解资产放置地点和使用状况。

三、采购与付款会计控制

采购与付款业务是零售企业商品购销活动的重要环节。采购与付款控制在整个内部会计控制中具有重要地位。

（一）采购与付款的内部控制目标

1. 合理经济地进行各种在途物资业务。保证购入的商品必须符合消费者的要求，适应市场的需要。

2. 保证采购的商品及时、足额入库，并保证商品安全与完整。

3. 及时支付各种货款。对已验收入库的采购商品，应按照合同的规定及时支付相应的货款，以维护良好的信誉。

（二）采购业务的控制

采购业务的内部控制应包括如下内容：

1. 分工与授权。商品的采购、验收、储存、会计及财务部门在人员安排及职责分工等方面应相互独立，以防止职责不清，出现错弊不易查找；偿还债务也应经上述部门进行相应确认或批准。

2. 请购。请购单应适应不同的情况灵活编制；有时可以根据商品的采购计划和市场销售情况及提货时间编制；有时也可设计自动请购程序，一旦商品库存水平降到某一点，即可请购；有时可由库管人员、售货员依照实际情况而定。

3. 采购。采购部门根据计划、授权或存储部门填制的请购单进行采购。购货之前均须填制正式订货单，并将订单副本分送会计部门和验收部门。

4. 验收。购入的货品运达后，均应由独立于采购、存储等部门以外的其他部门负责验收。验收部门应根据运单、发票、合同及产品说明书等检查货物的数量和质量，并据实填制验收单。验收单必须顺序编号。验收完毕，应立即将验收的货物转运存储部门，并将验收单副本分送采购部门、存储部门和会计部门。

（三）采购货款的控制

1. 复核。财务部门收到购货发票后，应立即送交采购部门，将购货发票、订货单及验收单进行比较，确认货物种类、数量、价格、折扣条件、付款金额及方式是否相符。

2. 付款。有关现金支出须经采购部门填制应付凭单，并经有关部门批准后方可支付货款。

3. 记账。会计部门收到有关单据后应及时编制记账凭证，登记账簿；应付账款总账和明细账应按月结账，并相互核对；对于现金折扣，应采用总价法记录，并制定严格的复核制度。

4. 对账。会计部门应按月向供货方取得对账单，并将其与应付账款明细账和未付凭单明细表相互核对。如有差异，应查明发生差异的原因。

四、销售与收款控制

零售企业的流动资金随着企业的购销活动而不断地按照“货币—商品—货币”方式周转变化。企业以货币资金购进商品，因销售商品又收回货币资金。商品销售的过程既是企业实现商品价值取得货币收入的过程，也是新的商品流转过程的起点。加强企业销售与收款控制具有重要的意义。

（一）销售与收款的控制目标

1. 保证销售业务合规合法。通过内部控制制度的建立和实施，保证企业销售收入在有关账户及时、准确和完整加以记录，防止转移收入侵吞行为的发生，保证销售业务的合规合法。

2. 预防销售与收款过程中的各种差错。零售企业的销售与付款业务发生频繁，存在大量的现金交易，稍有疏忽就有可能出现差错，因此，内部会计控制的重要目标就是预防销售与收款过程中的各种差错。

3. 保证销货款及时、足额收回。销售商品取得货币资金收入，是补偿企业各种消耗、维持企业再生产的资金来源，如不能及时、足额收回货款，势必影响生产经营活动，因此，应加强对货款回收的控制。

（二）商品销售与收款业务的控制

1. 合理确定销货收款方式。零售企业的销货收款方式，主要有两种：一是“一手钱，一手货”的方式，是由营业员直接收款。在这种方式下，营业员既管货又管钱；二是集中收款方式，由专设收款台或收款人员负责收款。这两种销货收款方式各有利弊。企业应根据商品的特点（如商品价值高低等），采用不同的销货收款方式，正确组织销货结算。

2. 制订和执行有关的业务操作制度以及价格管理制度，提高服务质量，改善经营管理，堵塞漏洞，防止收款过程中的差错。

3. 按照现金管理办法的规定，零售企业由于销售商品而收进的现金，除找零用外，都必须及时送存银行。因此，零售企业每天的销货进款，必须及时送存银行。零售企业向银行送存销货款的送款方式有两种：一种是经过财务部门集中送存银行；另一种是由所属门市部营业柜、组直接向银行送款，然后将银行盖章的“送款回单”报送财务部门。财务部门应结合企业经营规模、组织机构以及距离银行远近等情况，会同业务部门研究确定送款方式以及送款次数和时间，以利于银行及时回笼货币并加速企业的资金周转，保证现金安全。

对于企业每天将销货款交存银行后发生的零星销货款，通常是销货款与找零用现款混在一起。营业柜、组在每日营业结束后，对这些款项，必须清点登记，并集中到财务部门或指定地点妥善加锁封存，以防被盗。

五、商品流通费用和商品成本的控制

商品流通费既是商品在流通过程中所必需的开支，也是商品流通领域中社会财富的一种耗费和损失。商品成本是企业为获得商品销售利润所付出的代价。加强商品流通费和商品成本的控制，可以减少社会财富的耗费和损失，增加企业的经济效益和社会效益。

（一）做好商品流通费和商品成本控制的各项基础工作

为了有效地进行商品流通费和商品成本的控制，要做好各项基础工作，如商品流通费用和各项消耗定额的制定和修订工作；商品、材料物资的计量、收发、领退和盘点制度、商品流通费和商品成本的原始记录等。

（二）制定流通费用标准，分解费用指标

在日常费用管理中，对于经常发生的具有规律性，支出平稳与某种事物相关的费用应制定支出标准控制开支，例如对办公费可以按人制定定额标准；商品养护费可以与储量对比制定系数标准；保管费也可与储存量对比制定定额标准：商品损耗也可以制定定额标准。通过制定标准可以按科室、组、个人，分配定额，实行民主管理。

为了调动职工积极性，发挥费用预算的指导作用可以把费用预算进行分解，如保管金交由仓库部门控制；运费由进货部门控制：水电费、租赁费按营业面积分摊；利息由财务部门控制；广告费、样品费由销售部门控制。

（三）采用科学的商品流通费控制方法

控制商品流通费可以采用预算控制法、归口分级控制法和凭证控制法。

1. 预算控制法。即通过编制商品流通费预算控制其支出。对流通费用采用预算控制，既可以确定费用开支计划，也为各项费用支出规定了限额，起到限制费用支出的作用。直接费用和流通额密切相关，一般可以按预算的绝对金额进行直接控制。这类费用项目可以实施弹性预算，即依据业务量确定各直接费用项目的费用金额，按业务量进行控制。

2. 归口分级控制法。是按照谁开支谁管理的精神，把各项费用划归各级经营组织和各职能科室管理。财会部门负责全面的综合管理。

3. 凭证控制法。即通过审核费用支出凭证控制商品流通费用的一种方法。凭证控制的依据主要有：费用开支范围、费用开支标准和费用预算（或计划）。即通过凭证的审核，对不属于商品流通费开支范围的，超过开支标准的和预算外的一切支出进行严密的控制和监督，同

时，对凭证中的业务量进行核实，对凭证的真伪进行辨析，以发挥控制作用。

（四）考核成本费用指标的完成情况

零售企业考核成本费用指标完成情况的内容包括已销商品进价成本和商品流通费。考核时可采取综合考核与分类考核相结合的办法。综合考核标为企业成本率，分类考核指标为企业费用率和进价成本率。计算公式如下：

成本率 =（企业总成本 ÷ 商品销售总额）×100%

费用率 =（商品流通费 ÷ 商品销售总额）×100%

进价成本率 =（已销商品进价成本 ÷ 商品销售总额）×100%

第三节　零售企业内部会计控制的方法

内部会计控制方法是指实施内部会计控制所采取的手段、措施及程序等。我国《内部会计控制—基本规范》指出内部会计控制的方法主要包括：不相容职务相互分离控制、授权批准控制、会计系统控制、预算控制、财产保全控制、风险控制、内部报告控制、电子信息技术控制等。

一、不相容职务相互分离

不相容职务，是指某些职务若由一人（或一个部门）担任，既可能弄虚作假，又能够自己掩盖其舞弊行为的职务。不相容职务主要包括授权批准、业务经办、会计记录、财产保管、稽核检查等职务。不相容职务相互分离控制要求单位按照不相容职务相分离的原则，合理设置会计及相关工作岗位，明确职责权限，形成相互制衡机制。

零售企业应分离的职务主要表现在以下方面：

1. 商品购销环节。如每一项商品购销活动的授权职务与执行该项业务的职务要分离，如商场内部有权决定购买商品的人员不能同时兼任采购员职务等；执行某一经济业务和审核该经济业务的职务要分离，如填写销货发票的人员不能兼任审核人员。

2. 商品储存环节。保管库存商品及其他财产物资和核对实存数与账存数的职务要分离。

3. 会计核算环节。如记录库存商品、往来款项、收入与费用、财务成果、资本基金等明细账和记录总账的职务要分离；登记日记账和登记总账的职务要分离。

4. 会计核算环节与财产保管环节。如保管商品某些财产物资和对其进行记录的职务要分离，如会计部门的出纳员与记账员要分离，不能兼任；执行某项经济业务和记录该项业务的职务要分离，如销货人员不能同时兼任会计记账工作。

二、授权批准控制

授权批准控制是指对企业内部部门或员工处理与会计相关业务的权限控制。企业内部某个部门或某个员工在处理会计相关业务时，必须经过授权批准才能进行，否则就不能进行。授权批准有一般授权和特定授权两种形式。一般授权是对办理一般经济业务时权力等级和批准条件的规定，通常在单位的规章制度中予以明确；特定授权是对特定经济业务处理的权力等级和批准条件的规定，如当某项经济业务的数额超过某部门的批准权限时，只有经过特定授权批准才能处理。

为了发挥授权批准控制的作用，授权批准控制应符合以下基本要求：

1. 要明确一般授权与特定授权的界限和责任；

2. 要明确每类经济业务的授权批准程序。

3. 要建立必要的检查制度，以保证经授权后所处理的经济业务的工作质量。

三、会计系统控制

会计系统控制就是通过对企业发生的各项经济业务进行确认、计量、记录和报告等活动而实施的控制。会计系统控制要求单位依据《会计法》和国家统一的会计制度，制定适合本单位的会计制度，明确会计凭证、会计账簿和财务会计报告的处理程序，建立和完善会计档案保管和会计工作交接办法，实行会计人员岗位责任制，充分发挥会计的监督职能。

四、预算控制

预算是用数字形式编制的未来一定时期的计划，或者说是未来一定时间实现企业经营目标的具体化、数量化步骤。预算控制要求企业对单位各项经济业务编制详细的预算或计划，并通过授权，由有关部门对预算或计划的执行情况进行控制。通过预算控制，使得企业的经营目标转化为各部门、各个岗位以至个人的具体行为目标，作为各受控单位的约束条件，能够从根本上保证企业经营目标的实现。预算控制的基本要求是：

1. 所编制预算必须体现单位的经营管理目标，并明确责权。

2. 预算在执行中，应当允许经过授权批准对预算进行调整，以使预算更加切合实际。

3. 应当及时或定期反馈预算执行情况。

为了满足预算控制的基本要求，应注意抓好预算体系的建立（包括预算项目、标准和程序）、预算的编制和审定、预算指标的下达及相关责任人或部门的落实、预算执行的授权、预算执行过程的监控、预算差异的分析和调整、预算业绩的考核等环节的工作。

五、财产保全控制

财产保全是指对实物资产的安全保护。财产保全控制主要包括接近控制、定期盘点控制和会计记录要妥善保护等控制措施。

1. 限制接近，指以严格控制对实物资产及与实物资产有关文件的接触，如限制接近现金，现金收支的管理应该局限于特定的出纳员，并且出纳员要与现金记录人员和登记应收账款的人员相分离；在零售企业中，可以通过在营业时间中和营业时间后控制接近库房的方式对存货的实物保护。对贵重商品采用带锁的营业柜，以及聘用专人日常巡视和采用某些监控设备等实物保护控制措施。

2. 定期盘点，指定期对实物资产进行盘点，并将盘点结果与会计记录进行比较，盘点结果与会计记录如不一致，应找出原因，及时采取相应措施加强管理。

3. 会计记录要妥善保护，应严格限制接近会计记录的人员，以保证不相容职务分离的有效性；会计记录应妥善保存，对某些重要资料如定期的财务报告等要留有后备记录，以便在遭受意外损失或毁坏时重新恢复。经过计算机处理的会计资料，后备记录更为重要。

六、风险控制

风险一般是指某一行动的结果具有多样性。当某一行动的结果具有多种可能而不肯定，就叫有风险；反之，若某一行动的结果是很肯定的，就叫没有风险。风险按其形成原因一般可分为经营风险和财务风险两大类。经营风险是指因生产经营方面的原因，如商品的供应、商品销售市场情况的变化，以及不可预见的自然因素的变化等给企业盈利带来的不确定性。财务风险又称筹资风险，是指由于举债而给企业财务状况带来的不确定性。借入资金就要还本付息，一旦企业无力偿付到期债务，便会陷入财务困境甚至破产。企业要树立风险意识，针对各个风险控制点，建立有效的风险管理系统，通过风险预警、风险识别、风险评估、风险分析、风险报告等措施，对财务风险和经营风险进行全面防范和控制。

七、内部报告控制

内部报告控制要求单位建立和完善内部报告制度，全面反映经济活动情况，及时提供业务活动中的重要信息，增强内部管理的时效性和针对性。零售企业常用的内部报告有：①商品流转分析报告；②商品流通费用分析报告；③企业资产分析报告；④企业财务分析报告等。

八、电子信息技术控制

会计电算化和电子商务的发展对信息的安全性提出更严格的要求，加强电算化的控制势在必行。电子信息技术控制要求运用电子信息技术手段建立内部会计控制系统，减少和消除人为操纵因素，确保内部会计控制的有效实施；同时要加强对财务会计电子信息系统开发与维护、数据输入与输出、文件储存与保管、网络安全等方面的控制。

参考文献

1. 财政部：《企业会计准则（2006）》，经济科学出版社 2006 年版。

2. 财政部：《企业会计准则——应用指南（2006）》，中国财政经济出版社 2006 年版。

3. 财政部会计司编写组：《企业会计准则讲解（2006）》，人民出版社 2007 年版。

4. 唐丽春、王国生编著：《零售企业会计实务》，科学普及出版社 1996 年版。

5. 黄贤明编著：《Excel 财会办公应用实训教程》，中国人民大学出版社 2010 年版。

6. 黄贤明主编：《基础会计》，中国财政经济出版社 2008 年版。

7. ［英］巴里·埃利奥特，杰米·埃利奥特著，陈宗生等译：《财务会计报告》，中国人民大学出版社 2006 年版。

8. ［美］弗朗·富·林那士著，现代大学会计翻译组译：《现代大学会计》，地质出版社 1983 年版。

9. 财政部会计资格评价中心：《初级会计实务》，中国财政经济出版社 2011 年版。

10. 财政部会计资格评价中心：《中级会计实务》，经济科学出版社 2011 年版。

11. 金蝶 K3 标准财务，金蝶内部资料。